Architectural Guide Book

世界の建築・街並みガイド

フランス・スペイン・ポルトガル

最新版

編著：羽生修二　入江正之　西山マルセーロ

CONTENTS

FRANCE フランス（羽生修二　編）

SPAIN スペイン（羽生修二＋入江正之　編）

PORTUGAL ポルトガル（西山マルセーロ　編）

テーマのある旅　Trip with a theme

この本の使い方

本書は世界の建築と街並みに絞って編集されたガイドブックである。
旅に出る歓びのひとつは、美しい建築や街並みに出会い、書物や映像では得られない身体感覚に残る感動が得られることにある。建築やその集合体である街並みほど、その国の歴史や文化、そしてそこに住む人々の暮らし方や美意識を端的に表現しているものはない。
本書は3つの要素で構成されている。ひとつは古代から現代までの、人が何らかの手を加えた建築物の中から、国別、都市別にぜひ訪れてほしいものを建築の専門家が選んだ「必見の建築・街並み」。ふたつめは建築や美術の専門家が案内役となり、テーマに沿って建築や街並みを巡るとっておきのコースを紹介する「テーマのある旅」。そして旅の知識を深めるために、巻末にまとめた「早わかり各国建築史」である。
「必見の建築・街並み」では、建築史の上で重要度の高いものを中心に取り上げているが、建築家が関わっていない、自然発生的に生まれた建物や街並みもできるだけ選んでいる。個人の住宅については、内部に入れるものを前提に選んだ。また現代建築は評価が難しいところだが、なんらかの転換点となったものや、街の象徴になりうるものを選定の条件にした。異論は多々あると思うが、選定者の審美眼、歴史眼に委ねたい。
これから旅の計画を立てる読者に参考にしていただきたいのが「テーマのある旅」だ。何の目的ももたずに出る旅こそ、本来の姿ではあるが、テーマをもって短期間に効率よく優れた建築や街並みを巡ることができれば、違った満足感が得られるはずだ。ひとつの様式を追いながら都市を巡り、現在も息づいている建築や街並みの背景を知ったり、一人の建築家が手掛けた作品をたどり建築家の想像の原点に触れたり、そんな知識や感性を刺激する旅に「テーマのある旅」はきっと役立つはずだ。

【必見の建築・街並み】

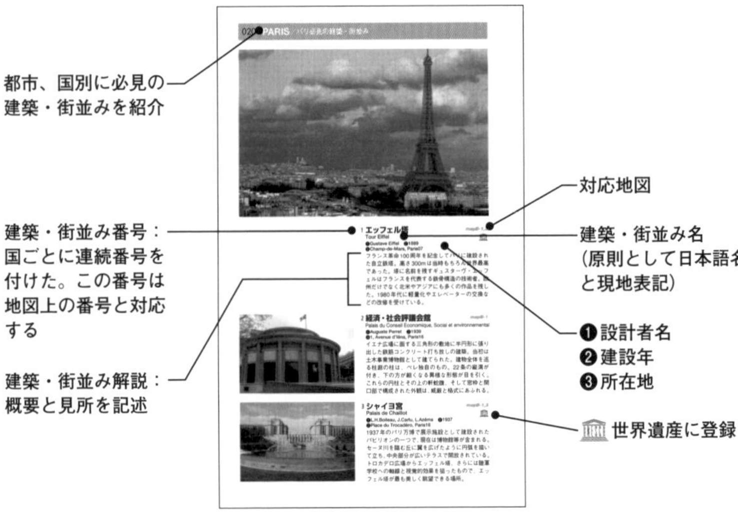

【国地図】

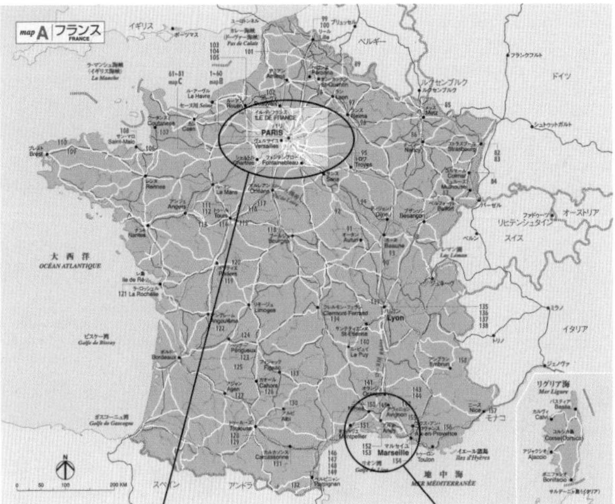

- 高速道路
- 主要道路
- 鉄道
- 国境線
- 主な都市

後のページに都市地図を掲載

本書で紹介している建築・街並みの番号

【都市地図・広域地図】

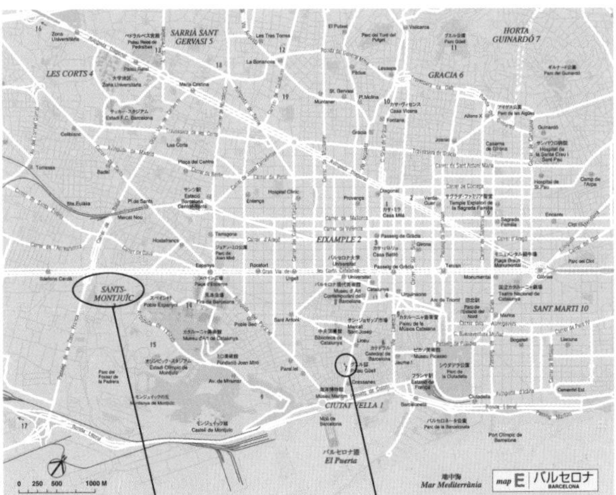

- 鉄道
- 高速道路
- 主要道路
- 道路
- 地下鉄
- 地下鉄駅
- インフォーメーション
- 鉄道駅
- 主要建物

地域名

本書で紹介している建築・街並みの番号

＊地名・人名のカタカナ表記は、定着している表記はそのまま使用しましたが、それ以外はできるだけ現地語に近い表記としています。
＊本書の内容は、2023年12月現在のものです。公開情報や用途、外観や内装に変更が加わる可能性もありますので、あらかじめご確認ください。

FRANCE
フランス

map A フランス
FRANCE
イギリス
ポーツマス
ユーロトンネル
カレー海峡
（ドーヴァー海峡）
Pas de Calais
103
104
105
101
ラ・マンシュ海峡
（イギリス海峡）
La Manche
61~81
map C
1~60
map B
アミアン
Amiens
ル・アーヴル
Le Havre
102
ボーヴェ
Beauvais
セーヌ川 Seine
ルーアン
Rouen
イル・ド・フランス
ILE DE FRANCE
クータンス
Coutances
カン
Caen
パリ
PARIS
108
107
サン・マロ
Saint-Malo
ヴェルサイユ
Versailles
110
ブレスト
Brest
109
106
シャルトル
Chartres
フォンテンブロー
Fontainebleau
レンヌ
Rennes
ル・マン
Le Mans
オルレアン
Orléans
ロワール渓谷
Val de Loire
アンジェ
Angers
111
112
トゥール
Tours
117
116
113
114
115
ナント
Nantes
118
ブールジュ
Bourges
大西洋
OCÉAN ATLANTIQUE
120
ポワティエ
Poitiers
119
レ島
Ile de Ré
ラ・ロッシェル
121 La Rochelle
リモージュ
Limoges
アングレーム
Angoulême
122
ビスケー湾
Golfe de Biscay
124
ペリグー
Périgueux
123
ボルドー
Bordeaux
125
フィジャック
Figeac
133
カオール
Cahors
126
アジャン
Agen
127
130
アルビ
Albi
ガスコーニュ湾
Golfe de Gascogne
トゥールーズ
Toulouse
128
129
カルカソンヌ
Carcassonne
131
N
0
50
100
200 KM
スペイン
アンドラ
132

99
100
ブリュッセル
リール
Lille
ベルギー
89
ペロンヌ
Péronne
サン・カンタン
St-Quentin
98
ラン
Laon
97
ランス
Reims
96
ルクセンブルク
ルクセンブルク
メッス
Metz
85
フランクフルト
ドイツ
シュトゥットガルト
86
ナンシー
Nancy
ストラスブール
Strasbourg
82
83
95
トロワ
Troyes
コルマール
Colmar
84
サンス
Sens
ミュルーズ
Mulhouse
87
94
ベルフォール
Belfort
バーゼル
ディジョン
Dijon
ブザンソン
Besançon
92
ファドゥーツ
オーストリア
リヒテンシュタイン
91
オータン
Autun
ボーヌ
Beaune
88
ベルン
スイス
93
レマン湖
Lac Léman
90
ジュネーヴ
139
クレルモン・フェラン
Clermont-Ferrand
134
リヨン
Lyon
135
136
137
138
ミラノ
サンテティエンヌ
St-Etienne
イタリア
トリノ
140
ル・ピュイ
Le Puy
ローヌ川 Rhône
アンブラン
Embrun
158
ジェノヴァ
141
オランジュ
Orange
143
144
リグリア海
Mer Ligure
ニーム
Nîmes
150
145
142
アヴィニョン
Avignon
155
ニース
Nice
157
モナコ
バスティア
Bastia
カルヴィ
Calvi
151
モンペリエ
Montpellier
アルル
Arles
エクス・アン・プロヴァンス
Aix-en-Provence
156
コルシカ島
Corse(Corsica)
152
153
マルセイユ
Marseille
トゥーロン
Toulon
イエール諸島
Iles d'Hyères
アジャクシオ
Ajaccio
146
147
148
149
リオン湾
Golfe du Lion
154
地中海
MER MÉDITERRANÉE
ボニファシオ
Bonifacio
ペルピニャン
Perpignan
サルデーニャ島（イタリア）

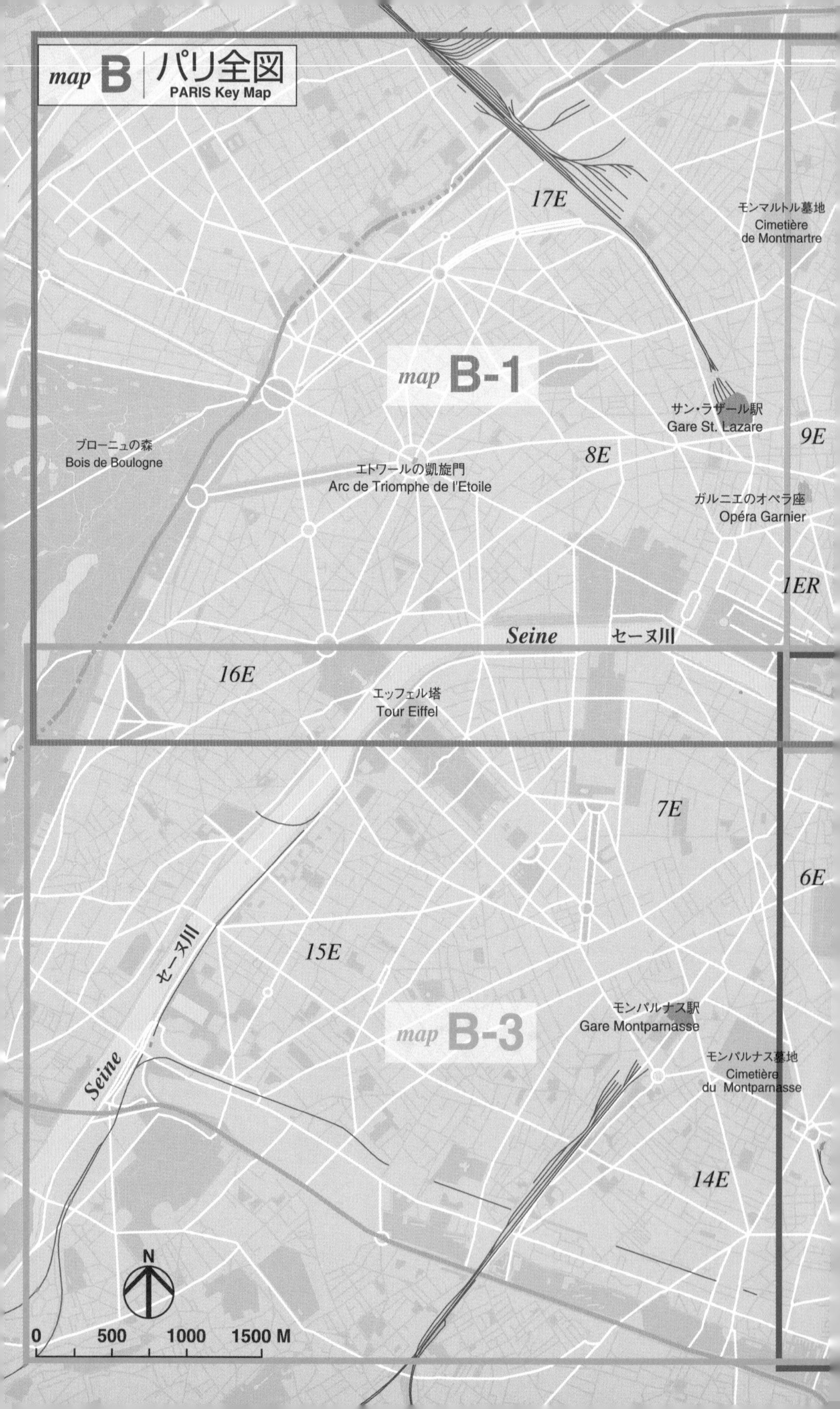
map B パリ全図
PARIS Key Map
17E
モンマルトル墓地
Cimetière
de Montmartre
map B-1
サン・ラザール駅
Gare St. Lazare
9E
ブローニュの森
Bois de Boulogne
8E
エトワールの凱旋門
Arc de Triomphe de l'Etoile
ガルニエのオペラ座
Opéra Garnier
1ER
Seine
セーヌ川
16E
エッフェル塔
Tour Eiffel
7E
6E
15E
セーヌ川
モンパルナス駅
Gare Montparnasse
map B-3
モンパルナス墓地
Cimetière
du Montparnasse
Seine
14E
N
0
500
1000
1500 M

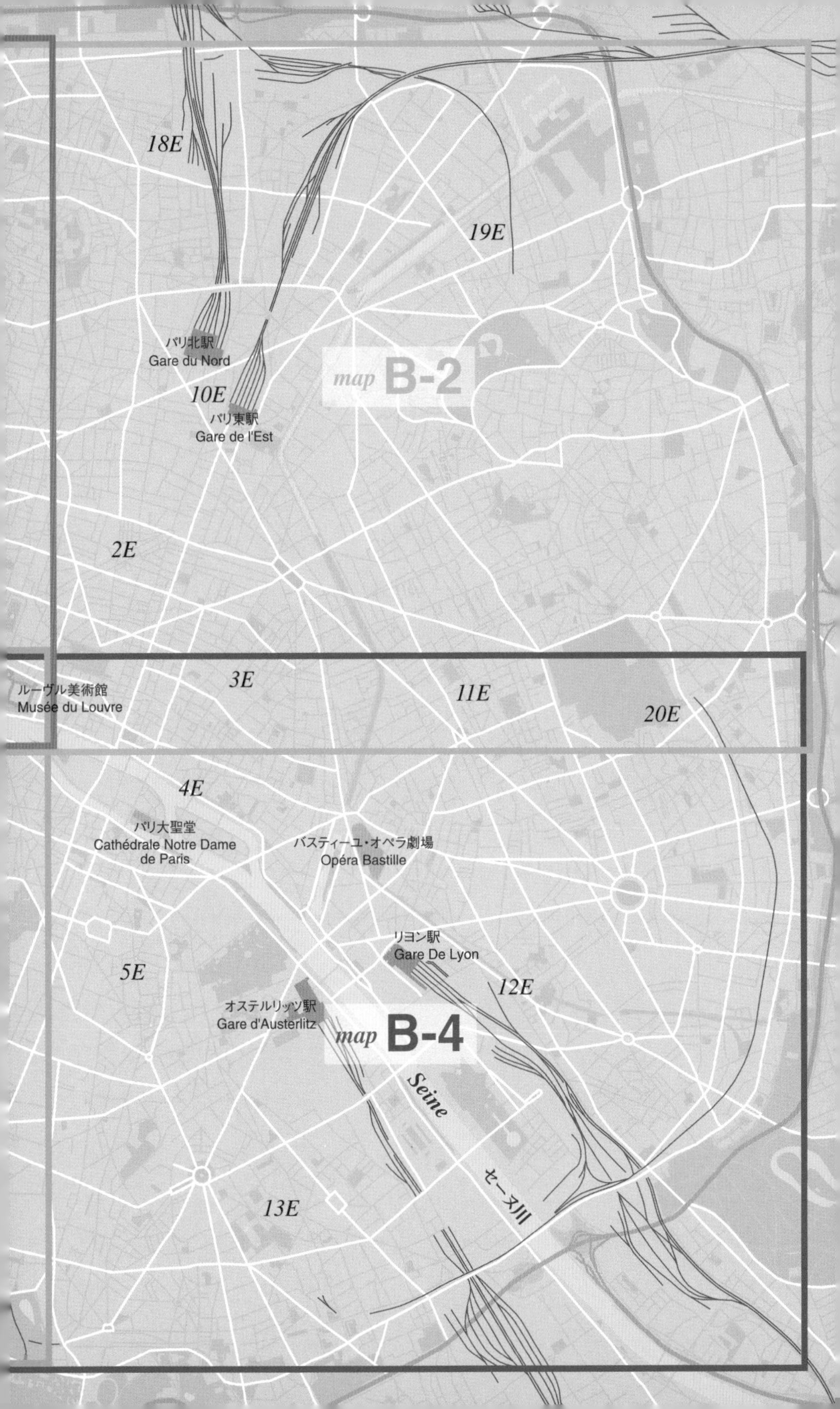
18E
19E
パリ北駅
Gare du Nord
map B-2
10E
パリ東駅
Gare de l'Est
2E
ルーヴル美術館
Musée du Louvre
3E
11E
20E
4E
パリ大聖堂
Cathédrale Notre Dame de Paris
バスティーユ・オペラ劇場
Opéra Bastille
リヨン駅
Gare De Lyon
5E
12E
オステルリッツ駅
Gare d'Austerlitz
map B-4
Seine
セーヌ川
13E

map B-1 パリ1 PARIS 1

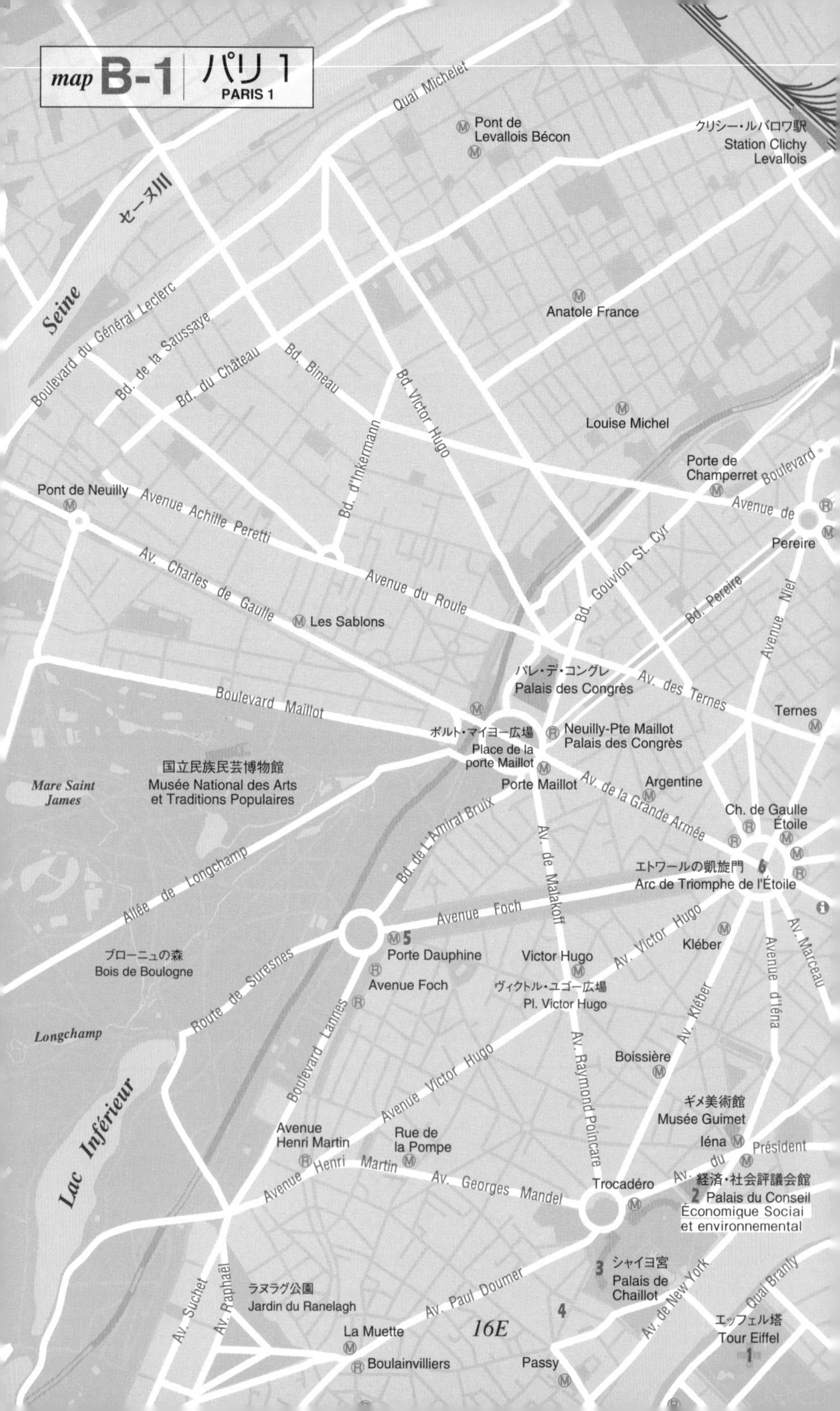

N
Porte de St.Ouen
0 250 500 1000 M
Bd. Jean Jaurès
Bd. Victor Hugo
Boulevard Bessières
Porte de Clichy
Guy Môquet
Avenue de Saint Ouen
Rue Championnet
Rue Ordener
Rue Guy Môquet
Brochant
Lamarck Caulaincourt
Rue Caulaincourt
Berthier
17E
ポン・カルディネ駅
Station Pont Cardinet
La Fourche
モンマルトル墓地
Cimetière de Montmartre
Avenue de Clichy
Péreire-Levallois
Avenue de Wagram
Villiers
Wagram
サン・ジャン・ド・モンマルトル教会堂
Eglise St. Jean de Montmartre
Abbesses
22
Place de Clichy
Malesherbes
Blanche
Pigalle
Rome
Villiers
Monceau
Bd. Malesherbes
Rue d'Amsterdam
Rue Blanche
Courcelles
Boulevard de Courcelles
モンソー公園
Parc de Monceau
Rue de Rome
Liége
St. Georges
Europe
ラ・トリニテ教会堂
Eglise de la Trinité
21
Avenue Hoche
Rue de Courcelles
Av. de Messine
サン・ラザール駅
Gare St. Lazare
Trinité
N.D.de Lorette
St. Lazare
Haussmann-St. Lazare
Le Peletier
Avenue de Friedland
Boulevard Haussmann
8E
9E
St. Augustin
Rue la Fayette
Rue La Boëtie
Miromesnil
Auber
Chaussée d'Antin
Havre Caumartin
12
20
George V
St. Philippe du Roule
ガルニエのオペラ座
Opéra Garnier
エリゼ宮
Palais de l'Élysée
ラ・マドレーヌ
La Madeleine
Richelieu Drouot
Av. des Champs-Élysées
Opéra
Quatre Septembre
11
Madeleine
Bourse
Avenue George V
Franklin D. Roosevelt
Champs Élysées Clemenceau
シャンゼリゼ通り
Rue Royale
国立図書館
Bibliothèque Nationale
Av. Montaigne
9
Av. de l'Opéra
1ER
17 18
Concorde
Pyramides
7
シャンゼリゼ劇場
Théâtre des Champs-Élysées
グラン・パレ
Grand Palais
プチ・パレ
Petit Palais
コンコルド広場
Place de la Concorde
パレ・ロワイヤル
Palais Royal
Tuileries
Alma-Marceau
10
チュイルリー公園
Jardin des Tuileries
Quai des Tuileries
Seine
セーヌ川
Palais Royal-Musée du Louvre
Rue de Rivoli
Pt.de l'Alma
Quai d'Orsay
Invalides
ブルボン宮
(国民議会)
Palais Bourbon
Assemblée Nationale
16
Louvre-Rivoli
Av. Rapp
8
ルーヴル美術館
Musée du Louvre
14
15
13
オルセー美術館
Musée d'Orsay
Quai du Louvre
Latour Maubourg
Solférino

map B-2 パリ2 PARIS 2

N
0
250
500
1000 M
Boulevard Macdonald
Porte de
la Villette
Corentin
Cariou
27
ラ・ヴィレット科学産業都市
Cité des Sciences
et de l'Industrie
Boulevard Sérurier
Église de Pantin
Avenue Jean Lolive
Hoche
ラ・ヴィレット公園
Parc de la Villette
26
Rue Archereau
Av. de Flandre
Crimée
Rue de Crimée
Riquet
19E
Av. Jean Jaurès
Porte de
Pantin
Ourcq
Bd. d'Indochine
Rue Gabriel Péri
Av. Jean Jaurès
Laumière
Rue Manin
Rue Armand Carrel
Danube
ビュット・ショーモン公園
Parc des
Buttes Chaumont
Botzaris
Rue Manin
Av. Secrétan
Bolivar
Pré St.
Gervais
Rue Botzaris
Buttes
Chaumont
Porte
des Lilas
Av. Simon Bolivar
Jourdain
Pl. des
Fêtes
Télégraphe
Pyrénées
Bd. de la Villette
Rue de Belleville
Belleville
ベルヴィル公園
Parc de Belleville
St. Fargeau
Boulevard Mortier
Bd. de Belleville
Couronnes
Avenue Gambetta
Pelleport
Ménilmontant
Parmentier
Av. Parmentier
Avenue de la République
Rue
St. Maur
Boulevard de
Gambetta
Porte de
Bagnolet
Av. Gambetta
Père Lachaise
St. Ambroise
Ménilmontant
ペール・ラシェーズ墓地
Cimetière du Père Lachaise
Rue des Pyrénées
Rue de Bagnolet
Boulevard Davout
Richard
Lenoir
11E
20E
Philippe
Auguste
Voltaire

map B-3 パリ3 PARIS 3

Av. Rapp
8
Invalides
ブルボン宮
（国民議会）
Palais Bourbon
Assemblée
Nationale
13
オルセー美術館
Musée d'Orsay
16
ルーヴル美術館
Musée du Louvre
Louvre-
Rivoli
14
15
Quai du Louvre
Latour
Maubourg
Solférino
Varenne
アンヴァリッド
Hôtel des Invalides
36
École
Militaire
Motte Picquet
Avenue de Tourville
Bd. des Invalides
ロダン美術館
Musée Rodin
Rue du Bac
38
St. Germain
des Prés
サン・ジェルマン
・デ・プレ教会
Eglise St. Germain
des Prés
7E
Av. della
陸軍士官学校
École Militaire
Avenue
Duquesne
St.François
Xavier
Sèvres
Babylone
Boulevard
Raspail
Mabillon
St. Sulpice
Odéon
Av.de Suffren
Av.de Lowendal
Av.de Ségur
ボル・マルシェ百貨店
37
Le Bon Marché
39
サン・シュルピス教会堂
Eglise St. Sulpice
35
ユネスコ本部
UNESCO
Av. de Saxe
Vaneau
Rue de Sèvres
40
リュクサンブール宮殿
Palais du Luxembourg
Rennes
Cambonne
Ségur
Duroc
St. Placide
Rue de Rennes
リュクサンブール公園
Jardin du Luxembourg
Sèvres
Lecourbe
Rue de Sèvres
Falguière
Bd. du Montparnasse
N.D.des
Champs
Luxembourg
Bd. Saint Michel
Rue Lecourbe
ブールデル美術館
Musée Bourdelle
41
Volontaires
Pasteur
Montparnasse
Bienvenüe
モンパルナス・タワー
Tour
Montparnasse
Vavin
6E
Rue de Vaugirard
Boulevard Pasteur
モンパルナス駅
Gare
Montparnasse
Edgar Quinet
Vaugirard
Raspail
Port Royal
モンパルナス墓地
Cimetière
du Montparnasse
Gaîté
42
Rue de Vouillé
Bd. Arago
Pernety
Avenue du Maine
Denfert
Rochereau
St.
Jacques
Plaisance
Mouton
Duvernet
14E
Rue d'Alésia
Alésia
Lecierc
Av. René Coty
Rue d'Alésia
Porte de
Vanves
Boulevard Brune
Av. Jean Moulin
Av. du Général
モンスリ公園
Parc
Montsouris
Porte
d'Orléans
Bd. Jourdan
Cité
Universitaire
パリ国際大学都市
Cité Internationale
Universitaire de Paris
60
Bd. Gabriel Péri

16
ルーヴル美術館
Musée du Louvre
14
15
Louvre-Rivoli
Quai du Louvre
Châtelet les Halles
Châtelet
Pont-Neuf
Châtelet
Bd. de Sebastopol
30
Rambuteau
ポンピドゥー・センター
Centre Georges-Pompidou
31
3E
St. Sébastien Froissart
Bd. Beaumarchais
ピカソ美術館
Musée Picasso
Chemin Vert
Hôtel de Ville
Rue de Rivoli
パリ市庁舎
Hôtel de Ville
52
サント・シャペル
Sainte Chapelle
49
Cité
シテ島
Île de la Cité
4E
St. Paul
53
ヴォージュ広場
Place des Vosges
Bréguet Sabin
Bastille
St. Germain des Prés
サン・ジェルマン・デ・プレ教会
Eglise St. Germain des Prés
St. Michel-N. Dame
50
パリ大聖堂
Cathédrale Notre Dame de Paris
Pont Marie
バスティーユ広場
Pl. de la Bastille
St. Michel
Mabillon
St. Sulpice
Odéon
Cluny-La Sorbonne
Quai de la Tournelle
サン・ルイ島
Île St. Louis
バスティーユ・オペラ劇場
Opéra Bastille
54
Sully Morland
39
サン・シュルピス教会堂
Eglise St. Sulpice
48
中世博物館
Hôtel et Musée de Cluny
Maubert Mutualite
Bd. Bourdon
Bd. de la Bastille
R. de Lyon
47
ソルボンヌ大学
Sorbonne
Rue Monge
51
アラブ世界研究所
Institut du Monde Arabe (IMA)
40
リュクサンブール宮殿
Palais du Luxembourg
46
45
44
パンテオン
Panthéon
Quai de la Rapée
Av. Ledru Rollin
リュクサンブール公園
Jardin du Luxembourg
Cardinal Lemoine
Jussieu
Luxembourg
Bd. Saint Michel
41
6E
5E
Place Monge
植物園
Jardin des Plantes
Rue Monge
オステルリッツ駅
Gare d'Austerlitz
国立自然史博物館
Muséum National d'Histoire Naturelle
Censier Daubenton
Rue Claude Bernard
ヴァル・ド・グラース
Val de Grâce
Raspail
Port Royal
Boulevard Saint Marcel
Bd. de l'Hôpital
St. Marcel
42
Bd. de Port Royal
Av. des Gobelins
Les Gobelins
Bd. Arago
Bd. Arago
Campo Formio
Rue Jeanne d'Arc
Boulevard Vincent Auriol
Chevaleret
Denfert Rochereau
国有動産保管所
Mobilier National
43
St. Jacques
Nationale
イタリー広場
Place d'Italie
Place d'Italie
Glacière
13E
Corvisart
Av. René Coty
Rue d'Alésia
Rue Bobillot
Avenue d'Italie
Avenue de Choisy
Rue de Tolbiac
Tolbiac
モンスリ公園
Parc Montsouris
59
Maison Blanche
Bd. Jourdan
Cité Universitaire
Boulevard Kellermann
Porte d'Ivry
Porte de Choisy
Bd. Masséna
Porte d'Italie
パリ国際大学都市
Cité Internationale Universitaire de Paris
60

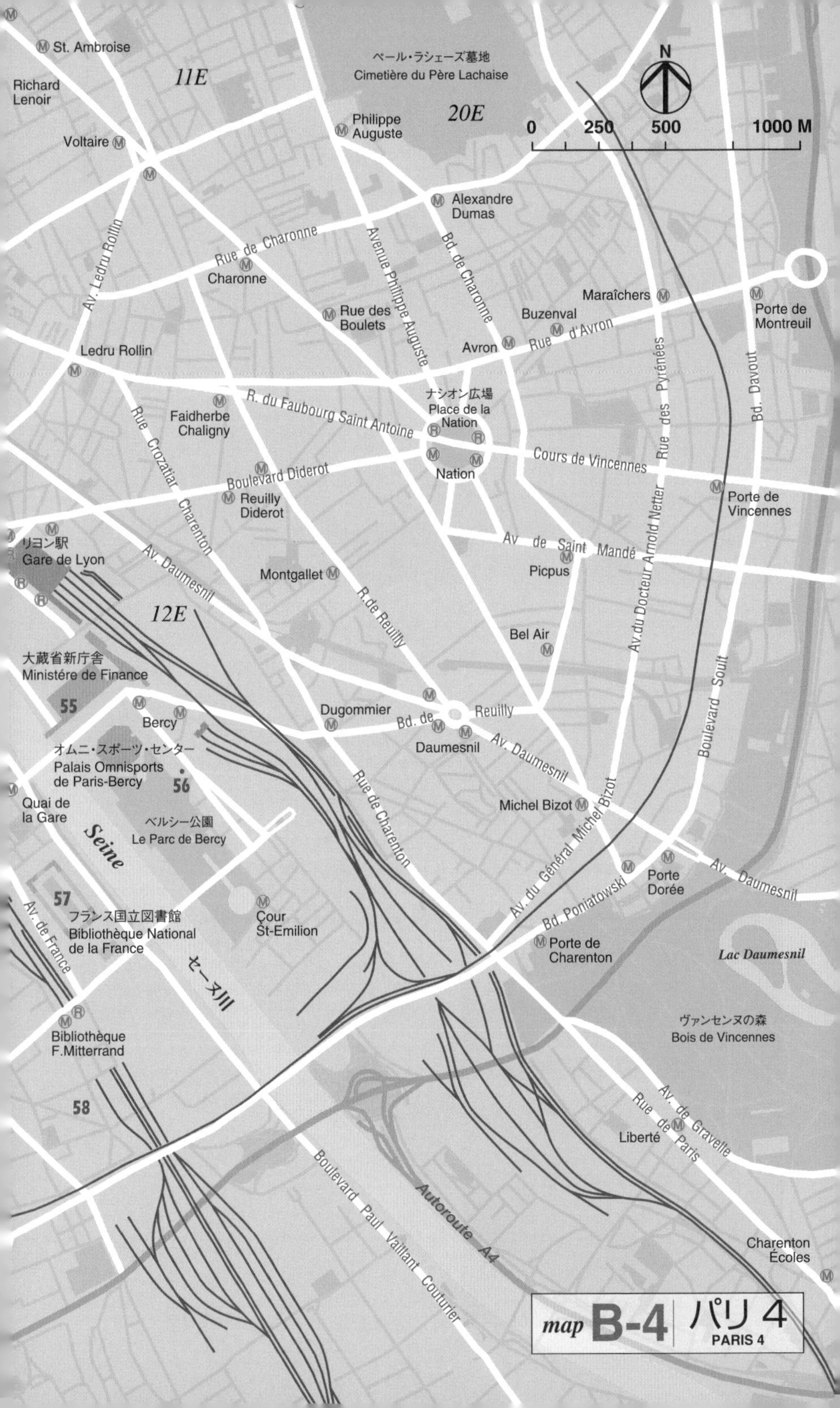
St. Ambroise
Richard Lenoir
11E
ペール・ラシェーズ墓地
Cimetière du Père Lachaise
20E
Philippe Auguste
Voltaire
N
0 250 500 1000 M
Alexandre Dumas
Rue de Charonne
Charonne
Avenue Philippe Auguste
Bd. de Charonne
Av. Ledru Rollin
Maraîchers
Porte de Montreuil
Rue des Boulets
Buzenval
Rue d'Avron
Avron
Ledru Rollin
Bd. Davout
ナシオン広場
Place de la Nation
R. du Faubourg Saint Antoine
Faidherbe Chaligny
Rue des Pyrénées
Rue Crozatier
Cours de Vincennes
Nation
Boulevard Diderot
Reuilly Diderot
Porte de Vincennes
Charenton
Av. du Docteur Arnold Netter
リヨン駅
Gare de Lyon
Av. Daumesnil
Av de Saint Mandé
Picpus
Montgallet
R.de Reuilly
12E
Bel Air
大蔵省新庁舎
Ministére de Finance
55
Boulevard Soult
Dugommier
Bd. de Reuilly
Bercy
Daumesnil
Av. Daumesnil
オムニ・スポーツ・センター
Palais Omnisports de Paris-Bercy
56
Rue de Charenton
Michel Bizot
Quai de la Gare
ベルシー公園
Le Parc de Bercy
Seine
Av. du Général Michel Bizot
Porte Dorée
Av. Daumesnil
57
フランス国立図書館
Bibliothèque National de la France
Çour St-Emilion
Bd. Poniatowski
Av. de France
Porte de Charenton
Lac Daumesnil
セーヌ川
ヴァンセンヌの森
Bois de Vincennes
Bibliothèque F.Mitterrand
Av. de Gravelle
Rue de Paris
Liberté
58
Boulevard Paul Vaillant Couturier
Autoroute A4
Charenton Écoles
map B-4 パリ 4
PARIS 4

1 エッフェル塔

mapB-1,3

Tour Eiffel

❶Gustave Eiffel ❷1889
❸Champ-de-Mars, Paris07

フランス革命100周年を記念してパリに建設された自立鉄塔。高さ300mは当時もちろん世界最高であった。塔に名前を残すギュスターヴ・エッフェルはフランスを代表する鉄骨構造の技術者。欧州だけでなく北米やアジアにも多くの作品を残した。1980年代に軽量化やエレベーターの交換などの改修を受けている。

2 経済・社会評議会館

mapB-1

Palais du Conseil Economique, Social et environnemental

❶Auguste Perret ❷1939
❸1, Avenue d'Iéna, Paris16

イエナ広場に面する三角形の敷地に半円形に張り出した鉄筋コンクリート打ち放しの建築。当初は土木事業博物館として建てられた。建物全体を巡る柱廊の柱は、ペレ独自のもの。22条の縦溝が付き、下の方が細くなる異様な形態が目を引く。これらの円柱とその上の軒蛇腹、そして窓枠と開口部で構成された外観は、威厳と格式にあふれる。

3 シャイヨ宮

mapB-1,3

Palais de Chaillot

❶L.H.Boileau, J.Carlu, L.Azéma ❷1937
❸Place du Trocadéro, Paris16

1937年のパリ万博で展示施設として建設されたパビリオンの一つで、現在は博物館等が含まれる。セーヌ川を臨む丘に翼を広げたように円弧を描いて立ち、中央部分が広いテラスで開放されている。トロカデロ広場からエッフェル塔、さらには陸軍学校への軸線と視覚的効果を狙ったもので、エッフェル塔が最も美しく眺望できる場所。

4 フランクリン通りのアパート

mapB-1,3

Immeuble Rue Benjamin-Franklin

❶Auguste et Gustave Perret ❷1903
❸25 bis, Rue Benjamin-Franklin, Paris16

鉄筋コンクリート造で建てられた最初期の都市集合住宅。木造や鉄骨造と同じ骨組構造を基本とし、構造的に支えている骨組部分と非構造的部分を明確に表現しようとする構造合理主義理論で設計されたもの。外壁を飾るビゴの陶器タイルも、構造材には無地、非構造部分には葉模様や円形模様が用いられ、構造の率直な表現がなされている。

5 ポルト・ドーフィーヌ駅

mapB-1

Station de Metro Porte Dauphine

❶Hector Guimard ❷1900-04
❸Avenue Foch, Paris16

パリ万博を記念して開通した地下鉄駅の一つで、保存状態が最もよい例。現場で短時間のうちに組み立てられるように、量産化と部品化のシステムを考えたギマールの発想は、約15年間継続された地下鉄工事を見越してのもの。形態や装飾だけに目を向けていたアール・ヌヴォーの建築家の、近代合理主義者としての別の側面もうかがえる。

6 エトワールの凱旋門

mapB-1

Arc de Triomphe

❶Jean-François Chalgrin ❷1836
❸Place Charles de Gaulle, Paris08

ラ・マドレーヌと並びフランス盛期新古典主義様式を代表するモニュメント。古代ローマ皇帝の慣例にのっとり、ナポレオンの戦勝を記念して計画されたもの。オーダーを使わずロマン派の彫刻で装飾されたファサードは、高さ50m、幅45m、奥行き22m。巨大さと相まって見る者を圧倒する。門の上から放射状に延びるパリが俯瞰できる。

7 シャンゼリゼ劇場

mapB-1

Théâtre des Champs Elysées

❶Auguste et Gustave Perret ❷1913
❸13-15, avenue Montaigne, Paris08

近代を代表する音楽演奏用の劇場。ヴァン・デ・ヴェルデの基本案をペレが最終的にまとめたとされ、木造の骨組みを鉄筋コンクリート造で置き換えた斬新な構造と、古典主義のマナーに沿った外観は、ペレの建築作品を特徴づけるものとなった。なお、主要な部分のレリーフは彫刻家のブールデルが担当している。

8 パリ音楽コンセルバトワール

mapB-1,3

Conservatoire de Musique de Paris

❶Christian de Portzamparc ❷1984
❸7, rue Jean-Nicot, Paris07

設計競技で選ばれたポルザンパルクの作品で、パリ高等音楽院に老人ホームが組み込まれている点が特徴的。円筒形の階段室を正面玄関脇に配する大胆な外観デザインの音楽院と、矩形の老人施設が断片的に中庭を挟んで結合する、独特の設計手法が採用されている。閑静な街並みにあえて挿入した挑戦的な建築としても話題を呼んだ。

9 グラン・パレ

mapB-1

Grand Palais

❶Henri Deglane ❷1897-1900
❸Avenue Winston-Churchill, Paris08

1900年のパリ万博に向けて建設されたパビリオンの一つ。幅240m、中央ドームの頂部高さ43mの並はずれた規模の鉄骨造建築でありながら、古典美を表現した石の柱や装飾、彫像が表面を飾り、優雅で洗練された外観を呈している。中央の主入口は、寓意的な彫像や巨大オーダーを採用することで、長大で凡庸なものになるのを防いでいる。

10 コンコルド広場

mapB-1

Place de la Concorde

❶Jacques-Ange Gabriel ❷1772
❸Place de la Concorde, Paris08

パリを東西に貫く長大な軸線と、下院とラ・マドレーヌを結ぶ短い軸線の交点に位置する広場。フランス大革命で断頭台が設置された場所としても名高い。ルイ15世の広場としてガブリエルの設計で起工。革命後は国王の騎馬像に代えエジプトのオベリスクと2つの噴水が配され、長円形広場の古典的性格を引き立てている。

11 ラ・マドレーヌ

mapB-1

La Madeleine

❶Pierre Vignon, Jean-Marie Huvé ❷1807-42
❸Place de la Madeleine, Paris08

ナポレオン帝政下で「栄光の神殿」として起工された巨大建築。設計競技でヴィニョンの案が採用された。約半世紀後の1842年に完成してみると、すでに七月王政の時代になっており、キリスト教の聖堂に転用された。しかし鐘塔を持たない古代神殿そのままの形態は保存され、新古典様式の盛期を代表する建築物になっている。

12 ガルニエのオペラ座

mapB-1,2

Théâtre National de l'Opéra（Opéra Garnier）

❶Charles Garnier ❷1862-75
❸Place de l'Opéra, Paris09

国立音楽アカデミーの劇場として1861年に計画され、1875年に完成した。公開設計競技で選ばれたガルニエのデザインは、古典様式の折衷を基本に大量の彫刻で内外装を装飾した絢爛豪華なもの。第2帝政様式の頂点とされる。永くオペラ座と呼ばれてきたが、現在はバスティーユのものと区別するため建築家の名で呼ばれている。

13 オルセー美術館

mapB-1,3

Musée d'Orsay

❶Victor Laloux/Gae Aulenti ❷1900/1986
❸Quai Anatole-France, Paris07

パリ・コミューンの際に焼失したオルセー宮殿の敷地に建設された鉄道駅で、駅舎の機能だけではなく、600室のホテルも含まれていた。現在は19世紀の美術を中心に展示する美術館として再利用されている。設計競技で選ばれたラルーは、鉄骨の骨組を完全に覆い隠し、モニュメンタルな石造のファサードと壮麗な彫像で飾ることを目指した。

14 ルーヴル宮中庭西南隅

mapB-1～4

Cour Carrée du Louvre

❶Pierre Lescot, Jacques Lemercier他 ❷1549/1674
❸Louvre, Paris01

フランソワ1世の命によりレスコーの設計で1546年に着工したルーヴル宮が、1世紀以上を経て巨大化した結果、方形の中庭を囲むことになった。一辺の長さ105m。1674年にほぼ現在の形に整った。中庭を囲むファサードは、のちにフランス古典建築の特徴となる薄いピラスター（付け柱）を多用した優美かつ繊細なものである。

15 ルーヴル宮東側正面

mapB-1～4

Colonnade du Louvre

❶Claude Perrault ❷1668
❸Louvre, Paris01

ルーヴル宮東端に建つ、柱廊が正面を飾る特徴的な建築。1層目を基壇として扱い、上部2層を大オーダーの吹き放ちとした簡素かつ力強い構成。個々のエレメントはルネサンスの様相をとどめるが、その巨大なスケールと奥行き感はバロック期独特のもの。これをもってルーヴル宮の中庭を囲む部分は完成した。

16 ルーヴル美術館改修

mapB-1～4

Rénovation du Musée du Louvre

❶I.M.Pei ❷1989-93
❸Louvre, Paris01

パリ再開発「グラン・プロジェ」の一環としてフランス革命200周年にあたる1989年に実施された。設計はイオ・ミン・ペイ。翼部に入居していた大蔵省を移転させ、地下を掘り込んでサービス部門を収容する空間を確保するなどして展示フロアを大幅に広げた。地下広場の採光とエントランスを兼ねたガラスのピラミッドは有名。

17 国立図書館
mapB-1,2

Bibliothèque Nationale

❶Henri Labrouste ❷1854-75
❸58, rue de Richelieu, Paris02

17世紀に建てられた貴族の邸宅が時代と共に増改築が繰り返された後、19世紀になって国の図書館として大がかりな再生工事がなされたもの。とりわけラブルーストによって増改築された大閲覧室は、鋳鉄の柱とアーチで支えられたテラコッタのドーム天井で覆われ、近代の図書館建築を代表する例として名高い。

18 ギャルリー・ヴィヴィエンヌ
mapB-1,2

Galerie Vivienne

❶François-Jacques Delannoy & J.Billaud ❷1823-26
❸4, rue des Petits-Champs/6, rue Vivienne, Paris02

ガラス屋根で覆われた通りに面して店舗が並ぶアーケード建築は、19世紀に「パッサージュ」と呼ばれてヨーロッパ全体に流行するが、その中でも豪華で上流階級向けのものをギャルリーと称して区別された。ギャルリー・ヴィヴィエンヌは、パリで最も格式のあるギャルリー・コルベールと隣接し、建築的にも優れた実例の一つ。

19 レオミュール通りのビル
mapB-2

Immeuble Rue Réaumur

❶Georges Chédanne ❷1905
❸124, rue Réaumur, Paris02

正面ファサードの構造とデザインに鉄とガラスを全面的に使用した最初期の作品。花を支える茎がなめらかな曲線を描いて上へと延びているように、上階で迫り出された3つの出窓を鉄のリブが支持する表現は、アール・ヌヴォーの影響。組積造の躯体に一部だけ鉄とガラスを用いていた同時代の建築を大胆に塗り替えた設計者の試みは先駆的。

20 パッサージュ・パノラマ

mapB-1,2

Passage des Panoramas

❷1799
❸10, rue St Marc/11boulevard Monmartre, Paris02

パリに残るパッサージュの中で最も古い形式を保持している。1800年にヴァリエテ劇場に隣接して建設された円塔式のパノラマ館を取り壊して、三角形のガラス屋根が連続する、いわゆるパッサージュとして再建されたもの。狭い通りにびっしりと寄り添うように店が建ち並び、昔ながらの雰囲気を今なお漂わせている。

21 ラ・トリニテ教会堂

mapB-1,2

Eglise de la Trinité

❶Théodore Ballu ❷1861-67
❸Place d'Estienne-d'Orves, Paris09

歴史様式の復興が盛んに行われた19世紀パリの代表例で、ネオ・ルネサンスの優雅な外観が特徴。主扉口、バラ窓、鐘塔を垂直に積層させた中央の柱間を中心に、両脇の扉口と小塔を左右対称に配したファサード、信仰・希望・慈善を象徴する3つの噴水と曲線を描いて登る階段で構成されたアプローチなど、パリの街並みに彩りを添えている。

22 サン・ジャン・ド・モンマルトル教会堂

mapB-1,2

Eglise de Saint Jean de Montmartre

❶Anatole de Baudot ❷1894-98
❸19, rue des Abesses, Paris18

鉄筋コンクリート造による初めての教会堂建築。モンマルトルの丘の麓で、高低差が10mもある斜面に建てられ、ビゴのタイルで覆われたファサードのエキゾティックな外観の表現と、2本ずつ組になったリブが交差してヴォールト天井を8カ所で支持する室内構成が特徴的。ヴィオレ・ル・デュクの弟子であるボドーの代表作といえる。

23 サクレ・クール聖堂

mapB-2

Basilique du Sacré-Coeur

❶Paul Abadie ❷1876-1914
❸Place du Sacré-Coeur, Paris18

ペリグー大聖堂の修復を担当したアバディが、ビザンティン系ロマネスク教会堂をリヴァイバルさせた建築。パリ石膏の産地であるモンマルトルの丘に白亜のドーム建築として構想されたもので、幅約45m、奥行約70m、ドームの頂部まで約80mの規模を誇る。建設当初は批判されたが、現在ではパリを代表する建築となった。

24 パリ北駅

mapB-2

Gare du Nord

❶Jacques-Ignace-Hittorff ❷1861-64
❸Place de Roubaix, Paris10

近代の技術と古典主義建築の格式を融合させた駅舎建築の典型例。正面は出発と到着のロビーが含まれる両脇の棟と、ガラス張りの大アーチが続く玄関ホールの中央棟で構成される伝統的なパビリオン形式を採用。細部は古典モチーフと彫像で飾られているが、鉄骨とガラスで覆われたプラットホームの大空間は近代を象徴している。

25 ラ・ヴィレットの関門 mapB-2

Rotonde de la Villette

❶Claude Nicolas Ledoux ❷1787
❸Place de Stalingrad, Paris19

パリ市を取り囲む市壁の各所に、入市税を取り立てるために建設された関門の一つ。新古典主義から近代建築への移行期に、単純な形態への探求を目指していたルドゥーの現存する数少ない作品の一つ。正方形プランの中央に円筒を載せた幾何学形態に最小限の古典モチーフを施すことで、新しい時代への挑戦をもくろんだ実例でもある。

26 ラ・ヴィレット公園 mapB-2

Parc de la Villette

❶Bernard Tschumi ❷1982- ❸211, avenue Jean-Jaures et 30, avenue Corentin-Cariou, Paris19

環状道路に囲まれたパリ市域の北東端にあった、かつての食肉市場と屠殺場を「グラン・プロジェ」で整備した公園。それぞれに違った形をしたフォリーと呼ばれる小さな赤いパビリオンが格子状に並べられている。これは現代社会の秩序と断絶を同時に表現しようとしたチュミの建築思想を造形化したものといわれる。

27 ラ・ヴィレットの科学産業博物館 mapB-2

Cité des Sciences et de l'Industrie de la Villette

❶Jean Semichou, Andrien Fainsilber ❷1986
❸30, avenue Corentin-Cariou, Paris19

ミッテラン政権の再開発計画「グラン・プロジェ」の一環で、ハイテク技術を駆使して建設された自然科学と産業技術の博物館。科学産業都市と名付けられた55万m²の空間に、エクスプロラと呼ばれる展示館の他、直径34mの球形パノラマ映画館ジェオドやル・ゼニット・コンサート・ホールなどの現代建築が配置されている。

28 フランス共産党本部
mapB-2

Siège du Parti Communiste Français

❶Oscar Niemeyer 他　❷1980
❸2, place du Colonel Fabien, Paris10

多くの建築家の協力を得て完成した。ピロティを持つ直方体の建物を湾曲させ、敷地の奥行きの狭さを克服している。緩やかな曲線の流れと、傾斜した芝生の庭、地下から突き出した白いドーム型講堂の3つの対比が美しい。地下ギャラリーは、波打つ床と曲線の壁による展示空間。ドームの下部もここに現れる。一般公開される展示もある。

29 パリ東駅
mapB-2

Gare de l'Est

❶François-Alexandre Duquesney　❷1847-50
❸Place du 8-Mai-1945, Paris10

第2帝政期に建設された代表的駅舎。プラットホームは鉄とガラスの大空間で覆われ、機能性重視の構造で設計されたが、正面は世界の首府であるパリの顔として威厳と格式が求められた。左右対称の外観と中央に大きく開かれた半円アーチのガラス窓、古典モチーフによる壮麗な装飾など当時の駅舎建築を特徴づける要素が含まれている。

30 ポンピドゥー・センター
mapB-2,4

Centre Georges-Pompidou

❶Renzo Piano et Richard Rogers　❷1971
❸19, rue Beaubourg et rue Saint-Martin, Paris04

ポンピドゥー大統領の提唱で計画された現代芸術センター。設計競技で選ばれたレンゾ・ピアノとリチャード・ロジャーズの案は工場や工事現場の仮設物を思わせ、ポストモダン建築の嚆矢として世界に衝撃を与えた。1997～2000年にはピアノらの設計で大規模な改修工事を受けた。5、6階には国立近代美術館がある。

31 スービーズ邸
mapB-2,4

Hôtel de Soubise

❶Pierre-Alexis Delamair/G.Bottrand（室内）　❷1705-09
❸60, rue des France-Bourgeois, Paris03

スービーズ公フランソワ・ド・ロアンの邸館で、ルイ15世様式の室内装飾を最もよく残した建築として有名。壁面と天井が流れるように連続し、女性的な曲線のロカイユ装飾が施された壁面パネルで囲まれた室内は、後にロココ様式と呼ばれて、ヨーロッパ一帯に伝播することになる。現在は古文書保存館として開放されている。

32 ラ・ロッシュ+ジャンヌレ邸
mapB-3

Villás La Roche-Jeannret

❶Le Corbusier　❷1923-25
❸8-10, square du Docteur-Blanche, Paris16

ラ・ロッシュ氏とル・コルビュジエの兄のための、2軒続きのL字型の白い家。現ル・コルビュジエ財団本部。公開されているラ・ロッシュ邸は、ホールの吹抜けとキャットウォークによる大きな四角い空間と、ピロティ上に張り出し、湾曲した急なスロープをもつギャラリー空間が、上下に展開する「建築的プロムナード」をつくっている。

33 ギマール自邸
mapB-3

Hôtel Guimard

❶Hector Guimard ❷1912
❸122, avenue Mozart, Paris16

ギマールの思想と芸術が万遍なく表現された建築。三角形の不規則な敷地の制約を受けながらも、自由で官能的な形態への挑戦が端々に見られる。レンガと石によるファサード、出窓や持送り、窓と壁面の官能的な形態など、ギマールの世界が展開されている。その一方で、平面計画や窓の配置などで機能性を重視していることも注目に値する。

34 カステル・ベランジェ
mapB-3

Castel Béranger

❶Hector Guimard ❷1895-98
❸14, rue La Fontaine, Paris16

パリで最初に建てられたアール・ヌヴォー建築。一見普通の都市住宅と変わらない外観を呈しているが、鋳鉄を用いた窓のデザイン、バルコニーの奇怪な仮面、蝋燭のように溶けそうな入口の円柱等、従来の建築には見られない斬新さに満ちあふれている。玄関ホールはステンドグラスから入る怪しげな光に包まれ、幻想的な世界へ誘われる。

35 ユネスコ本部
mapB-3

Siège de l'UNESCO

❶Marcel Breuer, Pierre Nervi, Bernard Zehrfuss
❷1958 ❸Place de Fontenoy, Paris07

国際的に活躍する芸術家たちが協同してつくり上げた建築。事務棟、会議場、半地下に埋め込まれた十字型プランの別棟からなる。湾曲した壁面で構成されるY字型の事務棟は、フォントネ広場を囲み込むことを念頭に考案された。会議棟はアコーディオンのような形態の折板構造が採用され、建設当時、最先端の技術と形態をアピールした。

36 アンヴァリッド礼拝堂
mapB-3

Chapelle des Invalides

❶Jules Hardouin-Mansart ❷1679-1708
❸Hôtel des Invalides, Paris07

バロック的壮大さを表現したドーム建築の傑作。ギリシア十字の四隅に円形礼拝室を設けたプランと3重殻構造のドームが中央にそびえる外観は、フランス的というよりもローマのサン・ピエトロ大聖堂を彷彿させる。ドーム下の地下部分は、ルイ・ヴィスコンティによって設計されたもので、ナポレオンの棺が安置されている。

37 ボン・マルシェ百貨店
mapB-3

Le Bon Marché

❶Alexandre Laplanche, L.-C.Baileau ❷1869-87
❸22-36 rue de Sevres, Paris07

エッフェルによる鉄のフレームを用いた百貨店建築の先駆け。鉄骨の骨組による単一な室内空間の中央に広大な吹抜けのホールを設け、その周りを軽快なギャラリーが各層で取り囲む百貨店建築の典型的構造が見られる。古典的装飾が施された格式ある外観と、近代合理主義的平面計画や暖房システムを導入した室内が程良く調和している。

38 ガラスの家

mapB-3

La Maison de Verre

❶Pierre Chareau, Bernard Bijvoet ❷1932
❸31, rue Saint-Guillaume, Paris07

南北のほぼ全面がガラス・ブロックの壁で覆われていることから、この通称が付けられた個人住宅。既存建物の1階部分を取り壊して上の2階分を改築したもので、プレファブ工法と部品のユニット化を駆使して、鉄とガラスの合理性を追求した建築。大きなガラスの壁から入る光を一杯に浴びた室内に設けられた階段や家具のデザインも必見。

39 サン・シュルピス教会堂

mapB-3,4

Eglise de Saint Sulpice

❶J.-N.Servandoni（正面） ❷1732-66
❸Place Saint Sulpice, Paris06

フランス新古典主義建築の最も早い例の一つ。当初ロココの建築家の設計で進められていたが、時代は新古典主義へ移行していたため、設計競技が実施され、セルヴァンドーニの案が採用された。開放的で荘重な柱列を2段に積み上げ、左右に塔を立ち上げる形式は、新しい時代を予感させるもの。左右の塔は未完成で、原案とは異なる。

40 リュクサンブール宮殿

mapB-3,4

Palais du Luxembourg

❶Salomon de Brosse ❷1615-30
❸15, rue de Vaugirard, Paris06

アンリ4世が王妃マリー・ド・メディシスのために建てた宮殿で、現在は元老院。イタリアのヴィラを手本にという王妃の希望を採用せず、中央部と両端部の壁面を少し突出させるパビリオン形式を用いて、フランス的で節度のあるバロック趣味を表現。カルチェ・ラタンの若者たちが憩う公園からの眺めはパリを代表する風景の一つ。

41 ヴァヴァン通りのアパート

mapB-3,4

Immeuble Rue Vavin

❶Henri Sauvage, Charles Sarazin ❷1912-14
❸26 rue Vavin, Paris06

階段状に各階ごとに後退させた都市労働者向け集合住宅。オスマンの都市改造以後、法律で規制されていた街並みの連続性を守りながらも、より個性的で整備された住環境を目指そうとしたソヴァージュの思想を実現。歴史的モチーフを一切用いずに、セラミック・タイルの軽快な壁面で表現された近代性は次世代の建築に影響を及ぼした。

42 カルティエ財団

mapB-3,4

Fondation Cartier

❶Jean Nouvel, Emmanuel Catani, and Associates
❷1994 ❸261, boulevard Raspail, Paris14

カルティエの文化事業を管轄する本部の建物で、下階は展覧会などに開放し、上階は財団の事務所が含まれる。外観は、シャトーブリアンが植えた貴重な遺産であるレバノン杉を中央に保存し、ガラスのスクリーンが本体のガラスの箱を覆い隠す構成。自然遺産の保存とハイテク建築を融合させた建築として、パリの新名所になっている。

43 国有動産保管所

mapB-4

Mobilier National

❶Auguste Perret ❷1937
❸1-3, rue Berbier-Mets, Paris13

国の行事等に使用される国有動産類を保管・修復するための施設で、ペレの代表作の一つ。中庭を三方から建物が囲み、入口には前方にカーブを描いた水平の梁を二対の円柱で支えるゲートが設けられている。全体的には装飾性の少ない地味な建築だが、エンタブレチュアと円柱による古典モチーフを巧みに用いた格式のある建物である。

44 パンテオン

mapB-4

Panthéon

❶Jacques-Germain Soufflot ❷1757-90
❸Place du Panthéon, Paris05

サント・ジュヌヴィエーヴ聖堂として1755年に着工したが、1792年の完成後は革命政権により偉人廟（パンテオン）とされた。スフロによる原設計は、巨大なドームを円柱だけで支えることになっており、バロックから新古典様式への転換期に相応しいものだったが、強度不足からロンドレによる設計変更を受け、現在の姿になった。

45 サンテティェンヌ・デュ・モン教会堂

mapB-4

Eglise Saint Etienne du Mont

❶Etienne Viguier ❷1492
❸Place Sainte-Geneviève, Paris05

サント・ジュヌヴィエーヴの丘に建設された後期ルネサンスの教会堂。三角形の切妻屋根の下で3層に積み上げられたペディメントがバロック的なファサードを示す一方で、高くそびえる鐘塔は中世の面影を残している。堂内には両脇に螺旋階段を付設したジュベと呼ばれる装飾的仕切りが内陣と身廊の間に設けられ、独特な空間を形成している。

46 サント・ジュヌヴィエーヴ図書館

mapB-4

Bibliothéque Sainte Geneviève

❶Henri Labrouste ❷1844-50
❸8-10, place du Panthéon, Paris05

既存の修道院付属図書館を建て替えて、鋳鉄とガラスを駆使した画期的な図書館。外観は古典的構成だが、室内を2層として、より自然な光の下で読書ができるように閲覧室を2階に設け、1階を書庫とする新しい建築計画を提案。天井の円筒ヴォールトを細い鋳鉄の柱で支える2階閲覧室の形式は、次作の国立図書館で完成の域に達する。

47 ソルボンヌ大学付属礼拝堂

mapB-4

Chapelle de la Sorbonne

❶Jacques Lemercier ❷1635-42
❸Rue cujas, Paris05

パリ大学の礼拝堂でサン・ミッシェル通り側と大学の建物の中庭側の2つの正面をもつ。通り側の正面はイエズス会教会堂で採用された、2層にオーダーを積み重ねたファサード構成に影響を受けているのは明らか。2重殻構造の上昇感あるドームは、道路側と中庭側の両方からの景観を意識して設計され、バロック的思考のあらわれといえる。

48 クリユニー博物館（中世博物館） *mapB-4*
Hôtel et Musée de Cluny

❷1485-1510
❸6, Place Paul-Painleve, Paris05

ローマ時代の浴場跡とゴシック様式の修道院長邸宅で構成され、邸宅部分は中世美術の博物館として利用されている。パリで見学できる唯一のゴシック様式の住宅建築。考古学的発掘資料やアレクサンドル・ソムラールの収集した美術工芸品やパリ大聖堂の彫像だけではなく、建築に含まれる装飾や防備装置も必見に値する。

49 サント・シャペル *mapB-4*
Sainte Chapelle

❶Pierre de Montreuil ❷1242-48
❸4, boulevard du Palais, Paris

ルイ9世が、巨費を投じて手に入れた聖遺物「キリストの荊冠」を保管するために建てた礼拝堂。小規模ながら、堂全体を包み込むステンドグラスのスクリーンは圧巻。高さ15.5m、総面積600m²の窓を分割する支柱はきわめて細く、全体が鳥籠のような構造と化している。ステンドグラスはフランス革命で被害を受け、その後修復または復元。

50 パリ大聖堂 *mapB-4*
Cathédrale Notre Dame de Paris

❷1163-1250頃
❸Ile de la Cite, Paris

初期ゴシックの傑作である。とりわけ西正面とセーヌ河岸から望む外観の全容は、気品があって美しい。西正面は、これ以降の作品に比べて起伏を抑えた簡明な表現となっている。扉口の上の「王のギャルリー」と双塔基部を取り巻く透かし彫りのアーチ列の水平層が、控え壁による垂直の分割を統合し、壁面に見事な均衡と調和を与えている。

51 アラブ世界研究所 *mapB-4*
Institut du Monde Arabe

❶Jean Nouvel+Architecture Studio ❷1987
❸23, quai Saint-Bernard, Paris05

ジャン・ヌーヴェルの出世作。電動の絞りを備えたアルミの外壁は、採光調節機能とアラベスク模様を同時に実現しており、設備デザインの新たな可能性を拓いたといわれる。地上10階、地下3階のビルをセーヌ川沿いの街並みに溶け込ませる量感のまとめ方も秀逸。内部は西側とアラブの文化交流を担う研究・展示施設である。

52 サン・ジェルヴェ教会堂 *mapB-4*
Eglise Saint Gervais-Saint Protais

❶Salomon de Brosse ❷1494-1620
❸Place Saint Gervais, Paris04

ゴシック様式の本体に古典的なファサードを付加した建築で、バロック的手法を用いた初期の例として知られる。建築家のドロルムがアネ城で使用した凱旋門形式に、3種の異なるオーダーを積み重ねるファサード構成を、宗教建築で初めて用いた画期的な建築。次世代の教会堂建築へ大きな影響を及ぼした。

53 ヴォージュ広場

mapB-4

Place des Vosges

❶Louis Metezeau ❷1605
❸Place des Vosges, Paris03

マレ地区の中心的位置にある広場。歴代の王たちが過ごしたトゥールネル邸が建っていた敷地に、アンリ4世が王を記念するために創設したもの。南北の軸線に王と女王のパビリオンが向かい合わせに配され、それらが広場への主門を兼ねる。四周を囲む建物はすべて均一で、18世紀にパリを中心に派生した王の広場の先駆けとなった。

54 バスティーユ・オペラ劇場

mapB-4

Opéra Bastille

❶Carlos Ott ❷1989
❸Place de la Bastille, Paris12

ミッテラン政権のパリ再開発「グラン・プロジェ」の目玉としてバスティーユ広場の南東側に、国際設計競技によって建設された新しいオペラ劇場。ガラスとアルミを多用した近代的なデザインでオペラの大衆化を狙う。正式の運用開始は1990年だが、バスティーユ襲撃200周年に当たる1989年7月14日に先行公演が行われた。

55 大蔵省新庁舎

mapB-4

Ministère de Finance

❶Paul Chemetov et Borja Huidobro ❷1988
❸1, boulevard de Bercy, Paris12

「グラン・プロジェ」の一環として建設された大蔵省の建築。設計競技で137点の応募案から選ばれたものだが、セーヌ川に向けて大胆に張り出した巨大な外観は人々に威圧感を与え、官僚主義の象徴として批判された。しかし、隣接するスポーツ・センターやリヨン駅・ベルシー地区再開発との関係を総合した都市的視点は評価されている。

56 旧アメリカン・センター

mapB-4

American Center

❶Frank O.Gehry ❷1994
❸Rue Pommard et de Bercy, Paris12

構造や形態の不安定、不調和、歪みなどを意図的に表現する脱構築主義の作品。クリーム色のライムストーンの外壁が、断片化された形態を寄せ集めたような自由さがあり、不可思議な造形美を生み出している。アメリカ文化普及のための複合施設だったが、現在は映画に関する文化施設「シネマテーク・フランセーズ」として使われている。

57 フランス国立図書館

mapB-4

Bibliothèque National de la France

❶Dominique Perrault ❷1994
❸Quai de la Gare, Paris13

「グラン・プロジェ」の一環として建設された国立図書館。世界中から応募された設計競技案244点から選ばれたもので、本を直角に開いて立てたようなL字型のタワーが、地下に埋没した緑豊かな中庭を四方から囲む配置が評判となった。中庭の眺めと自然採光に最適な閲覧室を低層部に配し、書庫と事務室を上階に置いた計画も画期的だ。

58 救世軍難民院

mapB-4

Armée du Salut, Cité de Rufuge

❶Le Corbusier ❷1929-33
❸12, rue Cantagrel, Paris13

救世軍の難民収容施設。共同して住むための建物の探求は、後のユニテにつながる。エントランス部分、内部ホールなどにガラスブロックが効果的に用いられ、壁面彩色とともに明るい空間をつくっている。ガラスのカーテンウォールが初めて実践されたが、空調設備が整わなかったため、後に窓の改装が行われた。

59 キュス通りの小学校

mapB-4

Groupe Scolaire de la Kuss

❶Roger-Henri Expert ❷1934
❸10, rue Kuss, Paris13

豪華客船「ノルマンディー号」の船内を設計したデザイナーによるアール・デコ様式の学校建築。1930年代の大西洋航海ブームで船の形態やインテリア・デザイン、設備等が注目され、機能美を目指す建築にそれが導入された。この小学校はその先駆けとなった建築であり、半円形のテラスを各階で後退させたファサード部分が特徴的である。

60 スイス学生会館

mapB-3,4

Pavillon Suisse

❶Le Corbusier ❷1930-33
❸7, boulevard Jourdan, Cité Universitaire, Paris14

留学生のための学生寮。鉄筋コンクリート+鉄骨造。ピロティの太い柱に支えられた宿泊棟と、湾曲して突き出したホール棟からなる。コンクリートパネル、乱石積みなど、素材の肌をそのまま見せている点が、1930年代以降の特徴である。ル・コルビュジエによる大きな壁画を見ることもできる。同敷地内にブラジル学生会館もある。

map C イル・ド・フランス ILE DE FRANCE

N
0
4.5
9
18 KM
コンピエーニュ
Compiègne
コンピエーニュの森
Forêt de Compiègne
78
79
N17
D332
アラートの森
Forêt de Halatte
N324
サンリス
Senlis
レツの森
Forêt de Retz
N2
シャンティイーの森
Forêt de Chantilly
N16
D1
A1-E15-E19
N2
N330
D405
マルヌ川
N3
シャルル・ド・ゴール空港
Charles de Gaulle
モー
Meaux
N3
A104
Marne
69
ル・ランシー
Le Raincy
A4-E50
D407
D402
72
ノワジー・ル・グラン
Noisy-le-Grand
70
71
クレシーの森
Forêt de Crécy
N34
N104
D402
N36
N4
D231
セナールの森
Forêt de Sénart
73
エヴリィ
Evry
A105
N19
プロヴァン
Provins
N19
74
D408
77
76
Seine
ムラン
Melum
N5
A6-E15
A5-E54
D210
セーヌ川
バルビゾン
Barbizon
フォンテンブロー
Fontainebleau
75
D210
モンテロー
Montereau
Seine
N51
フォンテンブローの森
Forêt de Fontainebleau

61 ヴェルサイユ宮殿

mapC

Château de Versailles

❶Le Vau, J.H.Mansart, J.A.Gabriel ❷1624-1772
❸Château de Versailles

フランス絶対王政最盛期を象徴するルイ14世の宮殿。1624年にルイ13世が建てさせた小さな城館をル・ヴォーの設計により増築。以後アルドアン=マンサールにより鏡の間が、ガブリエルにより翼部が付け加えられ、全体が完成。幅576m、奥行407mの巨大建築であり、ル・ノートル設計の庭園はさらに超人的スケールを持つ。

62 プチ・トリアノン

mapC

Petit Trianon

❶Jacques Ange Gabriel ❷1762-64
❸Château de Versailles

ルイ14世の死後、巨大過ぎる宮殿に飽きた宮廷の人々を遊ばせるため、小運河の北に建てられた小さな館。幅と高さの比を2対1とした簡潔な直方体の建物で、古典的オーダーを極力抑制し、プロポーションの美しさを強調している。英国からも影響を受けており、フランスにおける初期の新古典様式を代表する建物である。

63 湖畔のアーケード集合住宅

mapC

Les Arcades du Lac

❶Ricardo Bofill ❷1975
❸Saint-Quentin en Yvelines

ヴェルサイユ宮殿に近いニュータウンに建設された集合住宅。ボフィールのバロック的手法による一連のプロジェクトの一つ。名前が示すように人造湖と庭園をテーマとし、フランス式庭園の構成を分析して得られた全体配置と、古典主義のプロポーションにのっとったファサード構成を融合させることで、「人の住み込んだ庭園」を目指した。

64 グラン・アルシュ
mapC

Grande Arche

❶Otto van Spreckelsen, Paul Andreu ❷1990
❸1, parvis de La Défense, Hauts-de-Seine

「グラン・プロジェ」計画で整備されたパリの新都心ラ・デファンスの中心施設。ルーヴル宮からシャンゼリゼ大通り、エトワール凱旋門と続く軸線の延長線上に位置する門の形をしたオフィスビル。105×105mという立面の寸法はルーヴル宮の方形中庭から採られた。完成前の1989年には最上階で先進国首脳会談が開かれた。

65 サヴォア邸
mapC

Villa Savoye

❶Le Corbusier ❷1929-31
❸82, Chemin de Villiers, Poissy

20世紀を代表する住宅建築。「近代建築の5原則」の最も洗練された完成形。ピロティに支えられ浮かぶような幾何学的な四角い箱の中には、テラスや屋上庭園、そして螺旋階段やスロープが演出するダイナミックな空間が隠されている。壁面彩色や横長窓、トップライトからの光が、明るく清潔で合理的な住空間を形づくっている。

66 メゾン・ラフィット城
mapC

Château de Maisons-Laffitte

❶François Mansart ❷1642-51
❸Maison-Laffitte

ルイ13世の大臣ルネ・ド・ロンゲイユの邸宅で、フランス初期バロック建築の代表例。フランス・ルネサンス建築の優美で装飾的な趣向から、より荘重で威厳のある古典主義建築への移行を示す。厳格な左右対称のファサード構成と中央正面にそびえる三角形のペディメントと柱列の巧みな用い方は、マンサール独自の手法といえる。

67 サン・ドニ大聖堂
mapC

Cathédrale de Saint-Denis

❷1130-1284
❸Saint-Denis

現在は大聖堂だが、もとは王家の廟所である教会堂を持つ王立修道院。現在の教会堂は修道院長シュジェの改築に始まる。交差リブ・ヴォールトを大々的に採用して大きなステンドグラスを実現した放射状祭室付きの内陣と、円柱人像を置いた扉口を持つ双塔形式の調和正面のナルテクス（玄関廊）は、最初のゴシック建築といわれる。

68 サン・ドニ・ド・レストレ教会堂
mapC

Eglise Saint-Denis de l'Estrée

❶Viollet-le-Duc ❷1864-66
❸Boulevard Guesde, Saint-Denis

サン・ドニ修道院付属教会堂西正面の軸線に向かい合うように建設された教区教会堂で、近代建築の理論家であるヴィオレ・ル・デュクの数少ない新作の一つ。入口に鐘塔付ポーチが配され、3廊式のバシリカ形式を採用しているが、全体としてゴシックともロマネスクとも異なる合理主義理論にのっとって設計され、近代の息吹が感じられる。

69 ル・ランシーのノートル・ダム教会堂 mapC

Eglise Notre Dame du Raincy

❶Auguste Perret ❷1923
❸Avenue de la Résistance, Le Raincy

近代における鉄筋コンクリート造教会堂の雛形とされた建築。3段階にセットバックする高い鐘塔が正面中央にそびえ立ち、壁面は一辺60㎝のプレキャスト・コンクリート部材で構成されたスクリーンで覆われる。室内に入ると、スクリーンの透かし穴にはめ込まれた色ガラスを通して入る鮮やかな光に満ちあふれ、幻想的な世界に導かれる。

70 アブラクサス集合住宅 mapC

Les Espaces d'Abraxas

❶Ricardo Bofill ❷1983
❸Noisy-le-Grand

バロック的な演劇空間をイメージして計画されたパリ郊外の集合住宅。半円形の「劇場」とそれに向き合うコの字型の「宮殿」、そしてその間の中心軸線上に凱旋門のように配された「アーチ」の3棟で構成される。全体を通して古典主義の思想とモチーフで満ちあふれており、従来の集合住宅の概念を打ち破った建築である。

71 サン・テグジュペリ・カレッジ mapC

College de Saint-Exupery

❶Massimiliano Fuksas ❷1993
❸40, rue des Graviers, Noisy-le-Grand

「星の王子さま」の著者名を学校名に掲げた学校。著書に登場した大蛇がとぐろを巻く形態をテーマとして話題を呼んだ。教室、多目的ホール、管理棟、食堂等を結ぶ2階建てのギャラリーを大蛇が横たわるかのように配し、蛇の頭部を多目的ホール、尻尾の端を円形校舎として、断片化された様々な機能の施設を連結させている。

72 ピカソ・アリーナ mapC

Les Arènes de Picasso

❶Manolo Nunez Yanowsky ❷1984
❸Palaza Pablo-Picasso, Le Pavé-Neuf, Marne-la-Vallée

マルヌ・ラ・ヴァレ団地の一画に建設されたポスト・モダニスムの広場とそれを取り巻く集合住宅。直径50mの巨大な円板が2つ向かい合う建物群で構成される正八角形の広場は、舞台美術出身の設計者にとっては演劇空間の延長線上にある。円板の足元には人間の肋骨を思わせる斜材が並び、ゴシック大聖堂のバラ窓と飛梁を想起させる。

73 エヴリィ大聖堂 mapC

Cathédrale d'Evry

❶Mario Botta ❷1995
❸Place des droits de l'homme et du citoyen, Evry

レンガの素材へのこだわりと円の追求をテーマとする建築家が設計した教会堂建築。円筒の頂部を斜めに切り落とし、トップライトからの採光で祈りの空間を演出。祭壇を囲い込むように信徒の座席が配列され、祭壇の背後に扁平な半円アーチのガラス窓が穿たれる内部空間は、宗教空間というよりもコンサート・ホールや階段教室を思わせる。

74 ヴォー・ル・ヴィコント城
mapC

Château de Vaux-le-Viconte

❶Louis Le Vau ❷1661
❸Vaux-le-Viconte（Parisの東南50㎞）

ルイ14世の蔵相N.フーケの城館。四隅のパビリオンと中央広間上の大ドームで構成される外観と豪華な室内装飾、透視図画法の効果を駆使した庭園が一堂に会した、バロック建築の醍醐味が見られる。ル・ヴォー、ル・ノートル、ル・ブランの3人が初めて協同で取り組んだ傑作であり、ヴェルサイユ宮殿の先例となった。

75 フォンテンブロー城
mapC

Château de Fontainebleau

❷1528-40
❸Rue Denecourt, Fontainebleau

ルイ6世からナポレオン3世まで歴代の王たちに愛され、各時代を代表する芸術家たちが手がけた多様な建築様式が一堂にそろう。イタリア人画家によるパネルと豪華なスタッコで飾られたフランソワ1世のギャラリーやフレスコ装飾と八角形と正方形を組み合わせた大胆な意匠の格天井をもつアンリ2世のギャラリーなど、見所が多い。

76 プロヴァンの街並み
mapC

Ville de Provins

❷12-13世紀
❸Provins

シャンパーニュ地方を見下ろすイル・ド・フランス丘陵の高台に形成された中世の市壁で囲まれた街並み。市内には交差部にドーム屋根が立ち上がるサン・キリアス教会堂と、高さ44mのセザールの塔が街並みを見守る。その他13世紀に建てられた税を収めるための穀物倉が保存され、中世の面影がよく残る町として世界遺産に登録されている。

77 サン・ルー・ド・ノー教会堂
mapC

Eglise Saint Loup de Naud

❷11-12世紀
❸Saint Loup de Naud（Provins近郊）

11、12世紀に属するロマネスク様式の建築。ラテン十字形の長腕をなす外陣、短腕をなす内陣と袖廊の平面構成が、切妻形の屋根をともなって外部に率直に表れる。これらの腕は、交差部の鐘塔によって統一される。この簡明ですがすがしい立体構成を、素朴で味わい深いものにしているのは、装飾のない粗石積の壁面である。

78 ピエールフォン城
mapC

Château de Pierrefonds

❶Viollet-le-Ducによる修復 ❷15世紀初頭/19世紀（修復）
❸Pierrefonds

中世末期の城を19世紀にヴィオレ・ル・デュクがナポレオン3世の別荘として修復・再生したもの。忠実に復原した部分と廃墟になっていた箇所を新しい用途に向けて再建した部分が同居しているが、防備された城壁と中庭に面して開放的な居住施設、礼拝堂、大広間の建物が城壁に寄り添って建つ、当初の面影を巧みに再現している。

79 モリアンヴァルのノートル・ダム教会堂 *mapC*

Eglise abbatiale Notre-Dame de Morienval

❷11世紀中頃-1125頃/1625（鐘塔玄関・身廊等修復）
❸Morienval（Compiègneの南東約16㎞）

ノルマンディー地方のロマネスクの影響を大きく受けた身廊の立面構成、袖廊脇に塔を備える外観、リブ・ヴォールトを用いたゴシック様式の先駆けを示す内陣などに特色がある。ロマネスクとしては比較的後発のイル・ド・フランス地方の建築の例で、ゴシックの成立に関連して内陣の交差リブ・ヴォールトが注目される。

80 アネ城 *mapC*

Château d'Anet

❶Philibert de l'Orme ❷1552
❸Anet

アンリ2世の愛妾ディアンヌ・ド・ポワチエのための別荘。頂部に鹿と猟犬のブロンズ彫刻を戴き、中央アーチのタンパンに女性のブロンズ・レリーフを設けた大胆な主門と螺旋状に配された格天井を中央ドームに採用した礼拝堂は、ドロルムの傑作。なお、主屋の一部は、パリのエコール・デ・ボザール中庭に移築保存されている。

81 シャルトル大聖堂 *mapC*

Cathédrale Notre Dame de Chartres

❷1194-1225頃
❸Chartres

盛期ゴシック最初の作品。当時のステンドグラスと彫刻群がほぼ無傷のまま残る、数少ない建築でもある。特に西正面と南北袖廊の3つのバラ窓をはじめ、身廊高窓、周歩廊、側廊などの合計173を数えるステンドグラスの放つ深みのある色彩は見事で、天上的で神秘的な空間を体験することができる。聖遺物「聖母の肌着」がある。

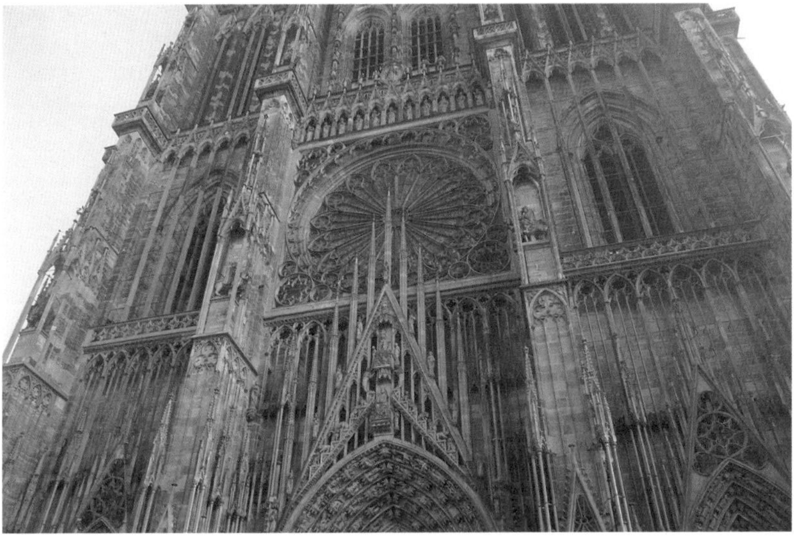

82 ストラスブール大聖堂

mapA

Cathédrale Notre Dame de Strasbourg

❷12-13世紀／1277-1439（西正面）

❸Strasbourg

若きゲーテを感激させた西正面は、この大聖堂の最大の魅力で、当時の市民の誇りをいかんなく表現している。赤色砂岩の鮮やかな色彩と、全体をレースのように覆うハープの弦のように張りつめた垂直線のパターンが、華麗ながら力強い雰囲気をつくりだしている。高さ142mの北塔は、中世に実現した塔としては最高の高さを誇る。

83 ストラスブール旧市街

mapA

Ville historique de Strasbourg

❷15-16世紀

❸Strasbourg

イル川に環状に囲まれた旧市街は中世の街並みがよく残されている。大聖堂前の広場、特に旧市街西端部の「プチ・フランス（小フランス）」と呼ばれる一帯には、木造の骨組と白い漆喰の対比が印象的な民家が軒を連ねる。運河の水面に映る街並みは実に美しい。1988年に世界遺産に登録され、2017年には新市街もその登録範囲となった。

84 コルマールの街並み

mapA

Ville historique de Colmar

❷13世紀

❸Colmar

南アルザス地方の行政・司法の中心都市で、13世紀以来の街並みが保存されている古都。アルザス・ゴシックの典型であるサン・マルタン大聖堂や旧税関のようなモニュメントを中心として木造軸組構造の民家が街並みを飾る。とりわけ街並み保存の成功例として有名なタヌール街やプチ・ヴェニスと呼ばれる運河沿いのポワソヌリ街が見所。

85 メッス大聖堂

mapA

Cathédrale Notre Dame de Metz

❷13-14世紀
❸Metz

身廊高41.75mはアミアン大聖堂に匹敵する。高窓が非常に大きく、しかも高窓下の小アーチ列背後もガラス窓となり、それが堂全体を取り囲む。そのため、上部全体が透かし彫りの壁となって堂内は明るい。後陣とトランセプトにはシャガールのステンドグラスから幻想的な光が降り注ぐ。

86 スタニスラス広場

mapA

Place Stanislas de Nancy

❶Emmanuel Héré ❷1752-55
❸Place Stanislas, Nancy

パリのヴァンドーム広場など「王の広場」の形式が地方に伝播した代表例。ロレーヌ公S.レスチンスキーが自らの栄光を示す広場として、建築家E.エレに設計を依頼。広場を囲む建物は、新古典主義様式の建築で飾られ、市庁舎の中央玄関から北側に向かう軸線上に凱旋門、キャリエール広場、市長官邸を配したバロック的手法が特徴的。

87 ロンシャン礼拝堂

mapA

Chapelle Notre-Dome-du-Haut

❶Le Corbusier ❷1950-55
❸Ronchamp（Belfort郊外24㎞）

そのあまりにも力強く自由な造形で、世界中に衝撃を与えたカトリックの礼拝堂。鉄筋コンクリートとレンガ造。屋根はコンクリートだが、飛行機の翼のような構造で軽くつくられている。南側壁面からは無数の光が拡散し、3つの塔のトップライトからは官能的な光が降り注ぐ。光と影がつくりだす荘厳な空間に宗教的静謐さが感じられる。

88 アルケ・スナンの王立製塩所
mapA

Saline Royale d'Arc-et-Senans

❶Caude Nicolas Ledoux ❷1775-79
❸Arc-et-Senan

ルイ16世の命で、気鋭の建築家であるルドゥーによって設計された産業建築。実現はされなかったが、工場とその周囲に同心円状に広がる従業員のための都市を含めて「ショーの理想都市」としても知られる。実際は監督官の館を中心に半円状に諸施設が建てられただけではあるが、建築家の夢が今日でも我々の心をときめかせてくれる。

89 第１次世界大戦歴史博物館
mapA

Musée Historical de la Grande Guerre

❶Henri Ciriani ❷1992
❸Place du Château, Péronne

ルイ11世が幽閉された城に隣接して設計された博物館。ペルー人建築家の代表作の一つ。鉄筋コンクリート造の細い円柱で支えるピロティ形式を採用し、あたかも打ち放しコンクリートの建物全体が池面から浮いているかのように見せ、自然豊かな池と緑の敷地との対比を表している。コルビュジエの信奉者である建築家らしい作品である。

90 サン・フィリベール教会堂
mapA

Eglise Saint Philibert de Tournus

❷1007-1120
❸Tournus（Mâcon北30km）

聖堂南側に回廊と修道院が残る教会。注目すべきは不ぞろいの2つの塔を備える平坦で大きな西正面。矢狭間やロンバルド帯が見られ、内部は発展した階層のあるナルテクスを構成。特に興味深いのは横断アーチで区切られた筒型ヴォールトを5つ並べた身廊と交差ヴォールトの側廊、四角い鐘楼と八角形のドームによる交差部。翼廊は低い。

91 オータン大聖堂
mapA

Cathédrale Saint Lazare d'Autun

❷1120-46
❸Autun（Dijonの南西86km）

外階段のある大きなポーチの入口上方にロマネスクの浮彫りの傑作タンパンがある。最も進展したロマネスク聖堂建築の一つ。聖堂は交差ヴォールトによる側廊、先端がとがった横断アーチで分節された筒型ヴォールトによる3身廊からなる。1130年にイノケンティウス2世により奉献され、1146年に聖ラザロの聖遺物を受け入れた。

92 ヴェズレーのラ・マドレーヌ教会堂
mapA

La Madeleine de Vézelay

❷1130-40
❸Vézelay（Auxerreの南東52km）

小高い丘の上に建つ聖堂。その周囲を民家が囲む。中世以来の田園風景を彷彿とさせる遠景が見所。ナルテクスの身廊入口上部のタンパンの「聖霊降臨」はロマネスク彫刻の傑作。建物の特色は身廊の低い交差ヴォールト、黒白の石の配色による横断アーチ、側廊を仕切る列柱と高窓の単純な配置など、簡潔にして明快な建築構成が見られる。

93 救護院（オテル・デュー）

mapA

Hôtel Dieu de Beaune

❷1443

❸Beaune

ブルゴーニュ公の大書記官ニコラ・ロランが創立した無料医療の施療院。釉薬がかかった色鮮やかな瓦屋根と風見鶏や装飾的鉄細工などで飾られた外観は、暗く質素な病院というイメージとは程遠く、フランドル・ゴシックの豪華な宮殿を思わせる。礼拝堂付き大病室、薬局、看護婦室、厨房などがあり、中世の医療施設が再現されている。

94 フォントネ修道院

mapA

Abbaye de Fontenay

❷1139-47（教会堂献堂）

❸Marmagne（Montbardの東約5㎞）

現存する最古のシトー会教会堂で世界遺産。回廊周りの諸室には姿を消したものもあるが、それでも整った標準的な修道院の構成を見せる。教会堂の形式も角形の東端部は平後陣で、いわゆる「ベルナール式平面」の典型。ブルゴーニュ地方のロマネスク建築を基にした、シトー会の清貧思想をよく物語る簡素・厳格なシトー会修道院建築。

95 トロワの街並み

mapA

Ville hisrotique de Troye

❷16-17世紀

❸Troye

シャンパーニュ地方の中心都市で、木造の街並みで有名。シャンポー通り、猫小路には、木造軸組（ハーフティンバー）の民家が多く保存されている。壁面の木組が筋交いや十字形で過剰に装飾化された他地域の形式とは異なり、簡素で優美な趣を見せているのは、ブルゴーニュやイタリアとの文化交流が頻繁になされていた歴史からであろう。

96 ランス大聖堂

mapA

Cathédrale Notre Dame de Reims

❷1211-94
❸Reims

フランス歴代国王の戴冠の場であったこの大聖堂は、様式的な完成度において、アミアン、シャルトルとともにゴシック建築の最高峰をなす。西正面の均整のとれた外観は、「ゴシックの女王」の名にふさわしく格調が高い。外部の賑やかさに比べると、内部空間の静謐さは対照的で、外界から隔離された神秘的な世界をつくりだしている。

97 ラン大聖堂

mapA

Cathédrale Notre-Dame de Laon

❷12世紀中頃-1200年代
❸Laon（Reimsの北西約60㎞）

パリ大聖堂とともに初期ゴシックを代表する。トリビューンを持ち、身廊は4層構成で六分交差リブ・ヴォールト、バラ窓付きの調和正面という共通点の他、交差部採光塔、発達した交差廊、身廊の節くれだった添え柱、彫りの深い西正面など独特の特徴がある。当初の半円形平面の会堂頭部は1200年頃に角形の平後陣に置き換えられた。

98 ノワイヨン大聖堂

mapA

Cathédrale Notre Dame de Noyon

❷1150頃-1290
❸Noyon

初期ゴシックを代表する大聖堂。内部は側廊の上にギャラリーをのせ、これら2層のアーケードの上に小アーチ列と高窓の層が重層して上方への指向性を高めている。太さの異なる柱を交互に配列することによって生まれる水平方向へのリズム感とそれが共鳴して、盛期ゴシックとは異なる抑制された調和をつくりだしている。

99 コングレクスポ

mapA

Congrexpo

❶Rem Koolhaas　❷1994
❸Lille, Nord

フランス語のCongrés（会議）とExposition（展覧会）を合成した名称が示すように、巨大な展示室と3つの会議室、音楽ホール等が含まれる複合施設。材料の斬新な使用で定評のあるコールハースの代表作の一つ。黒色の巨石積みによる壁面とその上部を半透明な波形アクリル板で覆った外観は、楕円形の巨大建築に変化をもたせている。

100 リヨン・クレジット・タワー

mapA

Tour de Crédit Lyonnais

❶Christian de Portzamparc　❷1995
❸Cité des Affaires, Deux Gares, Lille

英仏海峡を結ぶトンネルの建設に端を発したユーラリール開発計画の一環として、駅に建設された巨大建築物。敷地が駅の上を跨ぐ位置にあり、そこに荷重が集中するタワーを立てるという困難な条件下で、設計者は橋と塔を組み合わせたブーツ形を採用。タワーが上階に向かって広がる形態をあえて表現することで、他の建築を圧倒している。

101 アミアン大聖堂

mapA

Cathédrale Notre Dame d'Amiens

❷1220-88
❸Amiens

内部はシャルトル大聖堂、ランス大聖堂を凌駕する完璧さを示す。とりわけ内部壁面の薄膜的表現は見事で、石の重さを感じさせない超自然的な感覚に圧倒される。しかも壁面構成要素の配列の論理性は、スコラ哲学の体系に似た完全さをもつと評されている。フランスのゴシック建築の中では最大の規模（天井高42m、全長145m）を誇る。

102 ボーヴェ大聖堂

mapA

Cathédrale Notre Dame de Beauvais

❷1247-72
❸Beauvais

アミアン大聖堂をも凌駕する壮大な構想の下に着工されたこの大聖堂は、内陣において空前の天井高48m（ゴシック建築の最高）を実現したが、その後2度にわたる崩落事故により、外陣の工事は放棄されてしまった。内部壁面はアミアン大聖堂よりもさらに薄膜化が進行している。石造建築技術の極限を示す作品といえよう。

103 ルーアンの街並み

mapA

Ville historique de Rouen

❷15-16世紀
❸Rouen

ノルマンディー地方の中心都市で、フランスで最も多く木造建築が保存されている町として有名。大聖堂前の広場から大時計のアーチを潜ってジャンヌ・ダルクが火刑に処された旧市場広場までの大時計通りには、木造軸組の民家が保存されているが、他にも2階以上を道路に順次迫り出させた黒い木組と白漆喰の壁が美しい民家が点在。

104 ルーアン大聖堂

mapA

Cathédrale Notre-Dame de Rouen

❷1145-1250頃/16世紀（塔・西正面・袖廊正面）
❸Rouen

厚い壁などの特徴を持つ優れたロマネスク様式を早くに達成していたノルマンディー地方は、1200年以降、この建築によりゴシックの刻印を押された。建築家アンデリの仕事はその後、ノルマンディーの他の大教会堂に展開し、一つの流派を作る。工事は12世紀から16世紀まで継続したので、ゴシックの様々な段階を見ることができる。

105 サン・マクルー教会堂

mapA

Eglise Saint-Maclou de Rouen

❷1436-1520
❸Rouen

同じ街の大聖堂の「バターの塔」とともに、末期ゴシック様式であるフランボワイヤンの代表例。正面のポーチに見る炎のような網目状に入り組んだ桟が、扉口の尖頭のアーチや三角破風を彫金細工のように隙間なく埋め尽くす様子は、フランボワイヤンが何であるかを物語る。教会堂は時代を反映して小型で、旧形式を随所に見せる。

106 モン・サン・ミシェル修道院

mapA

Abbaye du Mont Saint-Michel

❷1023-1186(教会堂)/1446-1523(教会堂内陣改築)/1204-38(修道院主要施設) ❸Le Mont-Saint-Michel

満潮時は孤島、干潮時は陸続きとなる岩山を舞台に、人類の英知が築きあげた複合建造物。大天使聖ミカエル出現の伝承がある岩上には、初期ロマネスクからゴシックまで、増改築が繰り返された建築群が迷路のように積層している。「ラ・メルヴェイユ（驚異）」と呼ばれるゴシック様式の修道院施設等では、回廊と大食堂が必見。

107 クータンス大聖堂

mapA

Cathédrale Notre Dame de Coutances

❷1220頃-75

❸Coutances

鋭い尖頂屋根を戴いた西正面の双塔と、交差部の上にひときわ高くそびえる八角形の採光塔を中心に、控え壁の小尖塔（ピナクル）がつくる塔の群構成が、この大聖堂の魅力である。中央に向かって階段状に盛り上がる内部空間の構成が、内陣東端部の丸く湾曲した外観の立体構成にも現れ、それが群塔を統一して山のようにまとめる。

108 サン・マロの城塞都市

mapA

Remparts de Saint-Malo

❷17世紀

❸Saint-Malo

旧市街全体が高い城壁に囲まれている。元はランス川河口の独立した小島で、6世紀に開かれた修道院を起源とする。軍事的にも要衝に位置し港湾都市として発展した。城壁の建設は12世紀に始まり18世紀まで続いたが、17世紀にほぼ現在の形が整った。現在の街並みは第2次世界大戦で焼かれたあと復元されたものである。

109 サン・テゴネックの聖堂囲い地 mapA

Enclos paroissial de Saint Thégonnec

❷16世紀後半
❸Saint Thégonnec

教会堂、納骨堂、墓地、磔刑像などが集中して配置される聖堂囲い地の代表例。ブルターニュ産の荒々しいケルザントン岩を深く彫り込んだ磔刑像や埋葬をモチーフとした彫刻で飾られた葬祭堂、囲い地の入口に設けられた荘厳な凱旋門は、ブルターニュ地方独特の死生観と素朴な信仰心が生みだした芸術であり、感動的である。

110 クレスケル礼拝堂 mapA

Chapelle du Kresker

❷14世紀
❸Saint Pol de Léon

ブルターニュ・ゴシックの代表的教会堂。花崗岩を用いた簡素なファサードとイギリスからの影響を受けた矩形の後陣、そして板張りの天井など、イル・ド・フランスのゴシック大聖堂とは異なる独自性を示す。その中でも鋭く尖った塔とその四隅に添えられた小塔からなる鐘塔はブルターニュで最も美しい鐘塔として有名である。

111 トゥール大聖堂 mapA

Cathédrale Saint Gatien de Tours

❷1236-16世紀
❸Tours

西正面は、後期ゴシック特有の火炎に似た賑やかでやや過剰気味の線条パターンによって、当時の生き生きとしたこの街の活力を表現している。高窓下の小アーチ列の背後をも窓とする透かし彫り的な内部壁面構成は、サン・ドニをモデルとした13世紀中頃の様式である。内陣のステンドグラスは、13世紀の傑作に数えられる。

112 トゥール市国際会議センター mapA

Centre de congrès de Tours

❶Jean Nouvel ❷1993
❸Boulevard Heurteloup, rue Palissy, Tours

トゥール市が行った設計競技で選ばれた建築。条件は2000、700、350席を収容できる3会議場、展示場等を含む施設を、市庁舎、公園、19世紀の駅舎が隣接する細長い敷地に計画することだった。高さや建築線等の法的規制を解消しつつ、昆虫が羽根を広げて延びているような斬新な形態を提案して、地方都市に新しい風を巻き起こした。

113 ソミュール城 mapA

Château de Saumur

❷14世紀
❸Saumur

トゥエ川とロワール川が合流する位置に築かれたロワールの城の一つ。アルドワーズと呼ばれる天然スレート瓦の急勾配屋根と控壁で固められた壁面、隅部分を守る櫓、歯形状の石落としなど要塞化された外観の様相は、戦乱の世を潜り抜けてきた城の歴史を物語っている。城内には「馬の博物館」と「装飾美術館」が含まれている。

114 アゼー・ル・リドー城
mapA

Château d'Azay-le-Rideau

❶Gilles Berthelot ❷1518-25
❸Azay-le-Rideau

L字型プランをもつゴシックの建築にイタリアから導入された古典的モチーフと比例が適用されて生まれた初期ルネサンスの城。古典様式のピラスター(付け柱)で枠どられた窓と水平性を強調したコーニスは、イタリア・ルネサンスの影響を受けたものだが、四隅の円錐形櫓、急勾配の屋根、石落としなどはゴシック時代の城郭の名残である。

115 シュノンソー城
mapA

Château de Chenonceaux

❶Philibert de l'orme, Jean Bullant ❷1515-81
❸Chenonceau

最初はアンリ2世の愛妾に贈られた城だったが、王の死後、正妻カトリーヌ・ド・メディチが強引にショーモン城と交換させて自分の所有とした。カトリーヌは、シェール川を跨ぐ橋の上に古典的モチーフと水平性を強調する壁面構成で飾られた3階建てのギャラリーを増築させ、女性好みのロマンティックな城を誕生させた。

116 ブロワ城
mapA

Château de Blois

❷13-17世紀
❸Place du Château, Blois

もとは中世の領主ブロワ伯の居城だったが、15〜16世紀には宮廷がここに置かれ、歴代の王たちが時代の趣味に従って手を加えた。特にフランソワ1世が増築させた翼棟は、ゴシックからルネサンスへの過渡期の特徴を示している。中央にある螺旋大階段は中世的だが、開放的で優雅な装飾が施され、次の時代を予感させる傑作である。

117 シャンボール城
mapA

Château de Chambord

❶Domenico de Cortona ❷1519年起工
❸Chambord

ロワール川沿いに数ある城の中でもっとも美しく、規模の大きい名城。外観は円錐屋根、煙突、小塔などが林立して統一感に欠ける様相を呈しているが、水平コーニスと古典様式のピラスター(付け柱)で規則的に分割された壁面は、イタリア・ルネサンスの影響。城内の見所は、人がすれ違わずに昇降できる中央の二重螺旋階段。

118 ジャック・クェール邸
mapA

Palais Jacques-Coeur

❷1443-51
❸Bourges

シャルル5世の御用銀行家の邸宅。ブールジュの市壁に設けられていた塔を利用し、市壁の跡に沿って主屋が建てられた。そのために不整形な平面構成になっているが、中庭を介して各部屋間を機能的に連絡できる居住性の高い住宅として計画されている。幅6mの暖炉が中央に設けられた大広間は、中世における豪華な邸宅建築の代表例。

119 ノートル・ダム・ラ・グランド教会堂 mapA

Notre-Dame-la-Grande

❷12世紀中頃
❸Poitiers

街なかに立つやや小さい教会堂で、ポワトゥ地方のロマネスク建築の特色を西正面に開花させた傑作。左右に鱗状の瓦を模した尖頭の塔が設けられ、4層からなるアーケードと浮彫り装飾は全体として「キリスト昇天」を示している。身廊と側廊の高さが等しい広間式の聖堂内部には、天井や柱に彩色が施されている。

120 サン・サヴァン教会堂 mapA

Eglise Saint-Savin sur Gartempe

❷11世紀末-12世紀初頭
❸Saints-Savin sur Gartempe

村の広場に立ち、後陣はガルタンプ川の岸に近い。典型的なロマネスク聖堂だが、後世のゴシックの尖塔の下に鐘楼ポーチがあり、そのポーチと階上廊、身廊、クリプトのそれぞれのヴォールト天井に非常に重要な壁画が残されている。翼廊には小礼拝堂、内陣の周歩廊には5つの放射状祭室が設けられている。

121 ラ・ロッシェルの街並み mapA

Ville historique de La Rochelle

❷17-18世紀
❸La Rochelle

ポワトゥ地方西端の大西洋に面する港町で、堀のような狭い入江に2基の塔が囲い込む形で港を守っている。市内はイギリス軍事建築の実例であるサン・ニコラの塔や、18世紀に建設された大時計門、古典様式の市庁舎などの記念建造物と木造軸組にスレートを張った街並みなどバラエティーに富む建築が点在し、町全体が美術館のよう。

122 アングレーム大聖堂
mapA

Cathédrale Saint Pierre d'Angouleme

❷1110-38
❸Angouleme

街なかの広い三叉路に立つ。3つのドームからなる単身廊聖堂で側廊はない。翼廊に小祭室を持ち、半円の広い内陣に4つの放射状礼拝堂が並ぶ。交差部に八角形のドラムを持つドームがそびえ、特に西正面の2塔を備える。ポワトゥに見るアーケードと浮彫りの装飾「キリスト昇天」によって、聖堂全体が威圧感を生んでいる。

123 ペリグー大聖堂
mapA

Cathédrale Saint Front de Périgueux

❷1120-79
❸Périgueux

街なかにあって、北側が大きく開け、西側に市場の広場がある。イスル川からの眺めがいい。特徴的なシルエットを持つ独特なモニュメントで、19世紀に厳格に修復された。古いバシリカの廃墟が西側にある。5つのドームのあるギリシア十字形のプランに、狭い側廊がつく。初期のバシリカの残存の上に高い鐘楼ポーチが立っている。

124 オートフォール城
mapA

Château de Hautefort

❷1625-70
❸Hautefort

ペリゴール地方の代表的な城の一つ。アルザス生まれの建築家がロワールの城に倣って、中世の城をルネサンス風に再建したもの。16世紀の円屋根が残る櫓部分と古典モチーフで飾られた主屋が対比しながら連結し、城の歴史を物語る。1968年の火災で大被害を受けたが、修復によってかつての姿に蘇った。美しい庭園も見逃せない。

125 モンパジエ要塞都市
mapA

Bastide de Monpazier

❷1284-85
❸Monpazier

百年戦争を機に軍事目的から計画された都市、バスチードの典型例。英国王エドワード1世が建設。矩形に近い市壁で囲まれた格子状の街区の中央には、市場と役場のある世俗の広場と、教会堂のある聖なる広場が隣り合わせに配される。1階に尖頭アーチのアーケードが連なる2階建ての建物が広場を囲み、独特の景観を見せている。

126 ヴァラントレ橋
mapA

Pont Valentré

❷1308-78
❸Cahors

カオールの町を囲むロット川に架けられた中世の石橋。川面からの高さ40mの要塞化された3つの監視塔と7連の尖頭アーチで支えられ、防備装置が施された橋。カオールの町への敵軍の進入を防ぐために建設された。19世紀の修復によって要塞的性格が薄れてしまったが、川に映し出されるシルエットは中世以来変わらない。

127 サン・ピエール教会堂

mapA

Eglise Saint Pierre de Moissac

❷1100-30
❸Moissac（Toulouseの北西65㎞）

市庁舎広場に面して立ち、上部に鐘楼がついたポーチがあることで知られる。ポーチに刻まれた彫刻は典型的なロマネスク建築に見られるもので、特に「黙示録の神」を示すタンパンは傑作。さらに周辺の側壁などに重厚な彫刻装飾が見られる。他に76の見事な柱頭で装飾された回廊がある。クリュニー派の拠点として影響力を持った教会堂。

128 サン・セルナン教会堂

mapA

Eglise Saint-Sernin

❷1075-1180
❸Toulouse

街なかにあり、この町特有のレンガ造りによる瀟洒な姿は魅力的。ロマネスク様式の最大規模の聖堂で、5身廊。側廊には階上廊、翼廊に側廊、周歩廊に放射状礼拝堂があり、「巡礼路聖堂」の中で最も発展した例。聖堂南側入口のミエジュヴィル門の「キリスト昇天」、周歩廊の「天使と栄光のキリスト」の浮彫りは特に有名。

129 ドミニコ会修道院

mapA

Abbaye des Jacobins de Toulouse

❷1285頃-1385
❸Toulouse

アルビ大聖堂と並ぶ南仏ゴシックの傑作。レンガを主材料とし、托鉢修道会の清貧的生き方に符合した簡素で清らかな建築。内部が7本の中央柱で2分割された聖堂と回廊を囲む修道院の諸室で構成され、とりわけ椰子の木のように放射状に広がる濃い赤色のリブで飾られた聖堂の天井は、他では見られない独自の形式。

130 アルビ大聖堂

mapA

Cathédrale Sainte-Cécile d’Albi

❷1277-1383
❸Albi

12世紀の間ロマネスクを続けた南部は、13世紀にやっとゴシックを生むが、それは地方の性格を色濃く持つものだった。赤レンガ、城塞のような外観、控壁の間の祭室、単身廊、単塔式、アルビ大聖堂のこうした特徴は、ローカル・カラーに彩られた独特の南方ゴシックをよく示す。南側の入口と内部の内陣障壁はフランボワイヤン様式。

131 カルカソンヌの要塞都市

mapA

Cité de Carcassonne

❷13世紀
❸Carcassonne

地中海とトゥルーズを結ぶ交通の要地に築かれた中世の要塞都市。二重の市壁に囲まれ、50余りの櫓や塔が要所要所を固める。市壁内にはサン・ナゼール教会と行政の中心である城郭が、中世以来の不規則で複雑な街路の中に組み込まれ、かつての面影がよく残る。19世紀にヴィオレ・ル・デュクが市壁の頂部と櫓の屋根を修復している。

132 サン・マルタン・デュ・カニグー修道院

mapA

Abbaye de Saint Martin du Canigou

❷11世紀前半
❸Casteil

山道を3㎞ほど登ると、2つの渓谷の合流点に出る。その岩盤の上にロマネスク修道院が立っている。断崖に孤立して建つ修道院は、聖堂、クリプト、回廊で構成されている。聖堂は平行したヴォールトによる3身廊からなり、そのアーケードは細身の円柱に支えられている。ロンバルド帯を付した後陣の北には、大きな銃眼の付いた四角い塔がある。

133 サント・フォワ教会堂

mapA

Eglise Sainte Foy de Conques

❷1050-1130
❸Conques

オーヴェルニュ地方の南、深い峡谷に抱かれた中世の面影を残すコンク村にある教会堂。かつての修道院聖堂の面影をよく残す。ロマネスクの聖遺物信仰を広く集めた聖女フォワの聖遺物箱は今でも巡礼の目的とされている。聖堂は「巡礼路聖堂」の典型例。西入口上方のタンパンの「最後の審判」の浮彫りは有名。かつての彩色の跡を留めている。

134 ノートル・ダム・デュ・ポール教会堂

mapA

Eglise Notre Dame du Port

❷1110以降
❸Clermont-Ferrand

オーヴェルニュ地方のロマネスク建築の典型例。古い市街に囲まれた教会堂は、八角形の交差部の塔の下部の構成に特色がある。内陣の周歩廊に4つの放射状礼拝堂、翼廊にも小祭室があり、「巡礼路聖堂」の典型例。身廊の筒型ヴォールトに見られる補強仕切り壁ディアフラグム、入口タンパン下の三角形の石などが特色を示す。

135 リヨン旧市街の街並み

mapA

Vieux Lyon

❷16世紀
❸Lyon

リヨン市内で大きく蛇行してローヌ川に注ぐソーヌ川の右岸に、サン・ポール聖堂から12世紀建立のサン・ジャン大司教座聖堂に至るまでの15～17世紀の街並みが残る。絹織物や印刷業で栄えたリヨン黄金時代の面影をよく留めている。ブレスキル地区とあわせたリヨン市総面積の約1割がユネスコにより世界遺産に登録されている。

136 リヨン・オペラハウス

mapA

Théâtre de l'Opéra

❶Jean Nouvel ❷1993
❸Place de la Comedie, Lyon

現代建築家による歴史的建造物の再生例として注目されている建築。古いオペラ劇場の外壁を利用したり、高層化することで練習場やサービス用の空間を確保。既存の建物とのバランスを考慮して増築部分の屋根を蒲鉾型にしているのが特徴。黒一色で統一された室内のシックな色合いと色彩豊かな夜のライトアップが対照的。

137 ラ・ムーシュ公営屠殺場

mapA

Marché aux Bestiaux et Abattoirs de La Mouche

❶Tony Garnier ❷1924
❸Place Perrin, avenue Tony Garnier, Lyon

24haに及ぶ広大な敷地に市場、屠殺場等の建物を配置した大プロジェクト。全体が規則正しく配列され、ガルニエの工業都市構想を実現したもの。諸施設は、壁体が無筋コンクリート造、屋根が鉄骨にレンガを充填した構造を採用しているが、意匠はあくまでも古典的。現在は大市場と門柱が保存され、展示施設として活用されている。

138 リヨン・サン=テグジュペリTGV駅 mapA

Gare du Satolas

❶Santiago Calatrava ❷1994
❸Lyon

リヨン・サン=テグジュペリ国際空港に隣接するTGVの駅舎。鳥が翼を広げたようなシンボリックな外観に、鉄とガラスによるダイナミックな空間を内包する。空港から長い通路を渡ると、視界が開けて、100mに及ぶ2本の鉄骨アーチ梁が、前方一転に向かい覆い被さってくる。プラットホームは地下に配置され、逆V字型の構造体が連続する。

139 ラ・トゥーレット修道院 mapA

Couvent de La Tourette

❶Le Corbusier ❷1957-60
❸L'Arbresle（Lyonの北西26㎞）

ル・コルビュジエ後期の最も重要な作品。ドミニコ会の修道院。三方を森に囲まれ、町を見下ろす急斜面に立つ。100の僧房と図書館、食堂、教会からなる。中庭型という修道院建築の伝統を引き継ぎながら、宗教的な光と音響、集団生活の住居のあり方など、近代建築の原則にのっとって新しい空間表現を行っている。予約すれば宿泊可。

140 ル・ピュイ大聖堂 mapA

Cathédrale Notre Dame du Puy

❷12世紀
❸Le Puy

巡礼路の起点の一つ、ル・ピュイの丘の頂上を背に建てられた聖堂。西正面には大きな階段を設け、地形と聖堂建築の調整は興味深い。特に西正面の濃淡のある褐色系の色違いの石の配置は螺鈿のようで、回教美術との接触による独特な装飾感覚が見所。他に円蓋形式の身廊、交差ヴォールトの側廊、三角破風のつく高い鐘楼などが特色。

141 オランジュの古代劇場 mapA

Théâtre Antique d'Orange

❷BC1世紀末
❸Orange

古代劇場の姿を最もよく保存する代表例。岩山の斜面を半円形に彫り込んで、すり鉢状に傾斜した部分を利用して観客席がつくられ、舞台背後には、幅103m、高さ36mの装飾壁がほぼ完璧な状態で保存されている。装飾壁中央に設置された高さ3.5mのアウグスティヌス帝の大理石像が劇場全体を見守り、皇帝の権威を表現している。

142 セナンク修道院 mapA

Abbaye de Sénanque

❷1160頃-13世紀初頭
❸Gordes（Avignonの東約35㎞）

プロヴァンスの三姉妹のうち、唯一の現役修道院。交差部に採光塔がのる内陣と、柱間数が多く横断アーチのない極めて厳しい空間の身廊とが対照的な教会堂。様々な彫刻装飾が柱頭などに慎ましく施された美しい3連アーチが、回廊のアーケードの一つ一つを構成している。ゴルドからのアクセス道路D177から見た全体の俯瞰は見逃せない。

143 アヴィニョンの法王庁宮殿 mapA
Palais des Papesa Avignon

❷14世紀
❸Avignon

ローマから逃れた法王が7代にわたって居住した宮殿。城壁で街全体が固められ、その中心にシトー会修道士だったベネディクト12世の旧宮殿とクレメンス6世の新宮殿が並列して建てられた。外観は堅固な中世の要塞を思わせるが、内部は禁欲的修道生活の趣を見せる旧宮殿とイタリア芸術の華やかさを漂わせる新宮殿で構成される。

144 アヴィニョン橋（サン・ベネゼ橋） mapA
Pont Saint Bénézet

❷12世紀
❸Avignon

童謡「アヴィニョンの橋」で知られる中世の橋。若き羊飼いベネゼが神の啓示を受けたのをきっかけに建設が開始されたと伝えられ、橋の名前にもなった。現在の橋はクレメンス6世によって再建されたもので、22のアーチを連ねた全長約900mの橋だったが、1660年の大洪水で大部分が流され、4連のアーチ部分だけが残ったもの。

145 ヴィルヌーヴ・レ・ザヴィニョン修道院 mapA
Chartreuse de Villeneuve-lés-Avignon

❷15世紀
❸Villeneuve-lés-Avignon

個室での祈りと瞑想で、生涯を過ごすカルトゥジオ修道会の修道院。ローマ法王インノケンティウス6世が、修道会の隠修士的生き方に共鳴してアヴィニョン近郊の土地と邸宅を寄贈したのを受けて起工。庭付き2階建ての個室が回廊の周囲に並び、修道士たちの特異な生活を追体験できる。現在は文化財として一般公開されている。

146 ニームの古代闘技場

mapA

Arénes de Nîmes

❷BC46頃
❸Nîmes

長径133.38m、短径101.40mの楕円形プランに階段状の観客席2万1000席が周囲を巡る。この形式は、ローマ建築の典型的な闘技場のものだが、アーチを連続させたヴォールト天井だけではなく、平石による天井が混在し、ギリシア建築の名残を垣間見ることができる。アルルの闘技場とほぼ同時期、同形式の建築。

147 メゾン・カレ

mapA

Maison Carrée

❷BC19頃
❸Nîmes

アグリッパによって建てられた古代ローマの神殿。高さ3.3mの基壇の上に6本のコリント式オーダーの柱が正面を飾る。周囲を柱列が巡るギリシア神殿の周柱式プランに見せかけた擬似周柱の形式を採用。ローマ建築がギリシアの影響を受けていた初期の実例であり、正面性を強調するローマ神殿の特徴が示された典型例でもある。

148 カレ・ダール

mapA

Carrée d'Art

❶Norman Foster　❷1993
❸Place de la Maison Carrée, Nîmes

ニームの古代神殿メゾン・カレに隣接する敷地に建設された現代美術のメディア・センター。現代のハイテク技術を駆使した新時代の建築でありながら、ローマ神殿の正面を飾る柱列を細いスチールで表現することで、かつて神殿を取り巻く列柱回廊があった歴史を想起させようとした建築家フォスターの意図がよく表れている。

149 ネモージュス1集合住宅

mapA

Nemausus 1

❶Jean Nouvel　❷1987
❸Avenue du Général-Leclerc, rue du Vistre, Nîmes

斬新な形態と多種類の住居単位を提案したJ.ヌーヴェルの集合住宅。建物は半地下からのピロティで支えられた長大な3階建てで、地面の上に浮かんでいるかのよう。羽を広げたような屋根庇と各階の南北面に大きく張り出したバルコニーと通路が周囲を巡り、全体が船をイメージさせる。間取りは17タイプあり、多様な住まい方に対応。

150 ポン・デュ・ガール

mapA

Pont du Gard

❷BC19頃
❸Nîmes

ニームに給水するために、ガルドン川を跨いで建設されたローマ時代の水道橋。全長約275m、高さ約49m。3層のアーチ列が最上部に設けられた幅1.2m、深さ1.85mの導水路を支える。第2層までは巨大な切石をモルタル目地なしで積み上げる空積み式で施工されていて、当時の土木技術の高さをうかがわせる。

151 エグ・モルトの城壁

mapA

Aigues Mortes

❷1272
❸Aigues Mortes

地中海に近い沼地に建設された中世の要塞都市。全長1640mの市壁で囲われ、北東隅に孤立して立つコンスタンスの塔をはじめとする6基の塔と5カ所の主要な市門を備える。市壁内はサン・ルイ広場を中心に碁盤目状道路に沿って肩を寄せ合うように街並みが形成され、市壁外の荒涼とした沼地の自然風景とは対照的である。

152 アルルの古代劇場・円形闘技場

mapA

Théâtre Antique et Arénes d'Arles

❷BC1世紀
❸Arles

アルルはマルセイユのギリシア人によって設けられた古代ローマの植民地で、市壁内は格子状の道路が走り、フォルム、神殿、劇場、闘技場、浴場が配されていた。闘技場は、アーチ構造と平石による天井が混合して使用され、ギリシア文化の影響が確認できる。半円状の劇場は、舞台の壁にあった円柱が2本残るだけだが、当時を偲ばせる。

153 サン・トロフィーム教会堂

mapA

Eglise Saint-Trophime

❷1170-1200
❸Place de la Republique, Arles

レピュブリック広場に立つ教会堂。なかでも特徴的なのは西正面のポルタイユ（扉口）だ。古代ローマの凱旋門や石棺を想起させる、この地方独自の建築構成を見せている。他にも、尖頭アーチによるヴォールト構造の身廊、1/4円ヴォールトの狭い側廊、半ゴシック様式が既に見られるロマネスク回廊など、建築的な見所が多い。

154 マルセイユのユニテ・ダビタシオン
mapA

Unité d'Habitation de Marseille

❶Le Corbusier ❷1946-52

❸280, Boulevard Michelet, Marseille

長さ165m、高さ56mの巨大なピロティが持ち上げる高層集合住宅。337戸の住戸の他、中層階には商店やホテル、屋上には幼稚園、プール、運動施設がある。カラフルな色彩が打ち放しコンクリートの外観に躍動感を与えている。各住戸はモデュロールの寸法によってつくられたメゾネットタイプとなっている。

155 シルヴァカンヌ修道院
mapA

Abbaye de Silvacane

❷1175-1230（教会堂）/1210-1300（修道院諸施設及び回廊）

❸La Roque-d'Anthéron（Aix-en-Provenceの北西約20㎞）

プロヴァンスの三姉妹の末娘。教会堂は三姉妹中で唯一「ベルナール式平面」と呼ばれる角形の会堂頭部を見せ、交差部には交差リブ・ヴォールトが架かる。最近修復が済んだ15世紀初めの食堂が歩廊に平行に建つ以外は、典型的なシトー会修道院の構成。三姉妹の中では一番装飾が多いが、簡素・厳格で構成的なシトー会建築を堪能できる。

156 ル・トロネ修道院
mapA

Abbaye du Thoronet

❷1160-75（教会堂と回廊の一部）/1200頃完成

❸Le Thoronet（Draguignanの南西24㎞）

プロヴァンスの三姉妹の長姉。極端なまでの装飾の排除が産み出した奇跡ともいうべき純粋空間。刻々と変化する慎重に選ばれた光は、合理性と象徴性の重層する両義的な場のあり様を明らかにし、赤味がかった粗い石の上に、極端に厚い壁の回廊や研ぎ澄まされた鋭角的な細部の教会堂の空間に潜むある種の優しさをも映し出す。

157 カップ・マルタンの休暇小屋
mapA

Cabanon

❶Le Corbusier ❷1952

❸Cap-Martin-Roquebrune駅下車（Niceの東20㎞）

ル・コルビュジエが最も愛した地中海を見下ろす小屋。モデュロールの寸法だけでつくられた約8畳の丸太小屋であり、「最小限住居」といっていい。アプローチからの導線をたどって屋内に入ると、自然と渦巻状に一周する巧みな構成となっている。傍らにはさらに小さい仕事小屋がある。下の海岸は彼の終焉の地。内部に入るには要許可。

158 サン・ヴェランの街並み
mapA

Ville de Saint Véan

❷17-19世紀

❸Saint Véran（Briançonから約40km）

標高2500m、ヨーロッパで最も高い位置にある村落。白漆喰で塗り込められた石積みの下階部分にカラマツを用いた校倉造の納屋が載り、道路側に大きく迫り出す独特な形式の民家が街並みを構成している。屋根は翼を広げたような大きな板葺きで覆われ、雪深い山の風土が生んだ独創的な景観をつくりだしている。

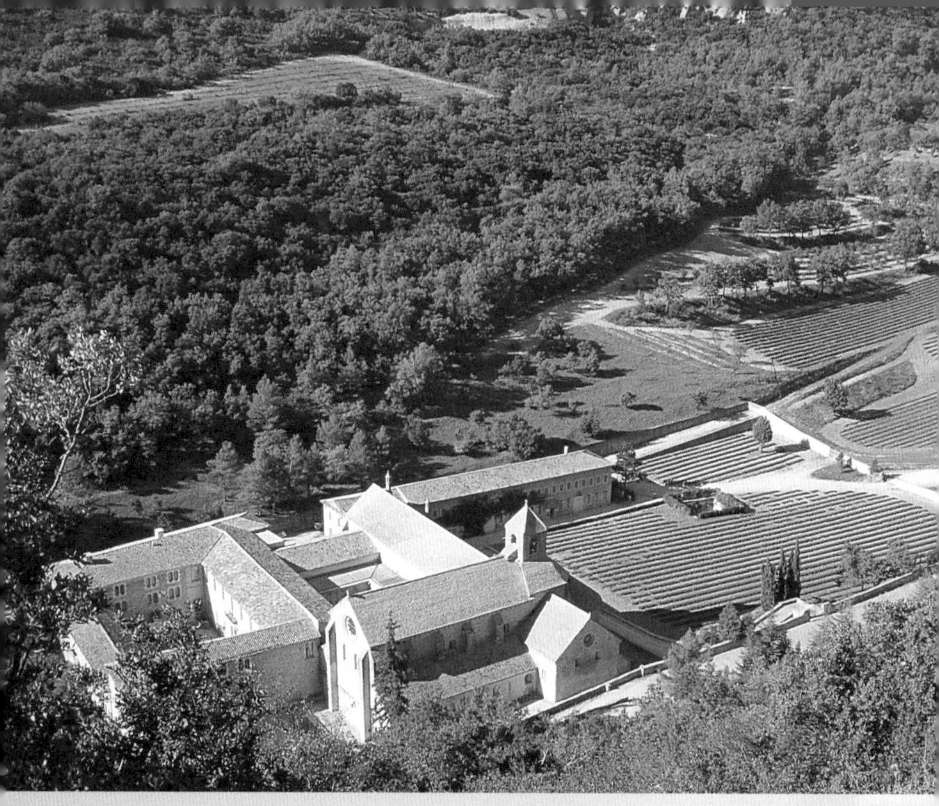

上・セナンク修道院：山奥の谷底に人工的な理想の霊的世界を建築的に繰り広げる
下・シルヴァカンヌ修道院：端正な正画を見せる教会堂の遠望

テーマのある旅 ❶

プロヴァンスのシトー会修道院を訪ねる

西田雅嗣（京都工芸繊維大学教授）

ロマネスク、800年も昔の様式、それもキリスト教の修道院。現代のわれわれに一体どんな魅力や意味があるのか…。そんな思いにかられ、近くの町まで来ているのに、南仏プロヴァンスの人里離れた谷間にひっそりと建つ３つのシトー会修道院、**ル・トロネ**、**セナンク**、**シルヴァカンヌ**を訪れなかったら、きっと後悔するだろう。行き着くのは今でもやさしくはないが、３つのうちのどれか一つでも実際に訪れてその場所、空間、建築を体験するなら、まわりの建築すべてが今までと違う風に思えてくること必定だ。

●プロヴァンスの三姉妹

プロヴァンスの三姉妹と称される、姿、形、大きさ、佇まいのよく似たこれら３修道院での建築体験はそれほど衝撃的だ。建て築くことの本質を考えさせるくらいに素朴で、建築の意味の根源を映し出すほどに純粋で、そして建物が建築となるための厳しさを明言するかのごとくに厳格な建築に、建築家たちも黙ってはいられなかった。ラ・トゥーレット修道院の設計の際に多くのインスピレーションをル・トロネから汲み上げたル・コルビュジエ、実測図の公刊や小説という形で三姉妹の建築の意味を世に問うた建築家フェルナン・プイヨン、自らの創りだす建築空間の原点をセナンクに見る安藤忠雄、光と共にある建築の真実をル・トロネに感ずるミニマリスムの建築家ジョン・ポーソン、建築家たちは彼ら一流の直感で三姉妹を訪れる価値を語る。

たった一つの建物の訪問に、レンタカーがなければほぼ丸一日費やしてしまうのだから、プロヴァンスの三姉妹巡りは旅としての効率は最悪だ。エクス・アン・プロヴァンスに比較的近いシルヴァカンヌ修道院にしても、エクスの北西約20キロ、ラ・ロック・ダンテロンと呼ばれる小村のはずれにあり、三姉妹の中ではもっとも観光客の多いセナンク修道院にしても、バベル

▲ル・トロネ修道院：楢の森の中に教会堂の鐘塔が見える

の塔のような丘の上の小村ゴルドのはずれ、うっそうとした渓谷の中にあり、アヴィニョンからは東に約35キロ離れている。建築家の間ではつとに名高いル・トロネ修道院の場合は、近くに特急の止まる町もなく、訪れるのは三姉妹の中ではもっとも難しい。地中海のリゾート地サン・ラファエルの西約50キロ、エクス・アン・プロヴァンスの東約70キロという具合だ。車以外にアクセスする方法がない。

●寂寥の地—場所のロジック

しかし、こうしたアクセスの困難さが、三姉妹を今なお、建設当時の12、13世紀の面影を残す人里離れた当時の立地条件、場所の中に訪れることを可能にしているのだから、嘆いてはいけない。

11世紀の宗教界に君臨していたクリュニー会修道院の堕落に対して、再び西欧修道制の原点に、つまり聖ベネディクトゥスの「戒律」の字義通りの遵守に立ち返ることを主眼に設立されたシトー会なのだから、敷地を入念に選定したのは当然だ。集住地から離れていること、水流があることなどを条件に、シトー会は意図的に「恐ろしいほどに広大無辺の孤独さ」（聖ベルナール）を求めた。建築と不即不離の関係にある建築の一部としての意図された場所の姿は、アクセスの困難さによって今なお三姉妹の場所に実感できる。

うっそうとした楢の森のただ中に、特徴的な尖ったピラミッド状の鍾塔の屋根だけを遠くに望む、ただ1本のア

▼シルヴァカンヌ修道院：回廊東翼の2階にある修道士の大寝室

▼セナンク修道院：光に満ちた楽園のような四角形の回廊中庭

クセス道路D79へのル・トロネの出現、セナンコール川の流れる眼下のはるか谷底に、修道院の建築構成を俯瞰させつつひっそりとラヴェンダー畑と雑木林に抱かれるセナンクの姿、そしてデュランス川の畔の湿地のわずかに小高い丘の緩やかな斜面に、端正な側面を慎ましく展開するシルヴァカンヌの遠望、いずれもシトー会修道院の場所のロジックを余すところなく伝えている。こうした人里と完璧に縁を切った寂寥の地の自然のただ中に、シトー会の修道院建築は、完璧な人工の理想都市として、極めて合理的に、知的に、そして建築的に展開するのである。

●理想都市—計画のロジック

敷地の一番高いところに教会堂、その正面向かって左側面に、中庭の四辺を歩廊が囲む回廊。そして回廊は、教会堂と、教会堂の左の袖廊の延長上の聖具室、書庫、集会室、採暖室、これらに対面する歩廊に面する倉庫、そして中庭を挟んで教会堂の反対側の食堂、こうした諸室に囲まれる。現在では失われてしまった部屋もあるが、三姉妹とも修道院施設の中心的な建物の

▲ル・トロネ修道院：回廊東歩廊。光の変化は楽園と牢獄の両義性を暴きだす

▼ル・トロネ修道院：中庭に張り出す六角泉水堂（左）、教会堂西正面。正面中央には出入口がない（右）

配置は同一だ。幅の狭い谷間の敷地の関係でセナンクだけが教会堂の頭部（至聖所）を北に向けるが、他の2つは定石通り東に向ける。敷地は、祈りの場＝教会堂＝回廊の南（セナンクでは東）、研鑽の場＝書庫や集会室のある翼＝回廊の東（セナンクでは北）、そして肉体的必要の充足の場＝食堂のある翼＝回廊の北（セナンクでは西）という具合に、聖ベネディクトゥスの「戒律」が決める修道士の生活の3区分に完璧に対応するのだ。

ル・トロネとシルヴァカンヌは、修道院としては廃絶されて現在は国の所有する文化財として一般公開されているが、セナンクは、シトー会修道院に属する「無原罪の御宿りの修族」の5人の修道士が地中海のレランスから来て、1988年以降現役の修道院である。しかし三姉妹とも、集会室の翼の2階の大寝室も含め、回廊にも入ることができ、霊的な場が、同時にいかに機能的、合理的に構成されているかを隅々まで見ることができる。セナンクでは、生きている修道院の気配を、とりわけ回廊に感じる。

建築構成の上でも、場の性格の上でも、修道生活においても修道院の中心部である回廊は、本来は修道士以外は立ち入ることの許されない禁域だ。外部へ出ることを禁じられ、一生をそこで過ごす修道士たちにとって、唯一外に開かれた生活の場である中庭が中心にある。歩廊に囲われ、教会堂その他諸室に囲われ、実際には閉ざされているのだが、ここには青空があり、光が満ち、緑がある。教会堂や大寝室の薄暗く神秘的な空間を通って回廊に出たならば、そこに楽園＝エデンの園を実感できるはずだ。しかしエデンの園は原罪の舞台、囚われの身＝牢獄のイメ

▲ル・トロネ修道院：教会堂内部。内陣の方を見る

▼セナンク修道院：教会堂頭部外観

▼シルヴァカンヌ修道院：教会堂の頭部とそれに連なる回廊東翼

ージに繋がる。楽園は歩廊のアーケードに囲われて、閉ざされた牢獄。楽園と牢獄、この両義的な回廊の場のロジックは、とりわけル・トロネで実感できる。極限の単純化と極端な無装飾、そして分厚い壁のアーケード、三姉妹の中で図抜けて異形の回廊は、刻々と移り変わる光が、天国にして牢獄、機能的にして霊的という回廊の両義的本性をあらわにする。

ル・トロネの回廊、南歩廊の聖なる読書のためのベンチ、その中程の足下に、四角く整形されていない石が一つ埋まっている。そこに腰を掛ける。目の前のアーケードを通して、中庭の奥真正面に、六角形の平面のただそれだけの小さな泉水堂が、アーケードの一つの幅にすっぽり納まって見える。回廊の台形状平面の幾何学的法則性の起点にして終点、つまり原点を、F.プイヨンがそこに見た（小説『粗い石』）あの六角泉水堂である。

●裸の建築—空間のロジック

シトー会の設立者ではないが、シトー会の理念、美学をもっとも多く語った聖ベルナールが「祈りのアトリエ」、つまり祈りの職人としての修道士の仕事場と定義した教会堂は、張り詰めた

▲シルヴァカンヌ修道院：教会堂内部

▲セナンク修道院：教会堂内部。内陣の方を見る

霊的異次元空間だ。光に満ちた回廊から教会堂に入ったときそのことが実感される。

ラテン十字形の平面、小振りの至聖所が会堂頭部で、袖廊祭室を持つ交差廊を持ち、1/4円トンネル・ヴォールト（傾斜トンネル・ヴォールトともいえる）の架かる側廊を両側に伴う尖頭トンネル・ヴォールトの身廊という三廊式の比較的短い身廊部。三姉妹とも教会堂の基本形式は同一だ。それでも、シトー会に特徴的な平後陣形式に従った角形至聖所のシルヴァカンヌに対して、セナンクとル・トロネの半円形のアプシス、交差リブ・ヴォールトの架かる交差部のシルヴァカンヌ、交差部がトロンプ・ドームになるセナンク、身廊の天井がそのまま連続して明確な交差部を形成しないル・トロネ、そして横断アーチで区画された３つの柱間から成る身廊部を見せるル・トロネとシルヴァカンヌに対して、横断アーチのない５つの柱間からなる身廊のセナンクなど、違いはある。とりわけ柱間の数の違いは、ル・トロネ、シルヴァカンヌのゆったりとした包み込むような広がりを感じる身廊空間に対して、側廊と厳格に区画され、上昇感が強調され、外界に対して厳格に閉ざされたセナンクという、空間体験の大きな違いを生む。

装飾、彫刻がまったくないとはいい切れない三姉妹の回廊だが、教会堂の方は回廊に比べて装飾の度合いは格段に小さい。装飾に頼ることなく、建築的に霊性を表現する三姉妹の教会堂建築は、装飾に彩られた他の多くのロマ

▲アルルのサン・トロフィーム教会堂：古代ローマ建築の面影が遺る西正面

▲モンマジュール修道院：プロヴァンスの三姉妹と見紛うばかりの厳しい内部（左）、無装飾で厳格な教会堂頭部（右）

▼ヴェゾン・ラ・ロメーヌ大聖堂：内陣の方を見る

▼サン・ポール・トロワ・シャトー大聖堂：西正面

ネスク建築以上に、建築というものの当時のあり方を鮮明に見せているのだ。

●プロヴァンスのロマネスク

それぞれの微妙な個性の違いもまた魅力的な三姉妹だが、三姉妹とまとめ称される所以の一つである無装飾で簡素で厳格な建築の理由を、もっぱらシトー会修道院の規律や理念のみに求めるのは恐らく違う。シトー会はその規律、理念を具体的な建築でモデルとして示したことは一度もないのだ。世界遺産でもあるシトー会の有名なフォントネ修道院の建築にしても、そこにはそれが建つブルゴーニュの地方建築の刻印が明らかである。

プロヴァンス地方は、実はそれほどシトー会修道院が多く創設された地方ではない。しかしこの地方では12世紀後半、この地方に根強く遺る古代ローマ建築の伝統をともなって地方ロマネスク様式が大きく展開していた。多くの場合、教会堂正面や回廊の柱などが古代美術を連想させる彫刻装飾で集中的に飾られるのだが、建築そのものは古代ローマ建築の優れた石造技術を受け継いで簡素、厳格、石の素材感もあらわにマッスやヴォリュームの均整が美しい。一カ所に集中してあるわけではないので訪ねるのは不便だが、そうした例として、アヴィニョンのノートル・ダム・デ・ドン大聖堂、アルルのサン・トロフィーム教会堂やアルル東郊外のモンマジュール修道院、ヴェゾン・ラ・ロメーヌやサン・ポール・トロワ・シャトーの大聖堂などを訪れることをおすすめする。規模こそ違うが、シトー会の三姉妹の建築に通ずる美学を実感できる。

奇跡的ともいえるほどの純化を極めた三姉妹の純粋建築は、実はシトー会修道院の理念と聖ベルナールの美学が、プロヴァンスの地方ロマネスクの姿を借りて出現したものだ。ロマネスク建築は、ローカリティーなくしては存在しない。そのことをプロヴァンス地方のロマネスク巡りが教えてくれる。

ⓘ シルヴァカンヌ修道院へはパリからの直通TGV（超特急）でエクス・アン・プロヴァンスへ。そこからラ・ロック・ダンテロン行きのバスに小1時間乗り徒歩20分。セナンク修道院へは、TGV専用駅のあるアヴィニョンから、4～10月の間に限って日に1本のエクスカージョン・バスが出ている。ル・トロネ修道院はル・トロネという名の集落から6キロほどの谷間の森の中、SNCF（フランス国鉄）のTER（地方急行）が何本かは止まるレ・ザルクから西に約20キロ。

コンクの修道院聖堂：全景（上）、西側入口のタンパン「最後の審判」1130年頃（下）

テーマのある旅 ❷

巡礼路の聖堂と装飾を訪ねる

長塚安司

奇跡の星が818年のある夜、一人の司教を、かつてこの地に流れ着いた聖ヤコブ（スペイン語でサン・ティアゴ）の墓に導いた。この時から、コンポステーラ（カンプス・ステラエ：星の原）の地名が生まれ、キリスト教の聖地となった。サンティアゴ・デ・コンポステーラへの巡礼は10〜12世紀に盛んになり、ヨーロッパ各地から多くの人々が歩いてこの聖地を訪れた。巡礼路には教会や修道院や宿などもでき、ロマネスク建築の伝播路ともなった。

巡礼者たちに使用された最も著名な案内書の一つは『サン・ティアゴへの巡礼案内』である。それにはフランスを横切りピレネー山脈にまとまる、主要な4つの道が解説されている。現代では道路や鉄道が発達したこともあり、全コースを歩く巡礼者は少なくなったが、スペインへ入ってからの約800キロの道は、今でも年間数万人が歩いてたどっている。4つの巡礼路に今も残るロマネスクの聖堂建築やそこに施された装飾を体感しながら、私たちも中世キリスト教世界を旅してみよう。

●トゥール街道（パリ〜）

最初の道、トゥール街道は北方からの巡礼者を集めて、パリとトゥールを起点とする。この街道で特に目立つのは中世の町ポワティエであろう。**サン・ピエール大聖堂**には、内陣を飾るステンドグラスの一つに、早期の作例として名高い「キリスト磔刑と昇天」がある。赤と青の対比が美しく、「磔刑」と「昇天」の2つの主題を巧みに組み合わせ、下部に「ペテロの殉教」を加えて見事な構図に仕上げている。この町には4世紀にまで遡れる洗礼堂も残されている。7世紀と11世紀初頭に改築の手が加えられているものの、各時代の丁寧な石組みの仕上がりを見ることができる。

大西洋に河口を持つロワール川は、フランスというよりヨーロッパを南西と北東に分けている。この分断はまた、ロマネスク聖堂建築を2つの様式に分けてもいる。北東部の身廊部が高

▲ポワティエのノートル・ダム・ラ・グランド教会堂、1150年頃

サンティアゴ・デ・コンポステーラの巡礼路

▲サンティアゴ・デ・コンポステーラ大聖堂西側入口前の広場、ジプシーたちの献納ダンス

▲サン・サヴァン・シュル・ガルタンプのサン・サヴァン教会堂(広間式)、11世紀末

く高窓のある「バシリカ式聖堂」と、西南部の側廊の高さが身廊とほぼ等しい、つまり身廊に高窓が並ばない「広間式聖堂」である。広間式聖堂はその建築構造から西側に大きな切妻型の正面がつくられ、広い壁面の装飾に浮彫りを主体とした形式を発展させている。その顕著な例がポワティエの**ノートル・ダム・ラ・グランド教会堂**である。西側正面の全面がアーケードと彫像で飾られている。さらに特徴的なのは左右の鱗状の瓦装飾をつけた円錐形の屋根を持つ小塔である。

ポワティエ近郊にはもう一つのロマネスク美術の世界遺産が残されている。**サン・サヴァン教会堂**の建築、特に壁画に注目してほしい。小さな放射

◀▼アングレームのサン・ピエール大聖堂：ドーム式構造、1110年(左)、西側ファサード浮彫り装飾、1138年(下)

状礼拝堂を備え、周歩廊に囲まれた内陣は典型的なロマネスク聖堂建築を示し、広間式聖堂の身廊は横断アーチがないため、それを利用して天井一杯に描かれた「旧約聖書」の物語を展開させたヴォールト天井は圧巻である。玄関間に「黙示録」、階上廊に「受難と復活」の諸場面が描かれていて、その絵画様式の質と量において他の追随を許さない。この街道はポワティエの後、ボルドーを通ってピレネー山脈に向かう。途中には、ドーム形式による、**アングレームのサン・ピエール大聖堂**西側ファザードの壮大な浮彫り装飾「キリスト勝利の出現」は見逃せない。

●リモージュ街道（ヴェズレー〜）

第2の道、リモージュ街道は、基本的にはスカンジナビアやドイツ北部の巡礼者たちをまとめて、ブルゴーニュのヴェズレーを出発点としている。ヴェズレーの**ラ・マドレーヌ教会堂**には広いナルテクス（横に延びた広間）があり、身廊への入口のタンパン（扉上部の半円形の部分）を飾るロマネスク美術唯一の主題「聖霊降臨」は、各地に福音をもたらす使命を使徒たちに与えるキリストを表していて、その精緻な彫刻は他に類をみない。また柱頭彫刻も構成の面白さでよく知られ、「神秘の粉挽き車」などが優れている。建築的な見所は身廊に用いられた白と黒の石を交互に使った横断アーチである。張り出しの少ない翼廊、浅い交差ヴォールトによる天井構造は、ドイツの

◀▼ヴェズレーのラ・マドレーヌ教会堂：白と黒の横断アーチの身廊、1130年頃（左）、身廊入口のタンパン「聖霊降臨」1130年頃（上）、身廊の柱頭「神秘の粉挽き車」1120～30年（下）

マリア・ラーハ修道院聖堂、シュパイヤー大聖堂などとのつながりがみられる。

タンパン装飾の傑作として、**オータンのサン・ラザール大聖堂**はぜひ見てほしい。主要入口の扉口を飾るタンパンに最も多い主題である「最後の審判」がみられる。審判者キリストの足元に彫刻家ギスレベルトゥスの名が刻まれ、作者名が明らかなロマネスク時代には稀な作例である。身廊の柱頭彫刻は洗練された美しさをみせていて、特に「マギの礼拝」「まどろむマギ」などは素晴らしい。建物は早くに尖頭アーチを用いていて、側廊は尖頭アーチの交差ヴォールトによっている。柱間は溝のある角柱を軸とした束ね柱によって仕切られ、身廊と側廊を分けるアーケード、その上にトリフォリウム（上部にある3連のめくら窓）、そして高窓へと高めていく身廊の側壁には、ゴシック建築へのつながりがすでにみられる。

ブルゴーニュ地方は、オータンにみられるように、ロマネスク時代に他に先んじて、ポワトゥ地方の「広間式」に対する「バシリカ式」を基本とした洗練された建築様式を発展させている。そこには、910年にベネディクト派から改革を目指して独立したクリュニー派の本山**クリュニー修道院**の存在がある。当時「第3クリュニー」と呼ばれる巨大な修道院聖堂が建てられ、この地方の中心的役割を果たしていたからである。残念ながら、その聖堂は現在、廃墟となっている。

▼オータンのサン・ラザール大聖堂：身廊と側廊。列柱の上にはトリフォリウムと高窓、1120～45年

▼クリュニーの修道院聖堂の復元模型：ロマネスク聖堂の典型例

▼ペリグーのサン・フロン大聖堂：ドーム式、1120～79年

この街道はラ・シャリテ・シュル・ロワール、リモージュ、ペリグーを通り、ピレネー山脈に向い、先のトゥール街道と一緒になる。ここで注目されるのは、先に触れたトゥール街道のアングレームにもみられたが、ドーム形式によるロマネスク聖堂である。この形式はビザンティン建築から影響を受けたものと考えられる。同時に内部空間の意識においては、広間式と通じるものを持っている。そのことは、広間式の発展地域のみにみられることからも明らかである。

最も基本的なドーム形式の建築は年代の異なる2つのドームを並べた単身廊の**ペリグーのサン・テティエンヌ教会堂**である。同市の**サン・フロン大聖堂**では、ラテン十字形プランに5つのドームが並ぶ壮大な構成である。ドーム形式の聖堂は、ル・ピュイ街道の**カオールのサン・テティエンヌ教会堂**にもみられる。その南側入口の「昇天」を示すタンパンの浮彫りは、アングレームやシャルトル大聖堂の西ファサードの浮彫りとの共通性がある。

●ル・ピュイ街道（ル・ピュイ〜）

第3の道、ル・ピュイ街道は東ヨーロッパとドイツ南部の巡礼者たちをオーヴェルニュの東端のル・ピュイに集め、コンク、カオール、モワサック、ガスコーニュ地方のポウへと導き、先にあげた2つの道とオスタバで合流する。奇岩が山をなすル・ピュイは、ケルト時代以来の聖なる地として崇められてきた。先鋒に立つ11世紀末の**サン・ミッシェル・デギーユ教会堂**は、入口にイスラム美術と関係のある馬蹄型の3弁アーチの装飾があり、内部にはロマネスク壁画が残されている。**ル・ピュイ大聖堂**はポワトゥ地方のようにファサード装飾があるが、アーチと螺鈿風に色違いの石を配置して、幾何学的な装飾によるイスラム美術を思わせる独特の構成が興味深い。内部はドーム形式の聖堂の伝統を伝えているが、スキンチ工法（ドームをつける工法の一つ）で、八角の面を残すドームを6つ並べて身廊を形成し、側廊は交差ヴォールトにしている。

▲ル・ピュイのサン・ミシェル・デギーユ教会堂：入口、12世紀

　巡礼はいわば聖遺物を訪ね歩き、最後に聖ヤコブの聖遺物に詣でる旅でもある。各地の聖堂は巡礼者たちを集めるために聖遺物からの恩恵を競った。その中で最も著名なものが**コンク**の聖女フォワである。その聖遺物を納める容器は聖女の姿をした金製で、さまざまな宝石がちりばめてある。教会堂は広間式でしかも側廊に階上廊が設けられ、一つの完成した形式となっていて、そこには「巡礼路聖堂」の典型をみることができる。入口のタンパンには「最後の審判」が浮彫りであらわされている。これと並ぶロマネスク彫刻の傑作には、モワサック**のサン・ピエール教会堂**のナルテクス入口を飾る

▲コンクのサント・フォワ教会堂：聖女フォアの聖遺物箱（985年頃）

▼ル・ピュイ大聖堂：西側ファサード（スキンチ工法）、12世紀

タンパンの「栄光のキリスト」がある。

●**トゥールーズ街道（アルル～）**

第4の道、トゥールーズ街道は、基本的にはイタリアの巡礼者たちに利用されていて、ラングドックとプロヴァンス両地方の間の境にあるアルルを起点として、まず地中海に沿って、トゥールーズへ向かう。そこから、ガロンヌ川の上流に沿って行き、オロロンの近くでピレネー山脈に入る。

プロヴァンスのアルルの**サン・トロフィーム教会堂**は、古代ローマ建築との共通性が特徴となっている。アーキトレーヴ（開口部の回りに付けられる装飾用の枠組み）を埋める浮彫りとそれを支える円柱、その中に立つ彫像の

▲モワサックのサン・ピエール教会堂：ナルテクス入口のタンパン「栄光のキリスト」1120～30年

▼アルルのサン・トロフィーム教会堂：西側入口、12世紀

組み合わせも古代ローマ神殿を思わせる。より発展した壮大な規模のファサード装飾が**サン・ジル教会堂**にみられる。

先に触れたコンクと並んで典型的で規模も大きく、より進展をみせている「巡礼路聖堂」の例は、**トゥールーズのサン・セルナン教会堂**である。「巡礼路聖堂」の名称は、サンティアゴへのそれぞれの巡礼路に沿って立つロマネスク聖堂やその装飾もあわせて共通の特色をみせることから生まれたものである。その最も完成された聖堂のうち、トゥールとリモージュの聖堂が廃墟となったり、改築されてしまった今、トゥールーズの存在は大きい。その特色は、大勢の巡礼者を迎え入れることから規模の大きさを生み、例えば側廊の上に階上廊、翼廊に側廊、内陣には周歩廊を設け、そこに聖遺物を安置するための放射状の礼拝堂を配置するようになった。こうした規模の大きさに適う構造上の堅牢さが要求され、尖頭アーチの使用、交差ヴォールトにリブ構造を加えるなど、ゴシック建築へ近づいてくることがわかる。またサン・セルナン教会堂の南のミエジュヴィル門にはロマネスク彫刻の盛期の傑作「昇天」の浮彫りがあり、内陣の「キリスト」と「天使」の大理石の浮彫りも見逃せない。

ピレネーで３つのルートは一緒になり、イバニェタ峠を越えて、パンプローナに向かい、４番目のルートは西寄りのソンボルト峠を越えて、サングエサに向かい、それらはプエンテ・ラ・レイナで一緒になり、その後はブルゴス、レオンを通り、最終地サンティアゴ・デ・コンポステーラに至る。

ピレネー山脈のスペイン側では、散

▲トゥールーズのサン・セルナン教会堂：全景、1075～1118年(左)、南側扉「キリスト昇天」1100～10年(右)

▼サンティアゴ・デ・コンポステーラ大聖堂：身廊入口の栄光の門、「キリストと12人の使徒」1168～1210年(左)、身廊、1075～12世紀前半(右)

在する小聖堂に残された、表現力に富んだ壁画があったが、すべてはがされ、復元されて、現在バルセロナのカタルーニャ美術館に所蔵されている。途中にあるリポールの**サンタ・マリア修道院聖堂**、サングエサの**サンタ・マリア・ラ・レアル修道院聖堂**、レオンの**サン・イシドーロ教会堂**などは、ファサード装飾でポワトゥ地方とのつながりがみられる。また、レオンの同聖堂に付属する王家墓廟の天井の壁画は保存もよく、スペイン・ロマネスク絵画の質の高さがうかがえる。

サンティアゴ・デ・コンポステーラ大聖堂は「巡礼路聖堂」の典型的な形式を示し、南扉口にロマネスク盛期の作風を伝える浮彫りがあり、西側のバロック様式の「オブラドイロのファサード」を入った内部には、ロマネスク末期を飾る、工匠マテオによる「栄光の門」がみられる。それはすでにゴシック的要素をみせている。

ⓘ 4つの巡礼路の一つでも全行程を歩くには、スペイン内だけでも1カ月以上かかるので、鉄道やバスを利用して部分的に歩き、聖堂を見学するというのが現実的。レンタカーを利用すれば、パリからサンティアゴ・デ・コンポステーラまで、トゥール街道をたどる場合、10日間くらいを目安にするといいだろう。

▲サンティアゴ・デ・コンポステーラ大聖堂：遠景

上・カルカソンヌの要塞都市
下・シャンボール城

テーマのある旅 ❸

中世とルネサンスの城を巡る旅

羽生修二（東海大学名誉教授）

フランスの城といえば、王や貴族たちの優雅な遊興用別荘、いわゆる「シャトー」を思い起こす人が多いに違いない。これらのシャトーは、ルネサンス以降イタリアの新しい文化と芸術にあこがれた国王たちの夢を実現すべくして誕生したものだった。しかし、フランスの城は、本来こうした楽しむための城だけではなく、乱世の時代に敵を迎え打つ防御のための城として建設されたはずだった。周囲に濠を巡らし、堅固で高い城壁と櫓で外敵を一歩も近づかせない防御態勢がとられ、森で狩猟を終えた王たちが客を招いて美しい庭園を背景に宴会を催す城とは大きな隔たりがあったであろう。

これらのまったく機能が異なる2つのタイプの建築が、中世からルネサンスへと時代の変化にともない、大きな断絶と変容をとげるのは当然のことであり、さらにイタリアから新しい建築様式をその際、大胆に輸入するわけであり、その隔絶はかなり激しいものだと想像されよう。しかし、こうした時代背景と建築様式の変化にもかかわらず、フランスの城は、つねにフランス独自の風土と趣向を根底に据えながら、少しずつ「フランスらしい」城へ変換していったのである。それでは、フランスの城が移り変わっていく様を、代表的な城を訪ねながらたどってみよう。

●中世の城と要塞都市

初期の時代に築かれた城は、小さな丘の上に木造の囲壁と天守で構成されていたが、徐々に石造化され10世紀末から11世紀にかけて、厚い壁の角塔天守が完成したといわれる。ここでまず、フランスで最古の天守といわれるロワール中流域の**ランジェ城**を訪ねてみよう。この建物は、995年頃に「大築城家」フルク・ネラによって建造さ

▲ランジェ城の櫓

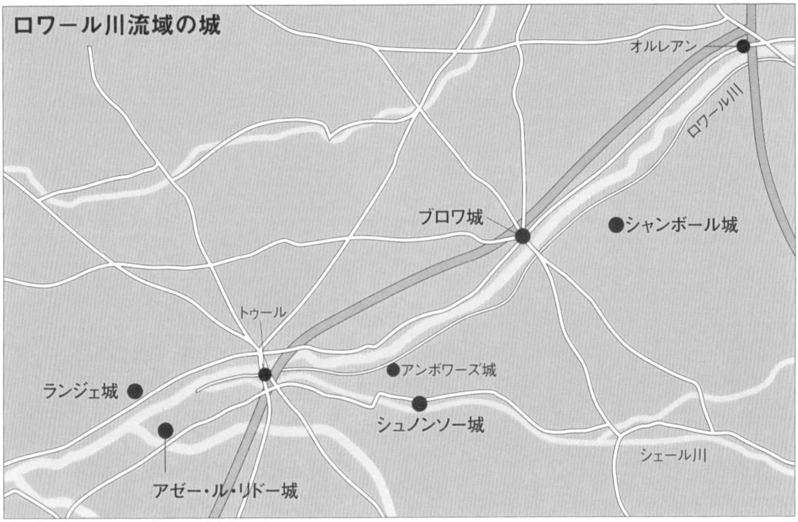

れたもので、ロマネスク時代の典型的天守である。ゴシックの時代に入ると天守の形態が角塔から円塔に移行する。それは防御上の欠点を補う意味だけではなく、不揃いな石積みと質の悪いモルタル目地を用いていたために隅部分が構造的に弱いという構造上の理由で採用され、十字軍に出征していた兵士たちが東方の円塔天守形式から学んだとされている。それと同時に、天守だけではなく、城壁の要所に円塔風の張り出しを設ける築城法も学んだのである。シャンパーニュ地方のプロヴァンに建つ**セザールの塔**は、この角塔から円塔に移る過渡期の形式を示す代表例である。それは、12世紀半ばに

▲プロヴァンのセザールの塔

▲カルカソンヌの要塞都市：ナルボンヌ門

建設され、17メートル角の正方形プランの四隅を削ってそこに円塔を建てたもので、四隅の弱点を補う工夫から生まれた異様な天守といえよう。

中世の城はこれ以後、壕が周囲を巡り、要所に櫓が設けられた堅固な城壁と、城壁が破られても最後の拠点となりうる城内の天守で構成される典型的な形式に発展する。ラングドック地方に建設された**カルカソンヌの要塞都市**は、14世紀初頭に完成して以来、めくるめく戦乱の世を経ながらも、不落の城を守り抜いた要塞都市である。50を越す多数の櫓が二重の市壁の要所を固め、櫓と櫓を結ぶ胸壁の頂部には狙撃用の鋸壁が立ち上がり、城壁直下に攻め込んだ敵を攻撃するための張出し廊や石落としが定式化したことを示している。

こうした防御用施設としての城が、居住性よりも軍事的機能を優先させて発展したのに対して、騎士道が女性を尊び、宮廷儀礼が盛んになるに従って、城は居住性や芸術美を追求する宮殿的な城へ少しずつ変化していく。時代がゴシック大聖堂の壮大で幻想的な建築空間を完成した時期に入ると、技術的な影響だけではなく、様式や装飾の上でも大きな変化をもたらした。教会建築の尖塔を思わせる小塔の多塔指向や、十字格子の長方形窓による大きな開口部など、外観上の影響のみならず、城壁や天守で囲われた中庭の開放性と居住施設の美化など、防備の城から遊興の城への過渡期を迎える。

▼ピエールフォン城：正門（上）、近衛兵控え室（下）

▼ブロワ城：フランソワ1世の翼屋と大階段

パリの北東80キロ、コンピエーニュの森に近い**ピエールフォン城**は、14世紀末から15世紀初頭に建設され、19世紀に大がかりな修復・再建工事を受けて、当初の姿がかなり変えられたものの、この時代の城の様子を体験できる貴重な建築遺産である。そこでは、マシクーリ（machicoulis）と呼ばれる「石落とし」の帯が城壁全体を巡り、その上の通路を経て兵士たちが水平移動できる防備システムが復原さ

れただけではなく、城壁に寄り添うように建てられていた居住施設や礼拝堂、大広間などの生活部分も再現された。現在のピエールフォン城は、19世紀の趣向がかなり付け加えられているのは確かだが、防備機能を優先した外観と居住性や遊興性を考慮した中庭と室内の対比を明快に示し、次のルネサンス時代への橋渡しとなる城であり、ロワールの城巡りをする前にぜひ訪ねてみたい城である。

●ロワールの城

イタリアのルネサンス芸術がフランスに輸入されるきっかけは、15世紀末にシャルル８世とその配下の貴族たちがナポリ王国を侵略するためにアルプスを越えてイタリアに滞在したことにあった。そして、彼らは神中心の重苦しい中世から解放された、明るく人間味のあるルネサンス芸術に初めて遭遇し、その魅力に取り憑かれ、イタリア人芸術家をフランスに呼び寄せて、この新しい芸術で自らの城を飾りたいと願ったのである。とりわけフランソワ１世は、中世以来の城を少しずつ増改築する中でフランスにルネサンス芸術を開花させた第一人者だった。ロワール川沿岸地域に点在するフランソワ１世が関係する城に、初期のルネサンス建築を代表するものが多数あるのはこのためである。

▲アゼー・ル・リドー城全景（上）、広間の暖炉（下）

ブロワ城のフランソワ１世の翼屋と大階段は、その中でも最初の例である。既存部分に用いられたゴシック様式の伝統的形式（急傾斜の大屋根、螺旋階段、屋根窓、十字格子の長方形窓）を残しながら、輸入されたイタリア様式（古典様式の付け柱、豊かな蛇腹、水平的区分の強調、大階段を中央にとった左右対称性）を盛り込んだ折衷様式で構成され、フランスの初期ルネサンス建築がどのような形で導入されたのか理解できる。

同じロワールの**シュノンソー城**と**アゼー・ル・リドー城**も中世の面影が根強く残った建築である。古代ローマで採用された古典様式の付け柱や水平に延びる蛇腹で規則的に分割された壁面、そして左右対称を重んじるファサード構成など、イタリア・ルネサンス建築へのあこがれを指向する一方で、四隅の円錐型櫓や屋根窓、急勾配屋根、石落としが装飾化された軒蛇腹など、中世フランスの城で採用されていた伝統が拭い去れないでいるのがわかる。水平性を強調し、人体寸法に合わせた美しいプロポーションを目指したイタリア・ルネサンスの美学は、雨の多いフランスの風土にすべてが適用されなかったのであり、それまでに築き上げてきたゴシック建築のデザインと技術を一挙に外来の様式で塗り替えるほどフランスの伝統は軽薄なものではなかったのである。

ロワールの城を代表する**シャンボール城**は、レオナルド・ダ・ヴィンチの案に沿って、イタリア人建築家ドメニコ・ダ・コルトナが基本設計を行い、フランス人のピエール・ヌヴーが実施設計するという、複雑な経緯を経て建設された建築だが、イタリアの影響を受けながらもフランス独自のルネサンス様式が誕生する予感を感じさせる名建築である。外観は中世の城郭に見られる城壁の上に塔が立つ形式が存続するが、各階の窓の上下に配置される蛇腹と古典様式の付け柱によって規則的に分割された壁面は、イタリア・ルネサンスからの影響である。ダ・ヴィンチの発案である城内の螺旋階段は、二重に巡らされ、人がすれ違わずに昇降できる仕組みになっており、大発明家ダ・ヴィンチを肌で感じられる空間である。

●パリとその近郊の城

イタリア様式の模倣とゴシックの伝統との折衷によって生まれた初期ルネサ

▲シュノンソー城：シェール川にまたがる建物（上）、王妃の寝室（下）

▲ルーヴル宮殿：方形中庭の西南隅部分（上）、西南隅ファサード

ンスの城は、その後、フランスらしい独自の城へと発展する。そのためには、イタリアからのお雇い建築家を輸入するのではなく、フランス人によるルネサンス建築が求められることとなる。パリを代表する観光地であるルーヴル美術館は、さまざまな時代の増改築がなされて今日にいたっているが、もともとは矩形の城壁に囲まれ、その中庭に円塔式天守が立っていた城だった。それをフランソワ1世が取り壊し、フランス人建築家のピエール・レスコーに命じてルネサンス様式で再建させたのがきっかけで、守りの城から宮殿へ生まれ変わることになったのである。

ルーヴル宮中庭西南隅は、レスコーの設計による当初の部分が残る唯一の建築である。古典オーダーを正確に踏襲しながら、重厚で簡素なイタリア・ルネサンス建築とは対比をなす、装飾性豊かな美が外観を見ただけでわかるであろう。彫刻家ジャン・グージョンの協力を得て、フランス独自の優雅で装飾的なルネサンス建築がここで誕生したのである。

次にパリ郊外のバルビゾンの森に近い**フォンテンブロー城**を訪ねてみよう。ここに行けば、フランス・ルネサンス建築の変遷を一度に見比べることができるにちがいない。ここでは、ル

▲フォンテンブロー城：アンリ2世のギャラリー(上)、フランソワ1世のギャラリー(下)

イ7世が12世紀に建設した中世の城を解体して、フランソワ1世が再建した城で、イタリアから連れてきた美術家によって室内が飾られた**フランソワ1世のギャラリー**とフィリベール・ドロルムの設計による**アンリ2世のギャラリー**を比較してみたい。

前者はフィレンツェの画家イル・ロッソの作品で、上下二段に分けられた壁面を、フランソワ1世の功績を讃える絵画やレリーフで飾った華やかな室内構成となっている。後者は、八角形と正方形を組み合わせた大胆なデザインの格天井と、イタリア人画家プリマティオによるフレスコ装飾で構成され、フォンテンブロー城の中でひときわ目立つ部屋である。この独創的な天井を設計したドロルムは、ローマで古代の記念建造物を実測・研究を重ねて帰国し、フランスの社会的、技術的あるいは風土的条件に合わせた独自のルネサンス建築を生みだした建築家で、アンリ2世のお気に入りだった。

そのアンリ2世が愛妾ディアンヌ・ド・ポワチエのために建てた狩猟用別荘である**アネ城**もドロルムの設計である。ローマの凱旋門をモチーフに自由・大胆に作り替えた門構えを見た瞬間、この建築家のユニークさが目に飛び込んでくるに違いない。この門をくぐり抜けて、右手にある礼拝堂もドロルムの才能を遺憾なく発揮させた作品である。それはドームの天井を戴いた集中式の礼拝堂で、螺旋状に渦巻いて頂部の天窓に続く格天井が見所である。こうしたドロルムの大胆な発想は、中世フランスで築かれた組積造の技術を根底にして古典主義の作法にのっとって生まれたものだった。そして、それがフランスの風土と伝統を重んじたルネサンス建築の誕生を表明した作品であり、さらには次の時代のバロック建築を予告していたのである。

◀▼アネ城：礼拝堂正面(上)、天井を見上げる(下)

ⓘロワール川沿いの城を巡るには、パリから鉄道でトゥールまたはブロワを起点にすると便利。とくにトゥールには城巡りの案内所もあり、情報も得られる。短時間に効率よく見学するには、バスツアーがおすすめ。パリやトゥールからは日帰りツアーも出ている。

アミアン大聖堂：内陣トリフォリウムから西正面バラ窓を見る

テーマのある旅 ❹

イル・ド・フランスのゴシック大聖堂を巡る

佐藤達生（大同大学名誉教授）

現代につながるヨーロッパが、それまでの地中海を中心とした古典・古代の世界から離れ、はじめて独自の精神のもとに自らの輪郭を明確に定めたのは、中世という時代においてである。ゴシック建築は、この時代のヨーロッパが、ギリシア・ローマの建築とも、またルネサンス以降の建築ともまったく異なる理念のもとに生み出した独創的な様式である。

この様式の創造に中心的な役割を演じたのが、イル・ド・フランス（文字通り訳せば「フランスの島」）と呼ばれるパリを中心とする地域である。ゴシック建築は、この地で生まれ、成熟し、そしてこの地からフランス各地に、さらにはヨーロッパ全土に広まっていったのである。そのような理由から、この地にはゴシック建築の模範とされる優れた作品が数多くみられる。

●ゴシック建築の基本的な見方

ゴシック建築を理解するには、様式的に最も完成された作品といわれるシャルトル、ランス、アミアンの3つの大聖堂を訪れてみるのが近道である。

パリから近く、しかも中世の雰囲気をよく残すシャルトルの町から訪れてみよう。どの大聖堂や教会堂を訪れるときもそうであるが、まずは、正面広場の一角に佇み、双塔を構える西正面の全貌をしばし眺めてみたい。そして、中世の人々が大聖堂に抱いたであろう感情を、静かに想像してみる。双塔の頂を仰ぎ見、空の彼方へと視線を移すとき、きっと何かしら崇高な気持ちにとらわれることと思う。

教会堂は、天国への門である。扉口の周りでは、キリストと聖母マリアをはじめ、天使や、旧約聖書の人々、予言者、福音書記者、キリストの12

▲シャルトル大聖堂：西扉口「栄光のキリスト」（上）、アミアン大聖堂：南扉口「黄金の聖母」（下）

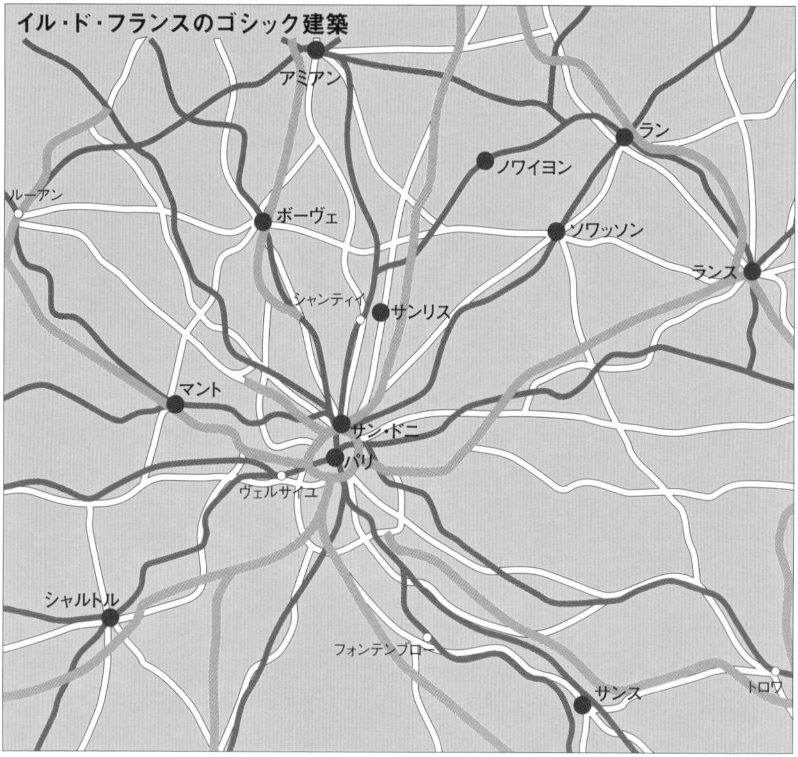

人の使徒、聖人、司教などが、図像学的構図の中でさまざまの場面を演じている。**シャルトル大聖堂**では「栄光のキリスト」、「キリストの昇天」、そして「荘厳の聖母子」が、**ランス大聖堂**では「聖母の戴冠」、「最後の審判」、「キリスト磔刑」が、**アミアン大聖堂**では「最後の審判」と「受胎告知」が、そしてパリのノートル・ダム大聖堂では「聖母の死と復活」と「聖母の戴冠」が、西正面や南北袖廊の扉口に配され、キリスト教の愛と怖れと救済を説きながら、人々を招き入れる。

●ゴシック建築の光

威厳と慈愛に満ちたこれらの彫像と対面した後、建物の内部に足を踏み入れてみる。ほの暗い空間の中に見えてくるのは、ステンドグラスが発する色とりどりの光である。シャルトル大聖堂は、他の大聖堂ではすでに多くが失われてしまった中世のステンドグラスを、ほぼ無傷のまま、現在も残していることでも有名である。

暗い、しかし暖かみのある、深い赤紫色の光に浸された空間の中を、柱の並びに沿ってゆっくりと歩きはじめる。祭壇のある内陣の上方から放たれるひときわ鮮やかな色彩の光に向かって進む。祭壇の前面は、身廊が袖廊と交わる交差部となり、ここから先へ

▼シャルトル大聖堂：北側バラ窓のステンドグラス

▼サント・シャペル(パリ)：ステンドグラス

は、進むことができない。立ち止まって左右を見上げると、色調の異なる2つの大きなバラ窓がある。歩んできた後方、西の扉口の上方にもバラ窓があって、これら3つのバラ窓の高貴な輝きにとらわれ、打たれ、身動きができなくなるかもしれない。

シャルトルの他には、**パリのノートル・ダム大聖堂**のバラ窓と、小さな礼拝堂ではあるが、同じくノートル・ダムに近い**サント・シャペル**の堂内全体を取り囲むステンドグラスも、見事である。ときどき陽の射す、曇りがちの日に、これらの作品を訪れるのがよいかもしれない。雲の合間から見え隠れする太陽に呼応して、ステンドグラスが輝きを変動させる様は、とりわけ神秘的である。

▼ノートル・ダム大聖堂(パリ)：南側バラ窓(下)、南側袖廊(上)

●ゴシック建築の壁

ステンドグラスの光に照らされて浮かび上がるいく筋もの線。実は、ゴシック建築の第1の特徴はこの線にある。よく見ると丸い棒のような姿をしたこの線（線条要素と呼ばれる）によって形成される薄い膜のような壁は、ゴシック建築の第2の特徴である。神秘的な光の空間は、そのような壁の効果としてたち現れてくるのである。

アミアン大聖堂の身廊壁は、そのような壁の様式的な到達点を示している。アミアンでは、当時のステンドグラスの多くが失われているので堂内は明るく、壁の表面を詳細に見ることができる。アミアンの壁を観察すると、あらゆる部分が線条要素によって縁取られ、分割され、強調されていることに気づくだろう。線条要素は石の壁の一部を背後に隠すだけでなく、「地」に対する「図」として視覚を引きつけることにより、残った石の平滑な面を意識から遠ざけるようなはたらきをする。そして石の厚みや角張った縁を隠すことにより、壁を、線条要素によって編まれたレースのような、半透明の薄い膜のように見せるのである。

ステンドグラスの面は、もはや壁に穿たれた「窓」ではなく、この膜を裏打ちしつつ、それと同化してしまっている。ゴシックの光は、窓から射し込んでくるのではない。空間を包み込む膜が、自ら発光しているのである。

内部空間にあってとくに視覚を引きつける線は、柱に沿って壁面を立ちのぼる垂直の線の束である。これらの線条要素は、建物の重量が集中する位置に配置され、その支持機能を表明して

▲アミアン大聖堂：身廊(左)、サン・ドニ大聖堂：内陣見上げ(右)

いるのだが、それ自身の見かけはきわめて細い。そのために、これらの要素が支持していると見える建物に我々が感じるのは、その細さに見合った重量のなさということになろう。このようにして、ゴシックの空間は重力の感覚を拭い去り、我々を上方に引き上げるような垂直感を生み出している。

●ゴシック建築の構造と高さ

このような薄い壁は、しかし自立しているのではなく、内部からは見えないが、ゴシックの建築家が発明した卓抜な構造システムによって支えられている。石造建築に特有の上方に湾曲した天井は、重力の作用により横に広がりながら潰れようとする。この横に広がろうとする力（推力という）は、身廊の壁を倒そうとするきわめて危険な力である。ゴシックの建築家は、身廊壁の外部にアーチを斜めに取り付けることによって、この力を支持する方法を見いだした。フライング・バットレスと呼ばれるこの装置のおかげで、ゴシック建築の壁は荷重の支持機能から解放され、膜のように薄くなることができたのである。ランス大聖堂では、この仕組みが、色彩のない現代のガラスを透かして、内部からも確認できるはずだ。フライング・バットレスの他端を支えるのは、柱状の控え壁である。針葉樹林のようなゴシック建築特有の外観は、頂部に小尖塔（ピナクル）をのせたこれらの控え壁が、建物の外周を取り囲むことによってつくり出しているのである。

建物の外観に関していうならば、ランス大聖堂の西正面は、均整のとれた双塔、立体的な三連の扉口、中央扉

▲ランス大聖堂：身廊（左）、身廊壁面（右）

口の破風先端の十字架が、バラ窓の輻の放射中心と重なる劇的な構図など、その完成度、壮麗さ、神学的格調の高さにおいて、頂点に立つ。なお、ランスには、大聖堂の他に、平明で魅力的な西正面をもつ**サン・レミ教会堂**がある。ランス以外ではパリのノートル・ダム大聖堂の西正面も、優美さの点で優劣つけがたい。

1966年に大聖堂となった**サン・ドニ**は、もともとはフランス王家との関係が深い由緒ある修道院であった。大修道院長シュジェールのときに建設が始まった内陣は、ゴシック最初の建築とされるが、現在残るのは下部だけである。むしろ、薄膜化がいっそう進行した例に数えられる13世紀の内陣上部と外陣が、来訪者の眼を楽しませてくれる。

壁の薄膜化と平行して、ゴシック建築は物理的な高さを競って追い求めた。この高さ競争は、パリ(32m)、シャルトル(34m)、ランス(38m)、アミアン(42m)と続き、**ボーヴェ大聖堂**で頂点に達した。しかしボーヴェは、48mの高さを内陣で実現したのち、2度の崩落事故をおこし、外陣の工事が行われないまま現在に至っている。現存する内陣の目眩をおこしそうな高さを経験してみるのもよいかもしれない。同じボーヴェの町の**サン・テティ**

▲シャルトル大聖堂：フライング・バットレス(上)、ランス大聖堂：フライング・バットレスと天使(下)

エンヌ教会堂は、ゴシック直前の外陣と後期ゴシックの内陣をもつ美しい建築である。

ゴシックの典型が生まれるまでの約60年間に、イル・ド・フランスではさまざまな試みがなされた。ロマネスク的な雰囲気を残すそれら初期ゴシックの作品としては、**サンス**、**サンリス**、**ノワイヨン**、**ラン**、パリのノートル・ダム大聖堂や、**マントのノートル・ダム教会堂**、ランスのサン・レミ教会堂、パリの**サン・ジェルマン・デ・プレ教会堂**が挙げられる。これらの作品はそれぞれに魅力的であるが、なかでも小高い丘の頂に建つラン大聖堂は、起伏と陰影に富んだ力強い西正面とともに、輪郭のはっきりした内部壁面の構成が美しい。ランからの帰路、盛期ゴシックの作品の一つ、**ソワッソン大聖堂**に立ち寄ってみるのもよいであろう。

i イル・ド・フランスの教会堂を巡るには、パリから四方八方に伸びる鉄道を利用するのが便利である。いずれの教会堂もパリから1時間から1時間半、遠くても2時間程度であるから、パリからの日帰りで十分に間に合う。どちらかというとパリよりも北に重要な建築が多いので、北部方面への鉄道の起点である北駅の近くに宿をとるとよい。北駅は、東部方面への起点である東駅と隣接しており、両駅周辺には比較的安価なホテルも多い。

▲ノートル・ダム(マント)東側遠望(上)、ラン大聖堂の身廊壁(下)

▲ランス大聖堂：西正面

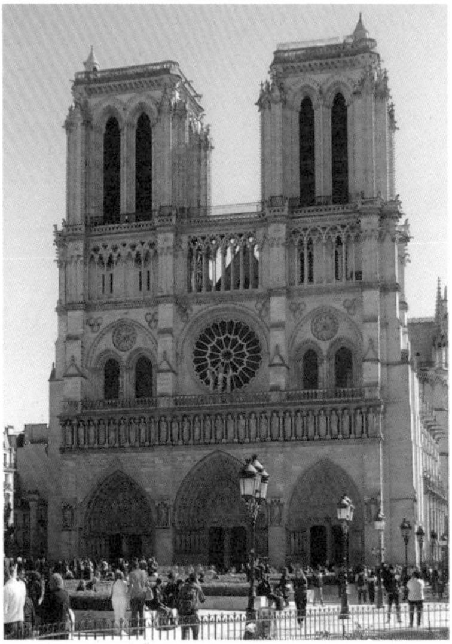

▲ノートル・ダム(パリ)：西正面

ラップ通り29番地の集合住宅：入口部分

テーマのある旅 ❺

アール・ヌヴォーの建築を訪ねる

羽生修二（東海大学名誉教授）

アール・ヌヴォーとは、フランス語で「新しい芸術」という意味である。それは、過去の歴史様式を模倣、復興することだけでは満足できなかった芸術家たちの近代化運動だった。歴史的モチーフで表面を飾ることを望んでいた一般的風潮をいかに打破し、近代の新しい息吹を芸術の中で表現できないだろうかと、彼らは模索していたのである。一方、産業革命以後、都市経済が飛躍的に成長し建設ラッシュが起こり、新しい時代の到来に相応しい新しい建築を社会も望みはじめていた。アール・ヌヴォー建築は、このような背景のもとで誕生した。

この新しい建築様式の源泉は、生活と装飾上の改革運動であるイギリスを中心としたアーツ&クラフツと、フランスを中心とした鉄骨造の新しい試みを提案したヴィオレ・ル・デュクの構造合理主義にある。前者はウィリアム・モリスやラファエル前派による、中世主義的手工芸と自由な曲線によるデザイン表現が生活空間の改善にまで広がりをもつ運動だったのに対して、後者のヴィオレ・ル・デュクの理論は、鉄という新しい素材にもっとも相応しい構造と装飾を率直に表現することを提唱するものだった。アール・ヌヴォー建築の創始者とされているベルギーのヴィクトル・オルタは、こうした周辺の国々で巻き起こっていた近代への芽生えに敏感に反応し、いち早く建築作品の中で具現化したのである。

フランスのアール・ヌヴォー建築は、このオルタの作品を目の当たりにした若き建築家エクトル・ギマールによって持ち込まれた。ギマールは、ヴィオレ・ル・デュクの建築理論に傾倒して、ヴィオレ・ル・デュクが『建築

▲カステル・ベランジェ：手摺り（上），入口（左）、柱部分（右）

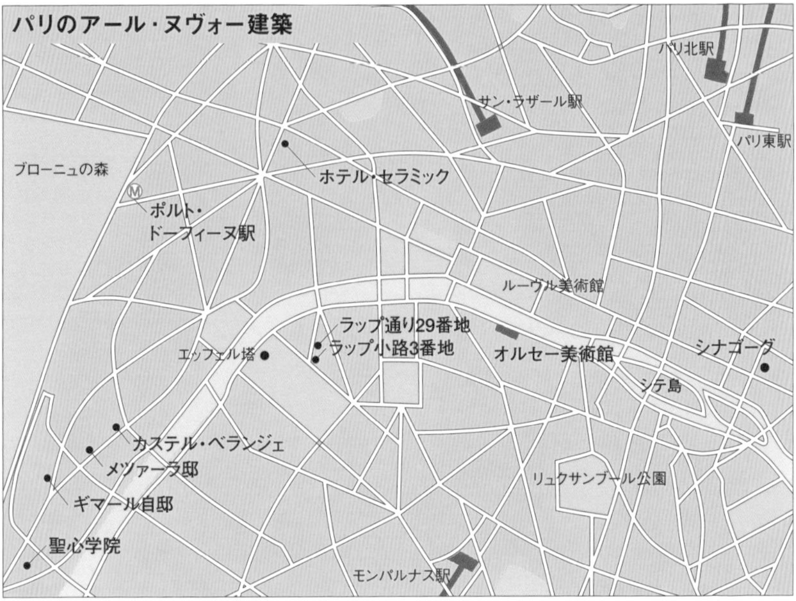

▲メツァーラ邸：ファサードと手摺り（上）、聖心学院：鉄骨のV字型支柱（下）

講話』で示した鉄骨のV字型支柱を使用した聖心学院を設計し、新しい時代に向けて果敢な取り組みをしようとしていた矢先に、ブリュッセルでオルタの建築に出会ったのである。そして進行中だった集合住宅の設計を最初からやり直して、パリで最初のアール・ヌヴォー建築を誕生させたのである。それがカステル・ベランジェである。それでは、ここでギマールの建築が集中して残るパリ16区オートゥイユ地区を出発点としてパリのアール・ヌヴォー建築を訪ねてみよう。

●ギマールを中心とした
パリのアール・ヌヴォー

パリ16区は高級住宅地として有名な界隈で、ギマールの新しい建築に理解ある趣味人が多くいたらしく、ギマールの作品を一気に巡ることができる。

▼ギマール自邸：モザール通りから見たファサード

▼メトロ駅舎：シャルドン・ラガシュ駅(上)、ポルト・ドーフィーヌ駅(下)

まずフォンテーヌ通りに入るとすぐに前述の**カステル・ベランジェ**がまず目の前に現れる。スピード感溢れる曲線を描く鉄の扉と、その周囲を飾る森の妖精をイメージさせるファンタジックな構成は、オルタの影響からだけではなく、自然を愛し、夢の世界にあこがれるギマールの気持ちのあらわれである。さらにフォンテーヌ通りを進むと、左手に蔓のような曲線を描く鉄柵に60と番号が記された**メツァーラ邸**がある。比較的平坦なファサードだが、手摺りの鉄細工がアール・ヌヴォー特有の植物の曲線を描いているのがわかるだろう。さらに進んでモザール通りに曲がると**エクトル・ギマール自邸**が狭い三角形の敷地にそびえ立つのが見える。この建物に住まいと事務所があり、妻である画家のアドリアンヌのアトリエも含まれていた。波打つ壁面から窓の手摺りやドア・ノブまでギマールの思想に満ちあふれた建物である。エグゼルマン大通りを越えてヴィラ・ミュルーズという小さな戸建て住宅が並ぶ一画に、ヴィオレ・ル・デュクの影響を受けていた頃の作品である**聖心学院**がある。オルタに出会う前のギマールの作品として比較すると面白い。

ギマールの名前を一般に広めた建築は、何といっても**メトロの駅舎**である。1900年のパリ万国博覧会が開催されるのを機に開通する地下鉄（メトロ）の地上への出入口をギマールが設計したのである。ギマールは3通りのデザインで、この近代の幕開けを象徴するメトロの出入口を飾ったが、今日残るのは2パターンしかない。一つは鉄製の囲いがあるだけのもので、パリ

▲シナゴーグ：入口部分

▲ラップ小路 3 番地の集合住宅：入口部分

のあちこちでまだ見られるタイプである。2番目のものは、翼のように広がるガラスの覆いと曲線模様と色鮮やかな装飾が施された囲いで構成されたポルト・ドーフィーヌ駅のタイプである。3番目のもっとも立派で待合室まで含まれていた駅舎タイプは残念ながら現存していない。

また、ギマールの作品で特異なものとしてユダヤ教の教会である**シナゴーグ**も訪ねてみたい建築である。メトロのサン・ポール・ル・マレ駅からパヴェ通りに入ると右手に不思議な外観の建物が見える。うねるような曲面を描く外壁と窓、それから玄関周りの細部に施された植物モチーフは、確かにアール・ヌヴォーらしさを感じさせるが、全体として今まで見てきたギマールの作品とは異質な感じであり、興味深い。

以上のようなギマールの建築以外に、パリでは多くのアール・ヌヴォー建築を街並みの中で見つけることができる。例えば、7区のラップ通り界隈

▲ラップ通り29番地の集合住宅：ファサード

▲ホテル・セラミック：ファサード

に立つ建築家ラヴィロットの設計である**ラップ通り29番地とラップ小路3番地の集合住宅**、8区のワグラム通り34番地の**ホテル・セラミック**は、ギマールがオルタから学んだ初期アール・ヌヴォー建築の合理主義的精神が徐々に過飾と退廃的な方向へ進んでいることを示している。このようなアール・ヌヴォー建築の装飾過剰な側面は、次の時代のアール・デコ建築によって打ち消され、ついにアール・ヌヴォー建築は終焉を迎えることになる。しかし、アール・ヌヴォー建築は19世紀末から20世紀初頭における都市の成長と、パリ万博の華やいだ時代を象徴する建築であり、フランスの香りを漂わすパリの顔としてわれわれを楽しませてくれるに違いない。

●ナンシーのアール・ヌヴォー

ベルギーからパリへと渡ってきたアール・ヌヴォーの波は、ロレーヌ地方のナンシーまで伝わってくる。ロレーヌ公国の首都だったナンシーは、街の中心を飾るスタニスラス広場の豪華さから想像できるように、単なる地方都市ではなかった。18世紀にパリで建設された「王の広場」を手本に、もっとも優雅で品のある建築と広場を建てさせるだけの財力と美意識がここにはあった。そして19世紀には鉄鋼業の発展とガラス工芸の伝統が折り重なってナンシーは、一躍アール・ヌヴォーの都市として急速に発展する。

　ナンシーのアール・ヌヴォーは、「ナンシー派」と呼ばれるガラス工芸

▲クロード・ロラン通り92番地の住宅：外観(左)、入口部分(右)

▲アルバン・アレール通り2番地の住宅：外観(上)、入口部分(下)

家や陶芸家、建築家らを中心とするグループが作り上げたといえる。ナンシー派の初代会長はガラス工芸で世界的に有名なエミール・ガレであり、ナンシーのアール・ヌヴォーがガレの影響を強く受けていたと考えられるが、ここで、ナンシーにあるアール・ヌヴォー建築を訪ね、パリのものとは異なる特徴を探してみよう。

ナンシーを代表するアール・ヌヴォー建築は、ナンシー駅から少し離れた周辺部に散在している。その中からまず**クロード・ロラン通り92番地の住宅**から訪ねてみよう。この家を設計したエミール・アンドレは、急勾配の屋根に窓を開ける伝統的なロレーヌ地方の民家の形式と、曲線と植物模様の装飾を駆使したアール・ヌヴォー様式を折衷させて、不思議な住宅に仕上げており、現在でもひときわ目立つ存在である。同じエミール・アンドレが設計した**アルバン・アレール通り2番地の住宅**は、ナンシー派芸術家のパトロンとして有名なロレーヌ・グランド金属会社副社長オーギュスト・ノブローの住宅で、木の実や昆虫をモチーフとしたナンシー派独特の装飾が施されている。

次に**リオノワ通り24番地にある住宅**を訪ねてみよう。現在はナンシー大学の学長事務局として使用されているが、当初は印刷業で成功をおさめたアルベール・ベルジュレの工場脇の自邸として建てたものだった。設計はルシアン・ヴァイセンビュルガーで、空に延びる植物の茎をイメージさせる屋根窓や妻飾りは、ゴシック建築の名残を感じさせるが、樹木や草花を細部で用いてロレーヌ地方の自然や森を想起させる装飾は、ベルギーで誕生し、パリに伝播したアール・ヌヴォーとは異な

▲リオノワ通り24番地の住宅：外観

▲ルイス・マジョレール通りの住宅：外観

▼ナンシー派美術館：庭にある水族館(左)、椅子のひじ掛け(右)

るものである。

オルタが求めた装飾モチーフは、草花であっても花や葉ではなく、若々しい新芽であり、茎であり、蔓であった。彼はそれを用いることによって芸術の発芽や未完を表現したかった。しかし、ナンシーのアール・ヌヴォーは、花であっても、昆虫や樹木であっても、「完成された美」を表現している。これは、ナンシー派の中心人物であるガレの影響といえるかもしれない。また、ガレと交流のあった日本人である高島北海からの影響だったともいえる。森林学者であり、役人であった高島から学んだ日本美術をガレは高く評価しており、彼のガラス工芸に日本美術のモチーフを採用しているのをみてもわかる。

ナンシーのアール・ヌヴォーは、18世紀フランスのロココ美術で培われた繊細な美意識を基礎に鉄とガラス工芸の伝統を守り抜いてきた技と心が作り上げた芸術だった。そして、建築としてはこの地方の民家の伝統とゴシック様式の急勾配の屋根や上昇性を残しながら成立しているのを確認できるであろう。

▼オルセー美術館：アール・ヌヴォーのコーナー

フランスのアール・ヌヴォー建築をいくつか巡ってみたが、アール・ヌヴォー芸術の大きな楽しみは、室内を飾る室内装飾や家具、食器、美術工芸品を鑑賞することにもある。オルタやギマールの家具と工芸品や、ガレらナンシー派のガラス工芸品やステンド・グラスなどをゆっくり鑑賞するには、**オルセー美術館やナンシー派美術館のアール・ヌヴォーのコーナー**を訪ねることを最後におすすめしたい。

ロンシャンの礼拝堂：祭壇前の床に小さな窓から光が差し込む

テーマのある旅 ❻

ル・コルビュジエの生涯をたどる旅

林 美佐（ギャルリー・タイセイ学芸員）

誰もが一度は東京上野の西洋美術館を訪れたことがあるだろう。心地よい吹抜け空間を上り、螺旋状に進むプランが特徴的なこの美術館は、ル・コルビュジエが基本設計を手がけている。戦時中、パリに留め置かれた「松方コレクション」を返還し、日本で最初の西洋美術専門の国立美術館を建設するために、日本政府が設計を依頼したのがル・コルビュジエ（以下コル）であった。実現に尽力したのは、前川國男、坂倉準三、吉阪隆正といった彼の弟子たちであるが、弟子から弟子へ、そして直接コルを知らない世代の建築家たちにも、コルの建築言語やエッセンスは連綿と受け継がれている。安藤忠雄のように、コルの作品を見たことで建築の道を選んだ者もいる。コルに憧れ、あるいは反面教師としてコルと向き合ってきた多くの建築家たちが、現在の日本の建築をつくってきた。つまり、ふだん目にする建物のルーツを求めるとコルにたどり着く。我々は知らぬ間にコルの掌中で暮らしているといっても過言ではない。

現在ではコルに関する情報は簡単に手に入るが、それだけでは本当に理解することはできない。コル自身が言うように、建築は「地上160センチのところにある目で知覚する」ものであり、その空間がもつ暖かさ、音の響き、光と影のリズム、それらが時間とともに動いていく様、その建物が周りにどう影響を及ぼし、及ぼされているか…などは、実際にその空間を歩いて初めて感じられるものだからである。

作品はなるべく年代を追って見る。となると、彼の生まれ故郷であるラ・ショー＝ド＝フォンというスイスの町から始めなければならないが、ここでは本格的にキャリアをスタートさせたパリから始めたい。

●パリとその近郊

パリにあるいくつかの住宅を巡り、コルが1920年代に提唱した「近代建築の５原則」を体感する。「ピロティ」「横長の連続窓」「屋上庭園」「自由な平面」「自由な立面」であり、これらは新しい技術によって実現可能になった新しい建築の姿である。機能的で衛生的な、快適に暮らせる住宅をめざしたコル。それが、彼の言うところの「住宅は住むための機械」である。

まず**ラ・ロッシュ＋ジャンヌレ邸**を訪ねてみよう。高級アパルトマンが立ち並ぶ16区の一画にある２棟続きの白

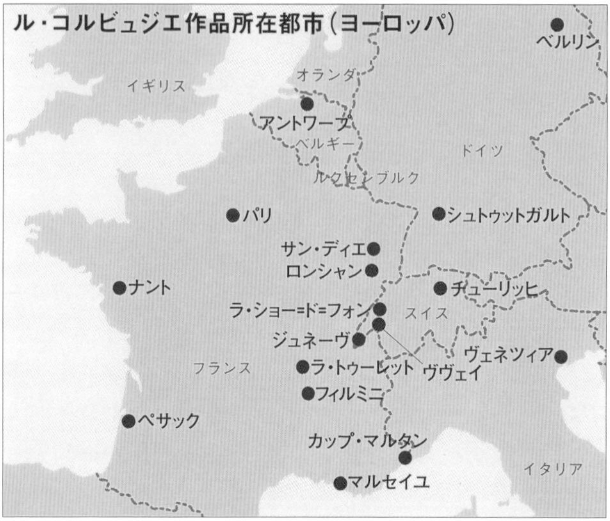

い住宅である。右のジャンヌレ邸（コルの兄の家）は財団の事務所兼図書室。左側が公開されているラ・ロッシュ邸である。入口を入ると高い吹抜け空間で、2階にはギャラリーがあり、湾曲した壁面に沿うようにスロープが設けられている。壁にはもともとラ・ロッシュ氏のコレクションが展示されていたが、現在はコルが描いた絵画が掛けられている。1920年代前半の「ピュリスム」（純粋主義）期の油彩は、淡い色の壁面と調和がとれている。幾何学的形態にデフォルメされたビンやコップを描いているが、比例にこだわった構図は建築作品のファサードにも通じる。また画中の独特の曲線も、カーブや膨らんだ壁面など建築作品に反映されている。

▲ラ・ロッシュ邸：ギャラリー

次に**ナンジュセール・エ・コリ通りの自宅アパート**を訪ねてみよう。財団からは徒歩で15分ほど。サッカースタジアムに面した通りにガラスブロックとモノクロームの表情の外観が異彩を放っている。最上階と屋上がコル夫妻の住居である。プランはΣの形で南北に長く、入って右側はコルの絵画制作のためのアトリエ。高いヴォールト天井、石とレンガがあらわにされた壁面が目を引く。北側は夫妻の生活の場であり、ガラスブロックを用いた明かり採りや、客船を思わせるバスルームなど、実に機能的である。階上は屋上緑化を先取りした、コルが愛した屋上庭園となっている。

20世紀の住宅の傑作**サヴォア邸**は、パリ郊外、ポワッシーの小高い丘にある。広々した芝生の上に、繊細なピロティに支えられたサヴォア邸が白く浮き上がって見える。正方形プランの軸となる、スロープと螺旋階段による上下の動線、壁で囲まれた2階のテラス、ピクチャーウインドーをもつ屋上庭園、こうした「建築的プロムナード」は、後年の劇的な空間表現へとつながっていく。他にも、青いタイルを貼った海のような浴室や、各壁ごとに違う色が塗られた部屋など見所は多い。「近代建築の5原則」がここにおいて最も洗練された形で完成した。

パリ南部の大学都市には、1930年代の代表作**スイス学生会館**がある。そ

▲スイス学生会館：南側外観（上）、1階ホールの壁画

◀▲サヴォア邸：外観（上）、2階居間とテラス（左）、階段（右）

の形状から犬の骨と呼ばれる力強いピロティに支えられた居住棟は、外壁にコンクリートパネルが用いられ、北側の集会室部分の外壁は乱石積みとなっている。自宅アパートでも試みているが、仕上げの化粧を施さず素材をそのまま見せる手法は1930年代以降の特徴である。1階ホールの壁画はコルの第二次大戦後の作で、鮮やかな色彩で象徴的モチーフを描いた後期の代表的作品である。ちなみに、隣接する**ブラジル学生会館**もコルの作品である。

パリ市内と近郊には、まだまだ魅力

▲オザンファンのアトリエ

▲ペサックの集合住宅

的な作品がいくつもある。**オザンファンのアトリエ、プラネクス邸、救世軍難民院**などは容易に見つけられる。また、レンガとコンクリートでつくられた後期の住宅の名作**ジャウル邸**も外観だけなら見ることができる。

パリからTGVで約2時間半、ボルドー近郊には**ペサックの集合住宅**がある。5タイプ50棟あまり、箱型で色とりどりの住宅が一街区を形成している様は壮観である。これは地元の実業家フルジェス氏に依頼された宅地開発事業で、今では美しく感じる住宅も、1925年当時はあまりの斬新さに非難の対象となっていた。

●ロンシャンの礼拝堂

パリを離れ、後期の名作を訪ねる旅を始めよう。

傑作として知られる**ロンシャンの礼拝堂**は、スイスに近いベルフォールという町から車で30分。丘の頂きに白い礼拝堂が姿を見せる。戦後、カトリック教会からの文化復興を唱えたクーチュリエ神父が、戦争で破壊された礼拝堂の再建をコルに依頼した。彼は信者ではなかったが、自然の中にその存在を響かせるような建築の創造に魅力を感じ、引き受けた。建設には前礼拝堂の石やレンガの残材が再利用されている。礼拝堂はどこから見ても表情が異なり、この彫刻的なフォルムは蟹の甲羅にヒントを得たといわれる。中に入ると、南側壁面に開けられた無数の窓とスリットから、光が差し込んで拡散している。祭壇は東側であり、右上に聖母子像が置かれている。祭壇に向かって並ぶ木の椅子は家具職人ヨゼフ・サヴィナの手によるもので、彼との協働で彫刻作品も制作している。祭壇から振り返ると、水を湛えているかのように天井がたわんでいるのが分かる。そして南北に設けられた小祭壇は、湾曲した壁面で囲まれ、その粗く仕上げられた壁に官能的な光がトップライトから降りてくる。時間が許す限り、自然と人工物、光と闇など、さまざまな対立する要素が統合された「交響曲を奏でる」「えもいわれぬ空間」を堪能してほしい。

ロンシャンから足を伸ばして、国境の町バーゼルを訪れるのもよい。バーゼル美術館ではコルや同じスイス出身の画家たちの作品を鑑賞したい。また、コルがロンシャンを手がけるにあたり何度か訪れた、シュタイナーの「ゲーテアヌム」がバーゼル郊外にある。その姿といい、重量感あるコンクリートの質感といい、共通する部分も多い。

●ラ・トゥーレットの修道院

リヨンから1時間ほどの町はずれにある**ラ・トゥーレットの修道院**は、コルの一つの到達点として重要な作品である。ここもカトリックの施設であるが、要求されたプログラムはいっそう複雑で、修道士たちの生活の場であり、勉強の場であり、祈りの場でもある。西側に開けた急な斜面のため、エントランスは東側3階にあたり、林立するピロティが上部のマッシブな本体を支えている。外壁は石をはめ込んだ粗いコンクリートで仕上げられている。プランは中庭を囲んだロの字型の構成で、北側部分が礼拝堂、他の三方が図書室、講義室、食堂、居室で、中庭を十字に傾斜のついた渡り廊下が

▲ロンシャンの礼拝堂：南東側外観（上）、着色ガラスの採光窓（左）、採光窓と石敷きの床（右）

▲ラ・トゥーレット修道院：大聖堂内部（上）、祭壇脇の小礼拝堂（左中）、西側外観（左下）、食堂（右中）、修道士の居室（右下）

結んでいる。

居室は、「モデュロール」（人体寸法と黄金比を組み合わせて作られたコルのオリジナルの尺度）でコンパクトにつくられている。リズミカルな影を落とす窓枠の割り付けもモデュロールによってデザインされたが、担当したギリシア出身のクセナキスは後に現代音楽家として世界的に有名になり、建築も音楽も美しい比例のリズムが作り出すことを証明した。

ハイライトは礼拝堂である。簡素なコンクリートの箱には何カ所ものトップライトやスリットが設けられ、光が入る壁面にはそれぞれ原色が塗られ、光が色彩をともなって劇的な空間をつくりだしている。さらに、天井の高いがらんどうの空間は素晴らしい音響効果をもたらしてくれる。少ない構成要素でこれだけ豊かな空間が創造されたことに感嘆する。

肌を這うような光、シャワーのように降る光、鋭く射す光。光と闇の、官能的なまでの空間。コルがロンシャンとラ・トゥーレットで実現したのは、伝統的なキリスト教の作法に従った祈りを捧げる空間ではなく、むしろ、偉大なる太陽への渇望、畏怖が表現された空間である。それだけに、ここを訪れた人は素直に感動できるはずだ。

▲フィルミニの青少年文化の家

リヨン近郊の町フィルミニでは、**ユニテ、青少年文化の家、スタジアム、サン・ピエール教会**を見ることができる。青少年文化の家ではワイヤーで吊った斜めの柱がスタジアムに突き出し、牡牛の角のような鋭角的な姿を見せている。2006 年竣工の教会では、朝は東壁の無数の小窓から堂内に光の帯が走り、日中はトップライトの陽射しが全体を明るくし、夕方には西側からの光が祭壇を静かに照らし出す。一日中座っていたい教会である。

●マルセイユのユニテ

リヨンからTGVで地中海の大きな港町マルセイユへ。コルは戦後、いくつかの町の復興プロジェクトに参画し、マルセイユでは低所得者層のための集合住宅を依頼された。そこでは単なるアパルトマンではなく、大型客船のようにその中で生活のすべてが営める**ユニテ・ダビタシオン**をつくり出した。太くたくましいピロティで持ち上げられたユニテはノアの箱舟である。中層階には商店や郵便局、ゲスト用のホテルなどが入り、屋上には、ジム、プール、幼稚園まである。各住戸はモデュロールの寸法によってつくられ、南北に長い中廊下を挟んで、半分ずつ上と下に分かれるメゾネット式になっていて、必ず2層分の吹抜けの居間と、東西両方からの日差しを享受できるようになっている。ユニテはナントなど5

カ所で実現したが、最初のマルセイユが最もコルらしい。ロッジアや廊下に塗られた原色づかいはコルならではの色彩の饗宴である。ユニテでは、台所や家具などの制作に際して、シャルロット・ペリアン、ジャン・プルーヴェという素晴らしい仲間と共に仕事をしているのも忘れられない。

ここまで来たら、プロヴァンスの三姉妹と呼ばれる美しい修道院も見ておきたい。12世紀に建設された「ル・トロネ修道院」は、ラ・トゥーレットを手がける際に参考にしてほしいといわれ、コルも訪れている。シンプルを極めた静謐で気品のあるロマネスクの修道院の光と影。ラ・トゥーレットと比較したい。

●カップ・マルタン

最後に訪れるのは、晩年毎夏を過ごしたカ**ップ・マルタンの休暇小屋**と彼自身がデザインした**墓**である。モナコの隣駅で降り、10分ほど歩くと小屋に着く。風光明媚な岬の中腹にある簡素な小屋である。大きさはおよそ8畳。モデュロールの寸法でつくられた最小限住宅である。世界の巨匠が最終的に行き着いた我が家が、こんなに小さく心地よい丸太小屋であったとは、なんだか嬉しくなってくる。

▲マルセイユのユニテ：建物の足下はピロティ（左）、プールのある屋上（左上）、商店のある廊下（右）

▼カップ・マルタンの休暇小屋：外観(左)、内部(右)

1965年8月27日、コルは海水浴中に心臓麻痺を起こし帰らぬ人となった。墓は小屋の上方、ロクブリュンヌという小さな集落の、地中海を見下ろす共同墓地にある。コンクリートの塊に青、赤、黄で塗られたエナメル板がはめ込まれた夫妻の墓。足元には「詩的感情を喚起する静物」とコルが語った、巡礼の象徴である貝殻が型押しされている。まさにここはル・コルビュジエ巡礼の最後の地。彼が求め続けたのが、地中海の強烈な太陽と永遠に変わらぬ母なる海だったことを、墓碑に塗られた色彩を見て実感するだろう。

コルは一貫して人間のための幸福な空間を追求し続けた。その作品は、インドにも南米にも、そして日本にも存在する。

ル・コルビュジエ

Le Corbusier (Charles Edouard Jeanneret)
1887～1965
スイスに生まれ育ち、30歳でパリに移る。1920年代には「近代建築の5原則」を提唱し、白く機能的な住宅を手掛け、30年代には「CIAM(現代建築国際会議)」の主唱者として世界の建築界をリードした。戦後は「モデュロール」という尺度を用い、コンクリートの造形性を生かした大胆で迫力のある作品を残した。代表作には「サヴォア邸」「マルセイユのユニテ」「ロンシャンの礼拝堂」「ラ・トゥーレットの修道院」など。インドや南米にも作品を残し、日本には「国立西洋美術館」(基本設計)がある。常に新しいものを創造する、闘う建築家であり、世界中に影響を及ぼした建築の巨人だが、同時に絵画・彫刻を制作し、詩を書き、建築論を著すなど、様々な活動も行った。

ℹ ラ・ロッシュ＋ジャンヌレ邸は現在ル・コルビュジエ財団になっていて、ここでコルの建築に関する情報が得られる。

▲コル自身がデザインした夫妻が眠る墓

上・ピカソ美術館：２階ホール
下・１階「彫刻の庭」

テーマのある旅 ❼

パリの個性的な美術館を訪ねる

濱田野衣

パリには大小数え切れないほどの美術館・博物館がある。所蔵展示物をじっくり鑑賞したり、旬の企画展に足を運ぼうとするならば、パリ人が生涯かけても見尽くすことはできないであろう。ここでは昨今、パリの若者たちに人気のマレ地区とカルチェ・ラタンに絞ったプランをご案内しよう。

●マレ地区の美術館

まず近年この地区に住んだり、休日に散策を楽しむことが一種の流行となっているマレ地区に足を運ぼう。この地区には、17世紀に建てられた個人邸宅が修復されて、現在もその名残をとどめている。Le marais ル・マレとは「沼地」という意味で、その昔、野菜畑が広がっていたからだ。ラ・マレLa maréeは「潮汐」を指すので間違えないようにしなければならない。

マレ地区に来たら必ず立ち寄りたいのが**ピカソ美術館**である。ピカソ美術館のある「サレ館」は塩税徴収官であった人物のために建てられたので俗称「塩の効いた」という意味だ。ピカソは1904年にフランスに移り住んだため、相続税は物納され、サレ館はR.シムネによる修復を経て、国立の美術館となった。全体的には建物を上手に利用し、順を追って見学できるように工夫されている。２階にあるピカソの青の時代と薔薇色の時代をはじめとする素晴らしいコレクションは、見逃せない。ロメール監督の映画『パリのランデブー』に、画家がある女性と出会う舞台として使われていたのを記憶している方もおられるだろう。１階では厩舎だった場所が「彫刻の庭」として効果的に使われている。さらに陶器などの展示がある地下の展示室の照明も巧みだ。順路にしたがって１階に戻り、公開されている庭園（夏期のみ）で憩うのも気持ちがいいだろう。

次にピカソ美術館の近くにあり、建物と前庭も魅力的な**カルナヴァレ博物館**（パリ歴史博物館）に行ってみよう。ここはパリの歴史を展示する博物館であり、マルゴ王妃の女官遊撃隊の

▲ピカソ美術館：外観、中央が入口

▲ヴォージュ広場

▲シュリー館中庭

▲聖ジュヌヴィエーヴ像

▲トゥールネル橋からのサン・ルイ島とノートルダム

▲アラブ世界研究所

▲サン・ミッシェル通り

一員ケルヌヴノワ侯の未亡人が買い取ったことから、この名前になったという。見学順路に従って、古代から現代に至るまでのパリの発展が分かるようになっている、穴場的な博物館である。カルナヴァレ館からフラン・ブルジョワ（無税市民の意味）通り界隈へ出ると、おしゃれなブティックが軒を連ねており、日曜日でもショッピングを楽しむことができるのでかなり混雑する。また、この地域はユダヤ人街としても知られている。

次に目指すのはパリ最古の**ヴォージュ広場**である。赤レンガの歴史的建物に囲まれたこの広場は市民にとって特別な意味を持っている。15世紀に王家がここに館を購入したが、ロワイヤル広場ができたのは17世紀で、雅な人々が集まった。現在も36棟の建物が広場を囲んでいるが、最大のものは王の館と王妃の館である。この広場に面して住んでいるパリジャンは友人たちから羨ましがられる。休日には市民が憩い、高度なテクニックを持ちながらまだデビューできない音楽家たちが、生活費を稼ぐため腕前を披露している。また9番地には建築アカデミーがある。

▲カルナヴァレ館：フランス式庭園のある中庭

この一角にあるのが**ヴィクトル・ユゴー記念館**である。1832年から48年までユゴーが住んだ家で、ユゴーのアパルトマンだけを見たいと申し出れば無料で見学できる。中国風サロンなど、この混沌とした時代の趣味をうかがうことができるだろう。2002年にはユゴー生誕200年を記念して、ユネスコにおいて「ヴィクトル・ユゴーと文化財をめぐるシンポジウム」が開催された。フランス革命時に、非キリスト教主義による行き過ぎたヴァンダリズ

▲ヴィクトル・ユゴー記念館：ヴォージュ広場に面した入口（左）、ユゴーの部屋への階段（右）

ム（破壊運動）が起こり、大聖堂や修道院は損傷を受けた。これに対する反省からゴシック復興の動きがみられるようになる。その端緒となったのがひとつにはシャトーブリアンの『キリスト教精髄』による文学的な流れであり、ユゴーはこれを継承している。すなわちフランス国民としての誇りを抱かせるために、彼は『ノートルダム・ド・パリ』で文化財保護を訴えたのである。

見学が終わったら、ルイ13世様式の美しい中庭のある**シュリー館**を通ってサンタントワーヌ通りに出よう。シュリー館はアンリ4世の元蔵相の館で、この庭園では画家がデッサンをしている姿を目にすることもある。通りをリヴォリ通りに向かって歩くと地下鉄のサン・ポール駅がある。ここからセーヌ方面へ下る途中に**ヨーロッパ写真美術館**がある。現代写真の刺激的な展覧会が行われているが、庭は日本庭園を思い起こさせる。コレクションに日本の写真家の作品が含まれることからも、フランスという国の写真文化の成熟度をうかがわせる。それはアートを超え、プロパガンダとして機能していることを、鑑賞する側は心得ているのである。

マレ地区の見学の終わりはセーヌにほど近い**サンス館**である。サンス館は後ほど紹介するクリュニー館と並んで、パリに残る中世の個人住宅として貴重である。もともとはサンス大司教の公館であり、1605年にはマルゴ王妃が移り住んだ。王妃を相手にした恋の鞘当てで、侍従が恋敵を王妃の馬車の中で撃ち殺すと、王妃は侍従をサンス館の前で打ち首にしてこの館を離れたという。中庭に入ると奥にはポスターや壁紙のコレクションで知られるフォルネ図書館がある。左手にはそのコレクションを展示する美術館がある。ここでは寝転がった牛がヨーグルトの瓶を抱えている「ヨープレイ」の広告でお馴染みの、フランスの代表的な広告作家であるR.サヴィニャックの展覧会が開かれることもある。フランスの庶民生活に欠かせないこうした作品を保存しておくことも、この国の芸術に対する基盤の厚さを示しているといえよう。

●サン・ルイ島からカルチェ・ラタンへ

マレ地区の散策を終えたらセーヌ川に浮かぶサン・ルイ島へ渡ろう。シテ島とともにパリ発祥の地であるこの島には、古くから大貴族や著名人が住ん

▲ヨーロッパ写真美術館：外観

▲サンス館：裏庭より、右が美術館

▼カルティエ財団：円形劇場を思わせる庭(左)、通りに面した外観(右上)、1階ギャルリー(右下)

でいた。現在も世界的に有名な最高級住宅地として、セーヌを見渡せるアパルトマンに住むことがブルジョワのステータスともなっている。馬車を入れるための大きな外扉からは、内部は容易に想像できない。私は留学の初めの年にこの河岸の一室に住んだが、光が射さないので大層暗く、始終改修工事をしていた。部屋に上がるための石階段は12世紀のものだということで、擦り減り傾いているので登るだけでも苦労したのを覚えている。現在社会的に成功したフランス人も学生時代、地方からパリに上京した時はまずこうした元女中部屋からスタートしている。何よりも中世の生まれながらの身分制を肌身に感じさせられた。

サン・ルイ島からトゥールネル橋を渡ると、**聖ジュヌヴィエーヴ像**が目の前に見えてくる。451年フン族の王は兵を率いてパリに迫った際、ナンテールの修道女ジュヌヴィエーヴが、天の加護によってパリは難を逃れると予言し、その通りになったことで有名だ。彼女はパリの守護聖人となり、パンテオンは聖ジュヌヴィエーヴ山にある。彼女は今でもこうしてパリを見守っているのだ。トゥールネル橋から見る**ノートル・ダム大聖堂**は最も美しい姿とされている。

さて左岸へ渡るとすぐに**アラブ世界研究所**が見える。建物を設計したジャン・ヌーヴェルといえば、**カルティエ財団**（カルティエ現代美術館）を思い起こせる。カルティエ財団の敷地は前述したようにゴシック復興の先駆けとなった、シャトーブリアンの住んだ場所である。私はある時、ヌーヴェルの友人でル・コルビュジエのサヴォワ邸を修復したJ.デュビュイッソン※にカルティエ財団の印象を尋ねた。彼は私がこの建物について触れたのを喜び、ヌーヴェルの作品の中で最も気に入っていると評価した。それは依頼者と建築家との意図が完全に一致した、建築物にとって幸福で、稀有なケースだからだという。その魅力はやはり、完全に透明な外壁と光の遊びだ。ここを訪れたら庭を一周していただきたい。自然を大事にして作られたこの庭の植物はアーティストによって綿密に計算されて育てられている。お昼時には円形劇場を思わせる階段に座って、展示物を外から眺めながらくつろぐおしゃれな若者もいる。この美術館は先鋭的な展覧会を開催することで知られている。夜の8時までライトアップされているので、週末ともなるとオペラやコンサートに行くのと同じ感覚で、現代におけるアートとは何かを求めて来るパリジャンのニーズに的確に応えている。数年前には植物をテーマにした展示に目を奪われた。世界各国から植物の持つ美しさを伝える見事な作品を選択しており、その審美眼は確かである。

それでは左岸のサンジェルマン大通りを通ってカルチェ・ラタンへ行こう。学生街であるカルチェ・ラタンはソルボンヌを中心にサン・ミッシェルからリュクサンブール公園あたりまでを指し、「元」学生も含めたインテリたちで賑わっている。

ここでは**中世博物館**（クリュニー共同浴場跡）を見学しよう。ここに見られるのはローマ時代の共同浴場の一部である。14世紀にはクリュニー大修道院長が買い取り、15世紀に美しい屋敷ができ上がった。これが先ほど挙げたパリに残る重要な個人邸宅のひとつである。共同浴場の持ち主だったパリ

◀▲中世博物館：外観（左上）、2階にあるタピスリー『貴婦人と一角獣』（左下）、ノートル・ダム「王のギャルリー」にあるユダヤ王の彫像頭部（右）

※ J.デュビュイッソン（1914-2011）

市は1819年に、館と遺跡の中に美術館が設置されるのを条件に、国へ遺跡を提供した。このようにして不思議なハーモニーを奏でる国立の中世博物館が誕生したのである。

クリュニー館の裏側の公園はかつて石の彫像などが並んでいたが、ミレニアムに合わせて全面的に改修された。そのコンセプトは博物館所蔵の「貴婦人と一角獣」のタピスリーから想を得た「中世の囲われた庭」である。この出来栄えにはパリ市民の間でも賛否両論ある。柵が多いことが美しさを損なうという向きもある。しかし生えている野草はミルフルール（千花模様）のように中世の庭を再現しており、以前より館に近づけるようになった利点もある。子供の遊び用具にはタピスリーから抜け出した兎や猿が使われている。博物館の2階にはこの見事なタピスリー専用に一室が設けられ、展示方法も申し分なく、静かにその時代へと思いを馳せることができる。その他にも革命時代にフランスの王たちと間違われて、ノートル・ダムの「王のギャルリー」からもぎ取られたユダヤの王の彫像の頭部が発見されて1階に保管されている。

人々は各時代にそれぞれの信念に沿って美術品や建築物を造ったり、破壊したり、修復・保存したりする。これら文化財はそれ自体意志を持たなくとも、ある時はプロパガンダに使われ、ある時は象徴として犠牲になり、ある人の、あるいはその時代の意志を持たされて変遷してきた。

パリの個性的な美術館を巡ってみると、この国の文化財に対する考え方の一端が少しは理解できるのではないかと思う。最後にソルボンヌ大学の学生たちのように、ソルボンヌ広場のカフェに座ってこの街の雰囲気に浸っていただきたい。

▲中世博物館：中世の家具や調度が展示されている部屋

セーヌ川から見たパリ大聖堂と交差部尖塔

テーマのある旅 ❽

パリ・ノートルダム大聖堂の大火災と交差部尖塔の再建

羽生修二（東海大学名誉教授）

2019年4月15日から16日未明にかけて発生した大火災で、屋根が焼け落ちるパリのノートルダム大聖堂（以下、パリ大聖堂）の映像は、世界に衝撃を与えた。とりわけ交差部の尖塔が崩落していく瞬間は、世界中の人びとがどよめき、悲嘆に暮れたに違いない。それは、この尖塔がパリ大聖堂のシンボルであり、大聖堂の壮大な建築にとって欠かせない存在だったからに違いない。

実はこの尖塔は創建時からあったものではなく、19世紀の修復工事で付け加えられたものだ。1845年にウジェーヌ・エマニュエル・ヴィオレ・ル・デュク（1814-79）と共同設計者ジャン・バティスト・ラシュス（1807-57）が修復工事を開始した時点ではこの尖塔はなかった。ヴィオレ・ル・デュクが新しい尖塔を設計し、パリ大聖堂のかつての輝きをよみがえらせたのである。

今回のパリ大聖堂復興で大きな問題となったのは、この尖塔の扱いについてだった。19世紀に付加されたヴィオレ・ル・デュクの尖塔を再現せず、屋根全体も含めて現代建築に置き換える計画がいくつか提案され、テーマパークのようなガラス張りの屋根や尖塔を神聖なる大聖堂の上に載せるアイデアまで出された。しかし、さまざまな議論がなされた結果、やはりヴィオレ・ル・デュクの尖塔を復元することとなり、再建工事が開始された。

●パリ大聖堂の建設から破壊まで

1163年、パリ大司教モーリス・ド・シュリ（1120頃-96）は、新しい大聖堂の建設に着手するに当たって、ローマ教皇アレクサンドル３世（1105頃-81）立ち会いのもと、最初の切石を積む儀式を行った。この儀式は首都にふさわしい壮大な大聖堂建築の誕生を告げるものであり、その後、内陣部分から建設が進み、1196年頃には内陣と身廊部分がほぼ完成し、改造と増築が繰り返されながらも14世紀半ばに完成した。

パリ大聖堂の壮大なヴォールト天井の下では、フランスの栄光ある歴史を物語る荘厳な儀式が幾度となく催され、聖母マリアに捧げられたノートルダムは国家的聖所として人びとに親しまれてきた。しかし、18世紀に入ると作家ヴィクトル・ユゴー（1802-85）が嘆いたように、流行に惑わされた建築家による改築や革命の嵐による破壊が繰り返され、廃墟と化してしまった。フランス大革命のヴァンダリスム

(破壊行為)がそれに拍車をかけ、王のギャラリーを飾っていた高さ3m以上もある28体の王の彫像が前庭に投げ捨てられ、正面の3つの扉口を囲んでいた使徒、王、ユダ、聖人の像も切り落とされた。こうしてパリ大聖堂の歴史を語る装飾はすべて削り取られてしまったのである。そうした現状に憂いを抱いたユゴーを中心としたロマン主義作家たちは、この窮状を訴え、世間を揺り動かした。1831年のユゴーの『ノートルダム・ド・パリ』の出版は、国民にパリ大聖堂復興運動の意義を訴えることに成功し、国がようやく修復を決意するに至った。

●19世紀の修復計画の設計競技

1842年にパリ大聖堂修復委員会は、指名コンペの形式で修復計画案を募った。指名を受けたヴィオレ・ル・デュクは、サント・シャペルの修復で出会ったラシュスと協同で1843年に計画案を提出し、一等に選ばれた。

ラシュスとヴィオレ・ル・デュクが協同で作成した応募案は、詳細な図面と見積りにレポートが添えられている。第一部で「修復方法についての概要」と題した修復の基本方針が述べられ、次のような修復の自粛を掲げている。

「修復の仕事において、必要以上の注意と慎重さをもって行動しても行き過ぎとはならないだろう。われわれは第一に次のことを述べたい。修復は、歳月による損傷や大衆の激怒と比べて、より大きな不幸を記念物にもたらすに違いないということを。なぜならば時や革命は破壊することはあっても何も付加しないのに、修復は新しい形態を加えながら無数の足跡を消滅させてしまうからである」

これはユゴーが『ノートルダム・ド・パリ』で訴えた警告の反映にほかならなかった。

「この建築(パリ大聖堂)の表皮にシワだの、イボだのを作ったのは時間の仕業だし、この芸術に暴行だの、蛮行だのを加えて、打撲傷だのを蒙らせたのは、ルターからミラボーに至るまでの諸々の革命のやった仕事なのである。また修復という、とんでもない名のもとにこの芸術の骨組みをばらばらに切断したり、脱臼させてしまったりしたのは、ウィトルウィウスやヴィニョーラを宗とした先生がたの所業なのである」(辻昶・松下和則訳『ノートルダム・ド・パリ』岩波文庫より)

ラシュスとヴィオレ・ル・デュクの修復方針は、ユゴーによって警告を発せられた「過度の修復」を否定することを前提としている。しかし、その一方でパリ大聖堂をカトリック再興の象徴としてかつての栄光を取り戻すよう、美しく飾ることを願う宗教家や一般庶民が少なからずいたのも忘れることはできない。当時の教会は、ほとんどが「修復」という名を借りて尖塔を再建し、教会の復興を世間に示す装飾の付加などを行っていたからである。

●ヴィオレ・ル・デュクによる尖塔の再建

1845年、いよいよ修復工事が開始した。修復はあくまでも考古学的研究のもとでなされるべきであり、歴史的証拠のない復元は絶対に認めないという基本方針を『計画案』で提示し、慎み深い強化工事とかつての華やかさを取り戻す最小限の復元だけを予定して開始されたが、少しずつ方針が変更され、予算を大幅に超過しながらも、1863年に完了した。

交差部尖塔について、ヴィオレ・ル・デュクは当初、18世紀末まで存在していた尖塔の痕跡とガルヌレーのデッサンを根拠として、当初の姿に戻す予定で研究を進めていた。その尖塔の形態は、木造の骨組みに鉛板を張り、単層の窓が開けられた質素なものだった。また、この尖塔が落雷でたびたび炎上し、当時の主任建築家ゴドが修復の手だてがなく、1792年に「惜念の思いで」取り壊したという記録も残っていた。おそらく交差部の屋根と尖塔の基礎部分の取り合いが処理できず、再建が困難だと判断したのであろう。

1843年1月28日付の修復計画案では、ガルヌレーのデッサンに沿った尖塔案が描かれ、以前のものに基づいて再建する予定だったことがわかる。しかし、ヴィオレ・ル・デュクは、新たな尖塔の設計案を提示し、それを実施したのである。その背景には、大聖堂を美しく飾り、豊かに使用したいという教会側の要望が強くあったことが推測される。そのためには多少歴史を曲げても現時点での実用にかなう創造を認める声も少なくなかったのであろう。下院議員のレオン・ド・マルヴィル(1803-79)が、議会で次のように発言していることからもわかる。

◀尖塔基部の周りに設置された福音史家と十二使徒の彫像(左)。一番高いところに置かれているのが、ヴィオレ・ル・デュク自身がモデルとなった彫像(下)

「パリ大聖堂は廃墟として人びとの敬意を受けるのではなく、カテドラルとしての威厳をもって人びとの前によみがえるべきである。(中略)譲る石を耐久性のある石に交換すること、時がもぎ取った石と石との間の目地を新たに塗り直すこと、苔むしたヴォールト天井を補修すること、ぐらついている小鐘塔を再建すること、削り取ら

れた装飾を再現すること、そういったことは記念建造物の神聖さを汚すことではなく、よみがえらせることなのである」

ヴィオレ・ル・デュクは、まず木造の骨組みと屋根の小屋組を結びつける施工を大工のベリュに依頼し、新たなデザインを図面に表現した。その再建案は、ガルヌレーのデッサンを発展させたもので、木造の躯体に鉛板を張り付ける構造を踏襲しているが、窓は二層で、全体の高さを以前よりも約10m高くし、装飾的にも華やかなクロケット飾りを施したものだった。そして、最大の変更点は、尖塔基部の周囲に福音史家と十二使徒の彫像を付加したことである。これらの作品は、彫刻家ジョフロワ・ドショーム(1816-92)の才能に負うところが多いのだが、モデルとなったのがヴィオレ・ル・デュク自身だったり、修復工事に携わったスタッフだったりした点が後の時代に問題となる。ヴィオレ・ル・デュクは聖トマ像のモデルとなり、右手に定規を持ち、左手で日差しを遮りながら自らデザインした尖塔を見上げるポーズをとっている。

こうした公私混同とも思える修復計画は、現代における文化財修復の現場ではあってはならない大問題となるが、当時は普通に行われていた。パリ大聖堂の修復前に手がけていたサント・シャペルの修復工事で、すでに同じようなことがなされていたのである。サント・シャペルの修復は、ラシュスが主任建築家、ヴィオレ・ル・デュクが次席現場監督に任命されて進められたもので、パリ大聖堂と同じように尖塔を再建する計画でラシュスの案が選ばれ、実施されたのが現在の尖塔である。サント・シャペルが建設された13世紀の様式ではなく、より装飾的な15世紀フランボワイアン様式を採用し、尖塔基部には聖人像が付加された。そして、そのモデルは、設計者のラシュス自身や大工のベリュなど、修復現場で携わってきた人びとだった。ヴィオレ・ル・デュクは、サント・シャペルでのやり方をそのままパリ大聖堂の修復でも行ったのである。

▲サント・シャペル

●火災後の再建に向けて起きた諸問題

2019年にパリ大聖堂の大火災が勃発した際、ちょうど交差部尖塔の修復工事が行われている最中だった。尖塔の劣化が著しいことから、2017年に尖塔を囲む銅像を含めた全体的な修復が開始され、火災の2週間前には銅像はすべて取り外され、幸いにも16体の銅像はすべて工房に移されていたのである。尖塔の修復を行うために総重量500tもの鉄の足場が交差部に組まれ、尖塔の表面に張られていた鉛板と内部の木組みを修復する作業を進めていた。大火災が起きると、瞬く間に屋根の木造小屋組に火が燃え広がり、高さ100mの尖塔が崩落した。幸いにも消防士たちによる必死の消火活動のおかげで鐘塔への延焼は食い止められ、西正面の崩落には至らなかったが、火災以前に組まれていた鉄の足場が溶けて不安定な構造になり、足場を新たに補強しなければならなかった。また、焼け落ちた木材がリブ・ヴォールト天井に穴を開けたために全体構造が弱体化して倒壊の恐れがあり、なかなか修復作業に着手できない状態に陥った。さらには屋根の鉛が溶解し、建物の室内外に流れ落ちて汚染されている危険な状態の中で、作業を続けなければならない問題も抱えていたのである。こうした数々の難題を一つひとつ解消しながら、2023年現在も修復作業は進められている。

●尖塔と屋根の再建

文化財建造物修復において最も重要とされていることは、修復前の綿密な調査と資料収集である。その点、パリ大聖堂は尖塔の修復をすでに開始していたため、実測調査や資料収集を整えた状態だった。小屋組も2014年の調査で図面をすべて起こしてあり、写真も撮影していたため、尖塔や屋根も修復前の姿に再建することに問題はなかった。しかし、小屋組の材料については、シャルトルやランスの大聖堂のように、木材の代わりに鉄やコンクリートのような不燃材料に置き換えるかどうかの議論が交わされた。その結果、やはり当初の材料であった木材を13世紀に組まれた構造形式にのっとって再建することが決まったが、今後の火災に備えるために防火壁を部分的に設けることが認められた。

▲修復中のパリ大聖堂（2020年12月撮影）

●大聖堂復興に向けて

パリ大聖堂の復興工事は現在も粛々と進められ、再建された尖塔と屋根が現れる日も近づいてきた。ヴィオレ・ル・デュクの尖塔とその足元を囲む16体の銅像が美しい姿でよみがえったとき、私たちはパリ大聖堂のシンボルとしてだけではなく、大火災からの復興のシンボルとして見直すだろう。それと同時に、復興工事のために尽力した消防士たちや修復に携わったすべての人々に敬意を表したい。

エッフェル塔から見たグラン・パレ・エフェメール（木造仮設建築物）

テーマのある旅 ❾

21世紀に生まれたフランス現代建築を訪ねる

岩岡竜夫（東京理科大学教授）

多くの人びとにとって、フランスを巡る旅の第一の目的は、近代以前の歴史的な街並みや建造物を訪ねることだろう。しかし最近では、20世紀初頭の近代建築や1970年代以降の現代建築についても、多くの旅行ガイドブックで取り上げられるようになり、例えばパリのボーブール（ポンピドゥー・センター、1977年、2024年より長期休館）のような、伝統的街並みの中に建つ超モダン建築の姿をこの目で見たいという観光客も増えてきた。

実際に私が留学生としてパリに生活していた1987年頃には、ミッテラン大統領による「グラン・プロジェ」と呼ばれる国家プロジェクトが同時多発的に進行中で、ルーヴル・ピラミッド（1989）に代表されるように、パリは西欧の中で最もアヴァンギャルドな都市であり、古い建物や街並みの一部が斬新なデザインに置き換わっていくようすにワクワクしたものだ。

ここでは、フランス国内に建てられた現代建築の中で、特に2000年以降、2024年のパリオリンピック開催直前までの約四半世紀に新たに建てられた建築、あるいは新たにつくられたインテリア空間について、特にパリを中心としてその一部を紹介する。そこには、歴史的建物の内装あるいは外装を新たにリニューアルした作品や、日本人建築家による作品も多く含まれている。またここでは、こうした事例を、特にパリにおいては、まとまったエリアに即して場所別に紹介し、ほぼ同時代につくられた（あるいは改変された）建築や街並みを連鎖的にたどれるようにした。

●パリ中心部を、徒歩で散策

パリの中心部では、車道は歩道や自転車道へと徐々に置き換えられ、自動車は時速30kmに制限されている。ローマ時代の遺跡が残る左岸のサン・ミシェル界隈から、セーヌ川を渡って右岸のマレ地区に至るエリアには、新しい建物はほとんど建設されてい

▲国立中世美術館（通称クリュニー美術館）

▲パリのノートルダム大聖堂（2023年夏撮影）

ない。その中でも近年、建物の内部を新たにリニューアルした美術館がいくつかオープンした。カルチエ・ラタンにある**国立中世美術館（通称クリュニー美術館）**は、もともと古代ローマ時代の大浴場跡に建てられたクリュニー修道院長の館で、全面改修され2022年に再オープンした。遺跡内部の空間演出や中世の美術品の展示空間が素晴らしい。

シテ島にそびえるノートルダム大聖堂は、2019年に屋根全体と天井の一部が焼失したが、その後の復元・復旧工事により、2025年には再オープンする予定である。建物の外周を覆う工事パネルには、木造屋根の工法の解説や、木材そのものの調達や加工方法、フライングバットレスの仮設補強方法など、興味深い内容が図解

▲アルスナル建築・都市博物館

▲カルナヴァレ博物館

▲ラ・カノペ

で展示されている。ファサード前の広場の地下の遺構空間も全面リニューアルされる予定である。

シテ島からサン・ルイ島を縦断して右岸に渡ると、メトロのシュリー・モルラン駅正面に**アルスナル建築・都市博物館**が見えてくる。パリ市が管理するこの展示館は1988年にオープンし、1階部分のパリの都市計画に関する常設展示とともに、パリ市内の最新の建築物がパネル掲載されている。また2〜3階では、規模は小さいながらも、意欲的で先駆的な企画展示を半期ごとに行っているので、見逃さないこと。

そこからサン・ポール村と呼ばれる1980年代の再開発街区の中を通り、さらにサンポール教会の脇を通ってリヴォリ通りを渡ると、マレ地区に出る。**カルナヴァレ博物館**は、かつての貴族の館を美術館に改修した建物で、パリの歴史に関する数多くの資料を所蔵・展示している。2021年にリニューアル・オープンし、明るい内部空間と心地よい中庭庭園に生まれ変わった。隣接するピカソ美術館はいち早く2014年にリニューアル・オープンし、透明度の高いガラスでできた額縁越しに巨匠の作品を鑑賞することができる。

マレ地区からボーブール地区を通ってセーヌ川に出る。セーヌに架かる最古の橋ポンヌフの右岸橋詰にある老舗デパートのサマリテーヌ百貨店は、約15年の大改修を経て、2021年に再オープンした。リヴォリ通り側のファサード(設計:SANAA)はうねる曲面ガラスでまとわれ、周囲の歴史的な街並みが映り込む。セーヌ河岸側には高級ホテルが入ったため、無料の屋上展望スペースは無くなってしまったが、すぐ隣にあるサン・ジャック塔の屋上にはネット予約すれば登れるようになった。

リヴォリ街を渡るとレ・アール地区に出る。1971年の市場の郊外移転に伴い、地下に新たな大型ショッピングモール(フォロムデアール)が建てられたが、特に上層部のデザインの評判がよくなく、2016年に新たにリニューアルした。地上の建物全体を覆う鉄とガラスの大天蓋は**ラ・カノペ**

▲ブルス・ド・コメルス

▲フランス国立図書館（BNF）リシュリュー館

（＝キャノピー、設計：パトリック・ベルジェ）と呼ばれ、屋根付きの広場をつくっている。

そのカノペをくぐって西側の公園の正面に見えるのが、**ブルス・ド・コメルス**と呼ばれる18世紀に建てられた円形の旧穀物取引所で、2021年、安藤忠雄の設計により、現代アートのコレクターであるフランソワ・ピノー氏の所蔵作品を展示する美術館となった。建物そのものが歴史遺産であるため、内外装にほぼ手をつけることなく、内部に円筒状のコンクリートの壁を自立させて建てることで、ガラスのドームの下はアートの殿堂へと生まれ変わった。

ブルスの正面の通りからパレ・ロワイヤルの中庭を抜けて少し歩くと、**フランス国立図書館（BNF）リシュリュー館**が見えてくる。アンリ・ラブルーストによる19世紀の鉄骨構造のインテリアが有名だが、10年以上にわたる改修後、2022年に再オープンした。現在は、ラブルーストの図書館（利用可）のほかに、隣接して楕円形の閲覧室や美術館も新たにオープンし、ギャラリー空間や中庭も再整備されている。特に上下階をつなぐ螺旋階段のデザインは秀逸である。BNFリシュリュー館の正面にはパサージュ（歩行者用アーケード街）があるので、散策の最後はパリの19世紀のイメージに浸るのも良いだろう。

●パリ西南部のセーヌ河岸を、サイクリングやトラムで散策

パリ中央を流れるセーヌ川の両岸、シュリー橋からイエナ橋までは、すでにユネスコ世界文化遺産として登録されているが、その下流側、すなわちエッフェル塔あたりからブローニュの森に至るまでの間に、いくつかの新しい建物がつくられた。エッフェル塔にほど近い**ケ・ブランリ美術館**（設計：ジャン・ヌーヴェル）は、ジャッ

▲ケ・ブランリ美術館

▲ラ・セーヌ・ミュージカル

ク・シラク元大統領の肝煎りで2006年に建てられた美術館で、主にアフリカ、アジア、オセアニア、南北アメリカの原始美術を展示している。街路に沿ってガラスの壁が立ち、その背後にジル・クレマン設計の庭園があり、建物を街路境界から大きくセットバックさせた配置構成は、時間の流れとともに新たな景観をつくり出している。

河岸に沿って進むとエッフェル塔のあるシャン・ド・マルス公園に出るが、その南端に巨大な膜に覆われた建物が見える。**グラン・パレ・エフェメール**(設計:ジャン・ミシェル・ヴィルモット)と呼ばれるこの木造仮設建築物は、大改修工事が始まった「グラン・パレ」の代替建築として2021年に建てられ、パリオリンピック終了後の2025年には解体予定である。

セーヌをさらに下ってペリフェリック(都市高速道路)をくぐると、人口11万人のブローニュ=ビアンクール地区に至り、セーヌ川の中洲に浮かぶ11haのセガン島が見えてくる。この島には2003年までルノーの工場があったが、新たに音楽と美術の島として生まれ変わることが決定され、2017年には島の西端(下流側)に木質天井の音楽ホールを含む**ラ・セーヌ・ミュージカル**(設計:坂茂)がオープンした。2023年には、西端の広場に高さ25mの名和晃平の彫刻＜Ether(Equality)＞が設置された。建物とセーブル橋駅とを直線でつなぐ新たな歩道橋がつくられ、市内からのアクセスが容易となっている。

セーヌをさらに下って、もう一つのメトロ終着駅であるサン・クルー橋

▲アルベール・カーン美術館＋庭園

▲ルーヴル・ランス

▲記憶の指輪

駅の真正面には、2022年に誕生したアルベール・カーン美術館＋庭園（設計：隈研吾）がある。銀行家として一代で富を築いたカーンの終の住処であり、彼はまた慈善家として、世界中の写真家や学生らを支援した。庭園内の日本式庭園や日本家屋はほぼ当時のままの姿だが、その庭園内に新たに美術館を設計するにあたり、日本家屋の一時解体と復旧が必要となり、日本の大工を呼び寄せて工事が進められた。美術館はスリット状のルーバーを多用して、建物のヴォリューム感をできるだけ抑えている。なお、奥側の現代日本庭園の作庭には象設計集団と高野文彰、日本家屋の解体復元には山本興業及びアトリエCO2が関わっている。

さらにセーヌを北上すると、右手にブローニュの森が見えてくる。広大な森の中には、2018年に改築されたパリロンシャン競馬場の黄金色の観客席（設計：ドミニク・ペロー）がある。またブローニュの森の北端付近には、2014年にオープンしたフォンダシオン・ルイ・ヴィトン（設計：フランク・ゲーリー）がある。ルイ・ヴィトン財団によるこの美術館は、主に現代アーティストの企画展示を行っている。建物外観の大胆な造形は、遠くデファンス地区やエッフェル塔からも見ることができる。

●フランスの地方都市にある21世紀の建築

21世紀に入って、フランスのいくつかの地方都市では、新しい美術館や博物館が相次いで建設された。アートの公開による地方都市の活性化という、文化大国フランスらしいストラテジーである。

フランス北部の小都市ランス（Lens）の駅から少し歩いた場所に、2012年、ルーヴル美術館の別館であるルーヴル・ランス（設計：SANAA）が開館した。アルミパネルとガラスで覆われた低層の外観は周囲の自然に溶け込み、自然光を取り入れたスロープ状の展示ルームにはルーヴル本館が所蔵する作品の一部が時系列的に配置されている。ランス周辺はかつて炭鉱の町として栄え、労働者の住宅街やボタ山が今も残る。ラン

▲ポンピドゥー・センター・メス

ス近郊のノートルダム・ド・ロレットに、第一次世界大戦の戦没者の名を刻む**記憶の指輪**(設計:フィリップ・プロスト)と呼ばれるモニュメントが2014年にオープンした。

フランス東部の都市メス(=メッツ)の駅前には、パリのポンピドゥー・センターの支部である**ポンピドゥー・センター・メス**(設計:坂茂)が2010年にオープンした。3本の棒状のチューブを互いに45°ずらして積み上げた建物本体を、木骨の曲面テントで覆った建物で、上空から見ると正六角形をなしている。展示室からはメスの中央駅舎やカテドラルなどが見え、パリのポンピドゥーでは見られない企画展示が催されている。

フランス南部の都市アルルはローマ時代の遺跡の町として有名だが、2021年、芸術機関を支援するLUMA財団によって新しい美術館リュマ・アルル(設計:フランク・ゲーリー)が全面オープンした。敷地はフランス国鉄SNCFの車両操車場跡地であり、奇抜なデザインのセンタービルとは対照的に、既存の建物をうまく改修して使用している箇所もある。

古くからの港町マルセイユの旧港を見下ろす高台に、ヨーロッパ地中海文明博物館(MuCEM、設計:ルディ・リチオッティ)が2013年にオープンした。その旧港の埠頭広場にはロンブリエール(=鏡の天井、設計:ノーマン・フォスター)と呼ばれるステンレス製の日除けが設置され、通りすがりの人びとの姿が天井面に映し出される。

Alpujarras

スペイン

リアス・アルタス
Rias Altas
ア・コールニャ
A Coruña
コスタ・ヴェルデ
Costa Velde
ヒホン
Gijón
38
39
40
カンタブリア海
(ビスケー湾)
Mar Cantábrico
サンタンデール
Santander
34
35
ビルバオ
Bilbao
オヴィエド
Oviedo
36
37
サンティアゴ・デ・コンポステーラ
Santiago de Compostela
レオン
León
30
31
リアス・バハス
Rias Bajas
41
ヴィーゴ
Vigo
オレンセ
Orense
アストルガ
Astorga
42
ブルゴス
Burgos
ミーニョ川
Miño
32
33
ヴァリャドリード
Valladolid
ドゥエロ川
Duero
ドウロ川
Douro
45
46
47
大西洋
OCÉANO
ATLÁNTICO
ポルト
セゴヴィア
Segovia
サラマンカ
Salamanca
43
アヴィラ
Avila
44
マドリード
MADRID
48~57
61
ポルトガル
タホ川
Tajo
トレド
Toledo
58
カセレス
Cáceres
62
メリダ
Mérida
リスボン
バダホス
Badajoz
63
64
65
グアダルキヴィル川
Guadalquivir
コルドバ
Córdoba
ハエン
Jaén
ウェルヴァ
Huelva
セヴィーリャ
Sevilla
(Seville)
70~76
83
ファロ
カディス湾
Golfo de Cádiz
グラナダ
Granada
84
コスタ・デ・ラ・ルス
Costa de la Luz
ヘレス・デ・ラ・フロンテーラ
Jerez de la Frontera
マラガ
Málaga
コスタ・デル・ソル
Costa del Sol
カディス
Cádiz
66
67
68
69
77~82
N
ジブラルタル海峡
Estrecho de
Gibraltar
0
50
100
200 KM
タンジェ
モロッコ

map D スペイン SPAIN
コスタ・ヴァスカ
Costa Vasca
サン・セバスティアン
San Sebastián
29
ガスティス
Gasteiz
パンプローナ
Pamplona
ログロニョ
Logroño
28
フランス
アンドラ
アンドララヴェラ
ペルピニャン
ウエスカ
Huesca
27
エブロ川
Ebro
サラゴサ
Zaragoza
25
26
レリダ
Lérida
24
21
モンセラット
Montserrat
サバデル
Sabadell
マタロ
Mataró
バルセロナ
Barcelona
1~19 map E
ジローナ
Girona
20
コスタ・ブラヴァ
Costa Brava
タラゴナ
Tarragona
22
23
コスタ・ドラダ
Costa Dorada
60
クエンカ
Cuenca
カステーリョン・デ・ラ・プラナ
Castellón de la Plana
コスタ・デル・アサアール
Costa del Azahar
ヴァレンシア
Valencia
59
ヴァレンシア湾
Golfo de Valencia
アルバセーテ
Albacete
アルコイ
Alcoy
アリカンテ
Alicante
ムルシア
Murcia
コスタ・ブランカ
Costa Blanca
アルメリア
Almería
アルジェリア
オラン
バレアレス諸島
Islas Baleares
メノルカ島
Menorca
マヨルカ島
Mallorca
パルマ・デ・マヨルカ
Palma de Mallorca
イビサ島
Ibiza(Eivissa)
地中海
MAR MEDITERRÁNEO
大西洋
OCÉANO ATLÁNTICO
カナリア諸島
Islas Canarias
ランサロテ島
Lanzarote
ラ・パルマ島
La Palma
フエルテヴェントゥーラ島
Fuerteventura
ラス・パルマス
Las Palmas
ゴメラ島
Gomera
テネリフェ島
Tenerife
グラン・カナリア島
Gran Canaria
イエロ島
Hierro

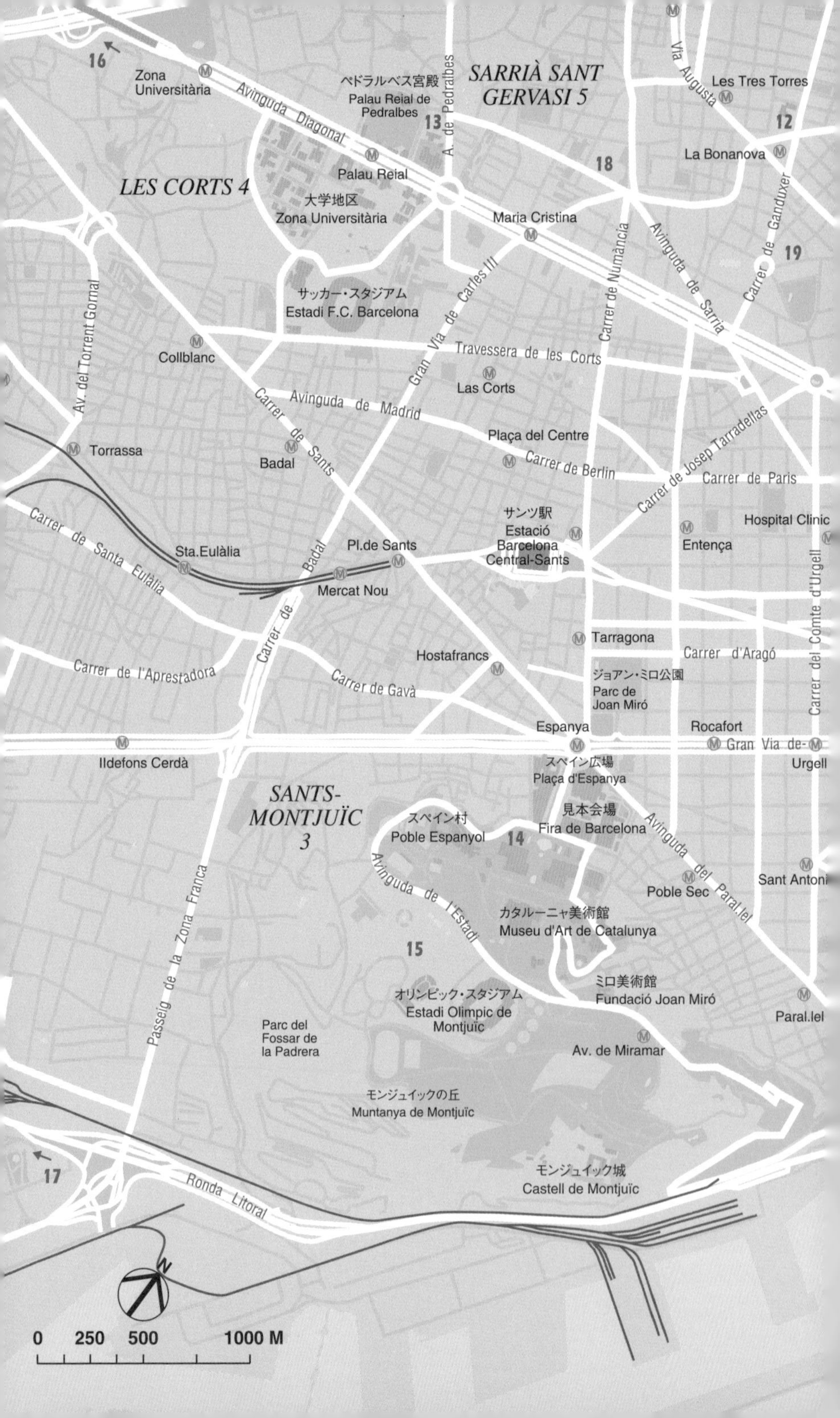

16
Zona Universitària
Avinguda Diagonal
ペドラルベス宮殿
Palau Reial de Pedralbes
13
A. de Pedralbes
SARRIÀ SANT GERVASI 5
Via Augusta
Les Tres Torres
12
La Bonanova
18
Palau Reial
LES CORTS 4
大学地区
Zona Universitària
Maria Cristina
Carrer de Numància
Avinguda de Sarrià
Carrer de Ganduxer
19
サッカー・スタジアム
Estadi F.C. Barcelona
Gran Via de Carles III
Av. del Torrent Gornal
Collblanc
Travessera de les Corts
Las Corts
Avinguda de Madrid
Carrer de Sants
Torrassa
Badal
Plaça del Centre
Carrer de Berlin
Carrer de Josep Tarradellas
Carrer de Paris
Hospital Clínic
サンツ駅
Estació Barcelona Central-Sants
Entença
Carrer de Santa Eulàlia
Sta.Eulàlia
Pl.de Sants
Carrer de Badal
Mercat Nou
Carrer del Comte d'Urgell
Tarragona
Carrer d'Aragó
Hostafrancs
Carrer de l'Apestadora
Carrer de Gavà
ジョアン・ミロ公園
Parc de Joan Miró
Espanya
Rocafort
Gran Via de
Ildefons Cerdà
Urgell
スペイン広場
Plaça d'Espanya
SANTS-MONTJUÏC 3
見本会場
Fira de Barcelona
スペイン村
Poble Espanyol
14
Avinguda del Paral.lel
Sant Antoni
Avinguda de l'Estadi
Poble Sec
カタルーニャ美術館
Museu d'Art de Catalunya
Passeig de la Zona Franca
15
ミロ美術館
Fundació Joan Miró
オリンピック・スタジアム
Estadi Olimpic de Montjuïc
Paral.lel
Parc del Fossar de la Padrera
Av. de Miramar
モンジュイックの丘
Muntanya de Montjuïc
17
モンジュイック城
Castell de Montjuïc
Ronda Litoral
N
0
250
500
1000 M

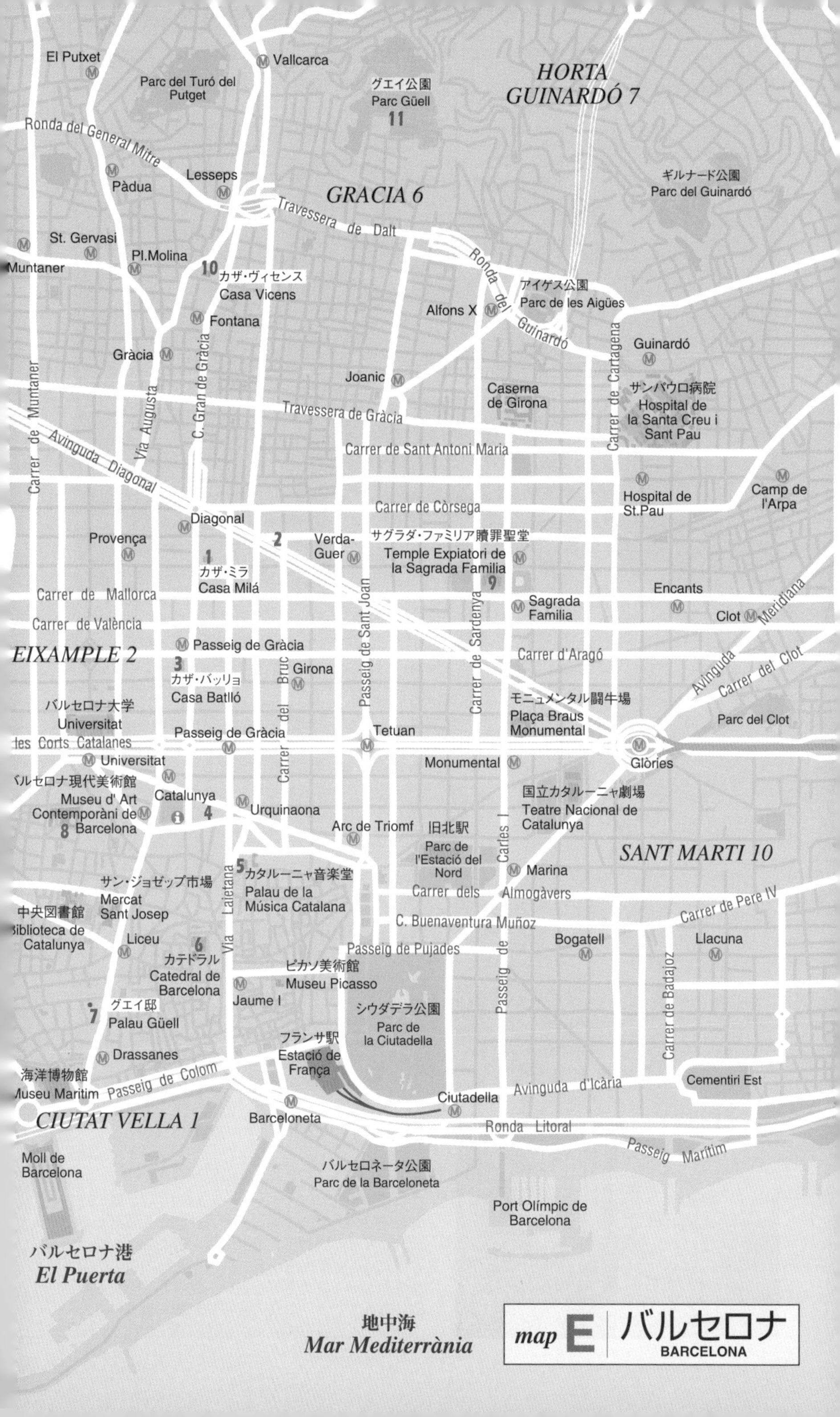
El Putxet
Parc del Turó del Putget
Vallcarca
グエイ公園
Parc Güell
11
HORTA GUINARDÓ 7
Ronda del General Mitre
Pàdua
Lesseps
GRACIA 6
ギルナード公園
Parc del Guinardó
Travessera de Dalt
St. Gervasi
Pl.Molina
Muntaner
10
カザ・ヴィセンス
Casa Vicens
Ronda del Guinardó
アイゲス公園
Parc de les Aigües
Alfons X
Fontana
Guinardó
Gràcia
Carrer de Cartagena
Joanic
Caserna de Girona
サンパウロ病院
Hospital de la Santa Creu i Sant Pau
Carrer de Muntaner
Via Augusta
C. Gran de Gràcia
Travessera de Gràcia
Avinguda Diagonal
Carrer de Sant Antoni Maria
Hospital de St.Pau
Camp de l'Arpa
Carrer de Còrsega
Diagonal
Provença
2
Verda-Guer
サグラダ・ファミリア贖罪聖堂
Temple Expiatori de la Sagrada Familia
1
カザ・ミラ
Casa Milá
9
Carrer de Mallorca
Encants
Sagrada Familia
Carrer de València
Clot
Meridiana
Passeig de Gràcia
EIXAMPLE 2
Carrer d'Aragó
3
カザ・バッリョ
Casa Batlló
Girona
Carrer del Bruc
Passeig de Sant Joan
Carrer de Sardenya
Avinguda
Carrer del Clot
バルセロナ大学
Universitat
モニュメンタル闘牛場
Plaça Braus Monumental
Parc del Clot
Tetuan
les Corts Catalanes
Passeig de Gràcia
Universitat
Monumental
Glòries
バルセロナ現代美術館
Museu d' Art Contemporàni de Barcelona
8
Catalunya
4
Urquinaona
国立カタルーニャ劇場
Teatre Nacional de Catalunya
Arc de Triomf
旧北駅
Parc de l'Estació del Nord
Carles I
SANT MARTI 10
5
カタルーニャ音楽堂
Palau de la Música Catalana
Marina
サン・ジョゼップ市場
Mercat Sant Josep
Via Laietana
Carrer dels Almogàvers
Carrer de Pere IV
中央図書館
Biblioteca de Catalunya
C. Buenaventura Muñoz
Liceu
6
カテドラル
Catedral de Barcelona
Passeig de Pujades
Bogatell
Llacuna
ピカソ美術館
Museu Picasso
Jaume I
Passeig de
Carrer de Badajoz
グエイ邸
7
Palau Güell
シウダデラ公園
Parc de la Ciutadella
フランサ駅
Estació de França
Drassanes
海洋博物館
Museu Maritim
Passeig de Colom
Ciutadella
Avinguda d'Icària
Cementiri Est
CIUTAT VELLA 1
Barceloneta
Ronda Litoral
Passeig Marítim
Moll de Barcelona
バルセロネータ公園
Parc de la Barceloneta
Port Olímpic de Barcelona
バルセロナ港
El Puerta
地中海
Mar Mediterrània
map E
バルセロナ
BARCELONA

1 カザ・ミラ

mapE

Casa Milá

❶Antoni Gaudí ❷1906-10

❸92, Passeig de Gracia-261-265, Barcelona

その外貌から「世紀を貫く予言的作品」と称される。大きなスケールで周辺環境を捉え、波打つ石の量塊が街区の一角を集合住宅とする、たぐいまれな建築である。別称「パドレラ（石切場）」。石の曲面が地上から屋上へと起伏し、異貌の造形世界が繰り広げられている。外周部と中庭部に集約する構造方式により、自由な平面が獲得された。

2 尖塔の家（タラダス邸）

mapE

Casa de les Punxes (Casa Terrades)

❶J.P.I Cadafalch ❷1904

❸Avinguda Diagonal 416, Barcelona

カタルーニャ・ムダルニズマの建築家プッチ・カダファルクが設計した、施主の3人の娘の家3軒を複合した住宅。隅角部の円形の塔の尖頂と連続する切妻型の正面外観から「尖塔の家」ともいわれる。主要な都市間交通のアイストップであり、妻部分の精巧な装飾タイル銘板にはカタラニスムの標語が刻まれている。政治家・歴史学者でもあったプッチの意図が窺われる作品。

3 カザ・バッリョ

mapE

Casa Batlló

❶Antoni Gaudí ❷1904-06

❸43, Passeig de Gracia, Barcelona

綿紡績業を営むジュセ・バッリョの1877年築の既存住宅を内外全面改修した作品。柔かく波打つガラスモザイクの外壁、円形陶板、仮面のようなバルコニー、主階出窓の石の表現、屋根頂部の甲殻類を思わせる瓦の形態などに、ガウディの特質が強く表れている。階段の手摺りや扉・建具枠などの造作は木工職人技術への「白鳥の歌」ともいえる。

4 カザ・カルヴェット

mapE

Casa Calvet

❶Antoni Gaudí ❷1898-99
❸C/Casp, 48, Barcelona

綿紡績業が集まる地区に建つカルヴェット家の集合住宅。通りに面した切石積みの外観は端正な表現で周辺になじむが、頂部のデザインにカタルーニャ・バロック表現も見られ、ガウディ作品に特徴的な鍛鉄を使って完成させている。玄関ホールはムダルニズマ風の装飾が施され、エレベーター本体や扉、上階の住戸の覗き穴カバーやドアノブのデザインは特筆される。

5 カタルーニャ音楽堂

mapE

Palau de la Música Catalana

❶Domenech i Montaner/Oscar Tusquets ❷1905-08/1989 ❸13, C/Alta de San Pedro, Barcelona

カタルーニャ・ムダルニズマを代表する建築家ドゥメネク・ムンタネーの晩年の代表作。外壁のレンガと花模様のモザイクや彫刻群の華麗な印象と、音楽ホールのステンドグラスやステージと客席を包むガラス・スクリーンの透けた壁の軽やかな空間とのコントラストが際だつ。1989年にO.トゥスケッツ設計で、入口の改修と増築が行われた。

6 バルセロナ大聖堂

mapE

Catedral de Barcelona

❶Jaime Fabre de Mallorca ❷13世紀末-1450
❸Plazza de Cristo Rey, Barcelona

スペイン・ゴシックの代表的建築の一つ。西正面は19世紀にルーアン出身の工匠によって改造され、フランスの影響が多く見られる。内部壁面は3層構成で、上昇感を高めるために大アーケードを高くしてトリフォリウムと高窓を同じ高さで低めに抑制するなど、南仏の大聖堂の室内構成と類似している。現在の主正面は19世紀のコンペによるA.フォン作。

7 グエイ邸

mapE

Palau Güell

❶Antoni Gaudí ❷1886-89
❸9, C/Nou de la Rambla, Barcelona

カタルーニャ地方を代表する実業家であり、政治家でもあったE.グエイのバルセロナ旧市街の邸宅。生活の場だけではなく、当時の重要な社会的行事や、文化的な集いが催される場として構想された。通りに面したファサードはベネツィアン・ゴシックを彷彿とさせる。ガウディの持てる建築知識と職人技術を投入した初期の代表作。

8 バルセロナ現代美術館

mapE

Museu d'Art Contemporàni de Barcelona

❶Richard Meier ❷1995
❸Plaça de Angeis, Barcelona

14世紀にできたバルセロナのラバル地区に建つ白い外壁の現代建築。アメリカの現代建築界をリードするR.マイヤーの持ち味である、壁、開口、柱、スラブ(床)を自在に扱った空間は軽快。導入部の長いスロープは、現代美術を鑑賞するための前奏曲でもある。しかしこの建物によって中世期の遺構が除去されたのは惜しい。

9 サグラダ・ファミリア贖罪聖堂

mapE

Temple Expiatori de la Sagrada Familia

❶Antoni Gaudí ❷1883-
❸253, C/Marina-Placa Gaudí, Barcelona

バルセロナの書店主J.ブカベリャの発意で、聖家族に捧げる聖堂が計画され、最終的にガウディに設計を依頼。「聖ヨセフの奇跡」という言葉で歓びを表した。聖堂はラテン十字平面、5身廊、3袖廊、後陣、そして十字交差部で構成されている。構造、造形的形態、典礼機能、キリスト教的図像学の高次の総合を建築として提示。現在も建設中。

10 カザ・ヴィセンス

mapE

Casa Vicens

❶Antoni Gaudí ❷1883-88
❸18-24, C/Carolines, Barcelona

ガウディが設計した最初の住宅。実業家M.ヴィセンスのための夏の家。19世紀後半の、いまだ歴史主義的な色彩を残していた時期のもので、イスラム建築やムデハル様式（スペインのイスラム系様式）の雰囲気が感じられる。白と緑のタイルのパターン、タイル、粗石、レンガの対比、執拗な細部のデザインに早くも特質が表れている。

11 グエイ公園

mapE

Parc Güell

❶Antoni Gaudí ❷1900-14
❸s/n, C/Olot, Barcelona

バルセロナのモンターニャ・ペラダ(禿げ山)と呼ばれる斜面にE.グエイとガウディが構想した未完の住宅地計画の一部。現在、市の公園になっている。2つのパビリオン、大階段、86本のドリス式列柱が並ぶホール、その上のギリシア劇場と波打つ施釉タイルのベンチ、多様な形態の高架橋や遊歩道など、自然との対比と調和がみられる。

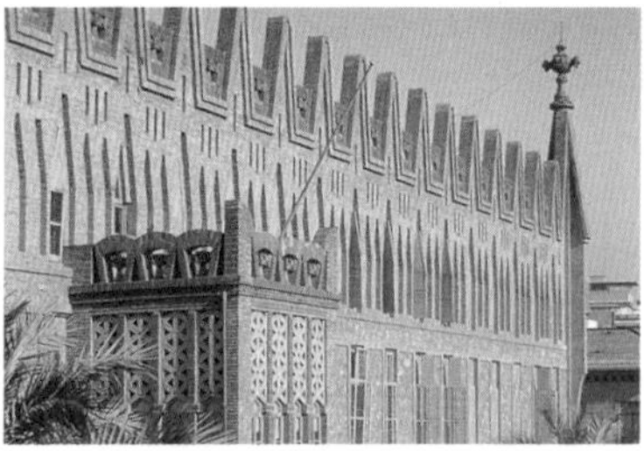

12 テレジア学院

mapE

Cololegi de Santa Teresa de Jesus

❶Antoni Gaudí ❷1888-90
❸85-105, C/Ganduexer, Barcelona

聖テレサを信奉する女子修道院学校。テレサの著作『聖なる城』から中世の城のような外観が表現されたといわれる。玄関の藤の花の配置や、主階（2階）の放物線アーチの水平方向に延びる韻律的空間は、中世の修道院回廊を思わせると同時に、女子修道院学校にふさわしい柔らかな光が溢れていて、静謐な空間へと昇華するかのようだ。

13 グエイ別邸

mapE

Pavellons Güell

❶Antoni Gaudí ❷1884-87
❸7, Avinguda de Pedralbes, Barcelona

竜の鍛鉄扉を中央に、右側に厩舎棟、左側に門衛棟で構成された小さな建物。レンガと施釉タイルの組合せは、中世のムデハル様式の印象を与えるが、内部は放物線アーチと放物面ヴォールト、調教場の天井は双曲放物面ヴォールトを使った力学的・合理的な空間である。ガウディの卓抜な手腕は施主であるE.グエイとの繋がりを強固にした。

14 バルセロナ博ドイツ館 mapE

German Pavilion, International Exposition
❶Mies van der Rohe ❷1929/1986（再建）
❸S/n Av. Marques de Comillas, Montjuic, Barcelona

カタルーニャのP.リベラ独裁政権下に開催された万博に出展されたミース設計のパビリオン。当時の政治的、社会的状況を表すように、他のパビリオンが古典様式を採用する中で、特異な存在だった。屋根や床の水平性、十字柱と壁の垂直性だけで、近代建築の空間性を表現したこの建物は、バルセロナの建築界に衝撃を与えた。

15 ムンジュイック・タワー mapE

Torre de Montjuïc
❶Santiago Calatrava ❷1992
❸Anella Olimpica de Montjuïc, Barcelona

オリンピックのメイン会場となった丘にシンボルとしてそびえ立ち、電話通信機能を兼ね備える。独特な有機的デザインと高度な構造力学から生まれた塔の外観は、細やかな白いタイルが貼られている。日時計としても使われ、塔の軸傾斜は夏至の太陽角度によっている。この丘には磯崎新設計の屋内競技場など世界の建築家の作品が点在する。

16 クルニア・グエイ地下聖堂 mapE

Cripta de la Colonia Güell
❶Antoni Gaudí ❷1898-1915
❸Santa Coloma de Cervello, Barcelona

実業家E.グエイがバルセロナ郊外に所有する綿紡績工場と労働者住宅団地、その最終段階で計画された未完の教会の地下聖堂。ガウディ晩年の代表作の一つ。構造と形態を合致させるために、建物の各所にかかる荷重を計算して袋に入った散弾とケーブルで逆吊り模型を作り、内外空間を形づくった。未完の教会は模型写真に記録が残る。

17 バルセロナ空港 mapE

Terminal de Barcelona, El Edifici de Aeroport
❶R.Bofill ❷1992/2009
❸Pasaje Sant Bermat, Barcelona

スペイン現代建築を代表する建築家ボフィールが設計した国際空港。1949年に建設された空港を、バルセロナ・オリンピックの開催時に拡張したもの。強化ガラスの透明な皮膜と白い石の壁が、様式的な円柱に支持された大空間を包んでいる。2009年に新たに第１ターミナルが建設され、92年築の建物は第２ターミナルとして活用されている。

18 ミラリェス別邸の門 mapE

Porta i tanca finca Miralles❶Antoni Gaudí ❷1901-02 ❸55-61, Passeig Manuel Girona, Barcelpna

出版業者E.ミラリェス邸の門と塀。塀は波状にうねる強い動きを感じさせる形態で、グエイ公園の塀を思わせる。中央の広い開口は馬車用の出入口、脇の小さな開口を歩行者用、その上の小さな丸穴は小鳥用とした。屋根は薄いセメント瓦葺きで、上部を帯鉄で引っ張り、頂点に鉄の十字架を載せている。

19 音楽家バッハ通りの建築 mapE

Edifici en la carrer del Joseph Sebastian Bach❶J.A.Coderch ❷1961 ❸C.J.S.Bach, Barcelona

カタルーニャ地方の現代建築を代表する建築家コデルクの初期の集合住宅。光庭を囲んで各階4つの住戸が配置されている。各住戸はパブリック・ゾーンとプライベート・ゾーンのアクセスや設備をまとめるなど、プランニングが明快。木製のガラリ戸の軽快な扱いが、外観の特徴。

20 ジローナの街並み
mapD

Girona

❸Girona（バルセロナの北東約80㎞）

国境に近いこの町は戦略上の要地であり、いく度も侵略を受け、包囲の町とも呼ばれる。オニャール川の東側にある城壁に囲まれた旧市街は、土木と建築が混然となった迷路のようで、中世の面影を色濃く残している。また、町の至る所には近現代の建築家による改修が見られ、洗練された雰囲気も漂う。大聖堂、アラブ浴場、ジローナ大学など建物の見所も多い。

21 ムンサラット修道院
mapD

Monasterio de Montserrat

❷11世紀

❸Montserrat

カタルーニャ地方の聖山で、自然が作り出した豪快な岩山の景観が有名。ガウディの建築に霊感を与えたとされている。修道院は中世初期にリポーイの修道士がここに居を構えたのが発端で、11世紀以来の建物が増改築されて今に至っている。「黒い聖母マリア」の巡礼地としても名高く、カタルーニャの宗教的、文化的中心となっている。

22 プブレ修道院
mapD

Monasterio de Poblet

❷12-13世紀　❸Tarragona

バルセロナ伯R.ベランジェが失地回復を神に感謝して建てたシトー会修道院。南仏のフォンフロワド修道院から呼ばれた修道士によって建設され、シトー会の理想的プランにのっとったものである。スペインの地方的特色はあまり見られないが、全体を通して、これほどまでに規模が大きく、保存状態がいいシトー会修道院の建築は稀である。ガウディは少年時代に、友人とここの再生計画を立案した。

23 メトロポール劇場

mapD

Teatro Metropol Rambla

❶Josep Maria Jujol ❷1910
❸Rambla Nova 46, Tarragona

ガウディの助手であり、ジュジョール風と呼ばれる作風をつくりあげた建築家のデビュー作。労働者協会の劇場設計を依頼されたジュジョールは、ステージと観客席を船に見立てて、エントランス・ホールの波打つ天井の上に浮かんでいるように構想した。全体から細部に至るまで、建築家の手技が及んでいる、渾身の力作。

24 レリダ旧大聖堂

mapD

Seu Vella

❷1203-78
❸Lerida

市壁に囲まれたレリダの町を見下ろす丘の上の、イスラム教のモスクがあった敷地に建設された旧司教座聖堂。一般的に教会や修道院の配置では、回廊は聖堂の脇に付属するが、ここでは聖堂の前面に配置され、他では類例のない形式である。聖堂や回廊に施された柱頭彫刻やレリーフのモチーフや装飾に、イスラムの影響が多く見られる。

25 サラゴサ大聖堂

mapD

La Seo

❷17-18世紀
❸Plaza del Pilar, Zaragoza

ムーア人から解放された後、アラゴン王がエブロ川流域に築いた首都の司教座聖堂。キリスト教とイスラム教の文化的融合を表す建築の一つ。キリスト教社会に残ったイスラム教徒が生み出したムデハル様式の後陣、ゴシック様式の祭壇装飾壁や頂塔、チュリゲラ一派の過飾様式であるチュリゲレスコで飾られた礼拝堂など、様式の宝庫である。

26 サラゴサのロンハ

mapD

Lonja de Zaragoza

❷16世紀
❸Plaza del Pilar, Zaragoza

聖母マリアが現れた柱を記念して建てられたヌエストラ・セニョーラ・デル・ピラール教会や市庁舎と並んで広場を飾り、景観上重要な役割を果たしている商業交易センター。3つの柱間で分割された大ホールの円柱に施されたグロテスクな装飾に、ゴシックからルネサンスへの移行期の様式であるプラテレスコ（銀細工的）の特色が見られる。

27 ウエスカ大聖堂

mapD

Catedral de Huesca

❷15-16世紀
❸Huesca

アラゴン北部地方の首都に建てられた後期ゴシック様式の司教座聖堂。ファサードがギャラリーによって2つに分割され、この地方独特の美しい彫刻が施された庇が付く。室内は三廊式で、側廊が身廊に比べて天井が極端に低く、星形ヴォールトで覆われる。ドナテルロの弟子による十字架上のキリストをテーマとした主祭壇背後の衝立は有名。

28 ハーカ大聖堂

mapD

Catedral de Jaca

❷11世紀
❸Jaca

サンティアゴ巡礼路に沿った司教座聖堂で、スペインで最初のロマネスク教会堂。室内のヴォールト天井は16世紀に手が加えられ、当初のままではないが、交差部のドームはトロンプを用いた簡素な形式を残し、初期ロマネスクの姿を伝えている。また、南入口と扉口に残る柱頭彫刻は、巡礼教会の長い歴史を物語る貴重な遺産だ。

29 パンプローナ大聖堂

mapD

Catedral de Pamplona

❶Ventura Rodriguez（西正面）
❷14-15世紀/18世紀末（西正面） ❸Pamplona

フランスからイバニェタ峠を越えてくるサンティアゴ巡礼の司教座聖堂。もとはロマネスク時代の建築だが、増改築が繰り返され、大部分はゴシック時代のもの。ロマネスクの遺構は回廊の柱頭彫刻と扉口のみで、ナヴァラ博物館に保存されている。西正面はロドリゲスによりバロックと新古典主義の様式で改造されたが、見事に調和している。

30 ブルゴス大聖堂

mapD

Catedral de Burgos

❶Juan de Colonia（増築） ❷1222-60/15-16世紀（増築）
❸Plaza del Rey San Fernando, Burgos

セヴィーリャ、トレドに次ぐスペインで3番目に大きなゴシック大聖堂。基本的には北フランスのものを範としているが､15～16世紀に増築された西正面の上部と東端部のコンデスタブレ礼拝堂、交差部大塔は、ホァン・デ・コローニアらの設計。スペイン独特の過剰な装飾が、北フランスから輸入されたゴシック様式と見事に融和されている。

31 サント・ドミンゴ・デ・シロス修道院

mapD

Monasterio de Santo Domingo de Silos

❷11-12世紀
❸Burgos

スペインで最も美しい回廊がある修道院。2階建てのギャラリーに囲まれた回廊に、リズミカルな動きを与えてくれる1階の柱と柱頭は、ロマネスク彫刻の傑作で飾られ、さながら中世彫刻の美術館のようである。ギリシア神話に登場する幻想的動物、絡み合う動物や植物等をモチーフとする柱頭、角柱に施された聖人たちのレリーフは、見事。

32 サン・グレゴリオ学院

mapD

Colegio de San Gregorio

❶Gil de Siloe, Simon de Colonia ❷15世紀
❸Valladolid

イサベラ女王の聴罪司祭が創立した学校で、現在は多色彫刻の美術館。スペイン・ゴシックの最後の様式であるイサベル様式の代表的建築。建物正面は、動植物や紋章等の豊富な装飾が表層的に施され､次の時代のプラテレスコ様式を予感させる。装飾豊かな扁平アーチとねじれ柱のアーケードが中庭を囲み、様式美が集約されている。

33 サン・パブロ教会 mapD
Iglesia de San Pablo

❶Simon de Colonia ❷1276/1486-92（改装）
❸Cadenas de San Gregorio, Valladolid

サン・グレゴリオ学院に隣接する教会。双塔に挟まれた装飾的なファサードは、大きく2つの部分で構成され、バラ窓から下の部分はケルンのシモンによるもので、先端が花頭形のアーチとゴシック教会堂の枠組みを残したイサベル様式が見事に表現されている。上部は縦と横の額縁で整然と区分されたプラテレスコ様式を示している。

34 サンティリャーナ・デル・マルの街並み mapD
Santillana del Mar

❸Santillana del Mar

石畳の道には風格ある石造りの家々が並び、中世がそのまま保存されている町。多くの貴族を輩出した町だけあって、入口には石を刻んだ立派な紋章のある家が多い。現在ホテルになっている家もあり、木材を使ったインテリアは歴史を感じさせる。ロマネスクの教会や石の洗濯場もある。街並み保存指定地区。近くにアルタミラの洞窟がある。

35 ビルバオ・グッゲンハイム美術館 mapD
Museo Guggenheim Bilbao

❶Frank O. Gehry ❷1997
❸Avenue Abando Ibarra 2, Bilbao

カナダ出身のアメリカの建築家F.ゲーリーがビルバオの港湾部再生計画を背景に設計した、グッゲンハイム美術館の分館。チタンを張った外壁は、二次曲面、三次曲面を駆使した波打つような造形で、設計者のスケッチをコンピュータがなぞって生まれた特異な形状の建築。ガウディなどスペイン近代建築の流れを汲む作品の系譜上にある。

36 サンティアゴ・デ・コンポステーラ大聖堂 mapD

Catedral de Santiago de Compostela
❶Fernando Casasy Novoa（西正面のみ）
❷1075~1124/1738-49（西正面）❸Santiago de Compostela

中世で最も著名な巡礼地にある司教座聖堂。プランはフランスの巡礼路教会堂と同一形式で、ロマネスク様式の典型例だが、西正面はスペイン・バロックを代表するもの。暗い室内空間に光を採り込むために、正面中央壁に２層のガラス窓を設けた大胆な構想は、絢爛豪華な頂部の装飾とは異なり、機能性も重視していたことを示している。

37 ガリシア現代美術館 mapD

Centro Gallego de Arte Contemporaneo
❶Alvaro Siza ❷1993
❸Calle de Valle Inclan, Santiago de Compostela

修道院境内の緩やかな傾斜地に建つ。外観はこの地方の花崗岩が貼られた禁欲的な佇まいである。周辺環境から導き出された2つの軸線上のヴォリュームから構成され、その交点となる三角形の真白なホールを起点に、変化に富みながらも自然と導かれる空間構成は見事。裏手のボナヴァル公園計画と共に歴史地区に新たな息吹を感じさせる。

38 レオン大聖堂 mapD

Catedral de León
❷13-14世紀
❸León

レオン王国の首都の司教座聖堂で、サンティアゴ巡礼路の重要な拠点の一つ。フランス・ゴシックの影響を強く受けて建設され、高い身廊に大きな窓が穿たれたフランス式のゴシックはスペインでは珍しい。室内に入ると、1,200㎡の壁面いっぱいにステンドグラスが嵌め込まれた壮観な色彩の空間が展開されている。

39 サン・イシドーロ教会堂

mapD

Iglesia de San Isidoro

❷11世紀
❸León

セヴィーリャの大司教だった聖イシドーロを祀るために建てられた、レオンで最も古い教会。古代の市壁を利用して建設され、鐘塔は市壁の外を監視する塔の役目も果たしていたといわれる。南側の2つの入口に残る彫刻は、サンティアゴ巡礼路の教会のものと類似。西側に付属する王族の廟には豊富な柱頭彫刻や天井壁画がよく保存されている。

40 カサ・デ・ロス・ボチネス

mapD

Casa de los Botines

❶Antoni Gaudí ❷1891-94
❸Plaza del Obispo Marcelo, León

レオン市に建つ、カタルーニャ出身のボチネス家の邸宅。1階が事務所、主階から上が住居。四隅にフランスの城を想起させる尖塔があり、外壁の重厚な石の量感に、中世的な佇まいとヨーロッパ北方の風土との関連が感じられる。1階の周辺壁と鋳鉄柱による構造的選択、主階の木工技術には目を瞠るものがある。

41 アストルガ司教館

mapD

Palacio Episcopal de Astorga

❶Antoni Gaudí ❷1889
❸Astorga

レオン県アストルガに建つガウディ設計の司教館。外壁はこの地方産の灰色の花崗岩を使い、石の量感がもたらす力強さが古代ローマ遺構の擁壁に呼応しつつ、この建物を周囲から際だたせている。垂直性を強調する多様な形態の大小の塔が、外観に連続性と統一感を与えている。友人のグラウ司教の死によって、内部へ光を導入する屋根のデザインも含め未完に終わった。

42 アストルガ大聖堂

mapD

Catedral de Astorga

❷15-18世紀
❸Astorga

ローマ時代からの交通の要地だった町がサンティアゴ巡礼路への通過点として繁栄し、建設された司教座聖堂。フランボワイアン・ゴシック様式で建設されたが、完成までに3世紀の年月がかかり、ルネサンスとバロックの様式的折衷が付加された。装飾過剰なファサードだが、聖書をテーマとする図像と一体化して魅力ある様相を見せている。

43 サラマンカ大学

mapD

Universidad de Salamanca

❷1529頃
❸Salamanca

ボローニャ、パリに次ぐ古い大学で、プラテレスコ様式が多く保存されている。とくに入口ファサードが有名で、2つの扉口上部の装飾パネルがその特徴を表している。均整のとれた比例によって水平に3分割された壁面には、円形レリーフ、紋章、植物文様、胸像等が精巧に彫り込まれ、見る人の位置を考慮した視覚的な補正もなされている。

44 アヴィラの市壁
mapD

Murallas de Avila

❷11世紀
❸Avila

イスラム教徒の攻撃に対抗するためにアルフォンソ6世の娘婿ラモン・デ・ボルゴーニャが命じて築かせた要塞都市の市壁と門。88基の櫓と9つの門が設けられた全長2.5㎞、高さ12mの市壁は、難攻不落の要塞都市を守り続けてきた歴史を物語る。東側の市壁の一部をなしている大聖堂は、ロマネスクからゴシックへの過渡期の建築。

45 セゴヴィア大聖堂
mapD

Catedral de Segovia

❶Juan Gil de Hontanon　❷1525-17世紀
❸Marques de Arco, Segovia

スペインで建設された最後のゴシック大聖堂だが、正面の扉口、交差部ドーム、鐘塔頂部は17世紀初頭のルネサンス様式。3廊のバシリカ式プランを採用し、祭壇後ろに周歩廊と放射状祭室が巡る伝統的なゴシック大聖堂の形式を示すが、金色に輝く石壁と多数の小尖塔が乱立する外観は、「大聖堂の貴婦人」と呼ばれるに相応しい優美な姿。

46 セゴヴィアのローマ水道橋
mapD

Acueducto Romano de Segovia

❷1世紀
❸Plaza del Azoguejo, Segovia

スペインで最も重要な古代ローマの遺構の一つ。花崗岩の切り石を接合部にモルタルを使わずに積み上げた、いわゆる切石造空積みの水道橋。全長728m、最高高さ28mの壮大な橋は、128の2層アーチで支えられ、当時の土木技術の水準がいかに高かったかを物語っている。現在でも最上部に水道管を敷き、町に水を送り込んでいる。

47 ラ・ヴェラ・クルス礼拝堂

mapD

Capilla de la Vera Cruz

❷13世紀
❸Segovia（Eresma川を越えて約200 m先）

聖堂騎士団が建てた多角形プランの礼拝堂。イェルサレムの聖墳墓教会円堂を範とする2階建ての部屋の回りを周歩廊が巡る特異な形式は、聖堂騎士団の秘儀を行うためだとされている。円堂内には15世紀末の壁画と1516年に制作された祭壇衝立が保存されている。ここから眺めるセゴヴィアの街は、絶景である。

48 プラド美術館

mapD

Museo del Prado

❶Juan de Villanueva　❷1780
❸S/n, Paseo del Prado, Madrid

シャルル3世の命で自然科学博物館として建設された新古典主義様式の建築。独立戦争の後、フェルディナンド7世が美術コレクションを収蔵するための王立美術館に改造。1868年の革命後国有化され、プラド（牧場の意味）と改称された。入口を中心に左右対称の建物は、中央部と両端部を強調するパビリオン形式。

49 エル・エスコリアル修道院

mapD

Monasterio de El Escorial

❶Juan Bautista de Toledo, Juan de Herrera
❷1557-63　❸El Escorial, Madrid

フェリペ2世の命で建設された修道院だが、カルロス5世の廟、宮殿を含む複合建築。間口206m、奥行き209mで、イタリア・ルネサンス様式の厳格な古典主義に範を得て工事が開始されたが、J.エレラの設計になり、虚飾のない、威厳のある建築として完成。直線的で画一性を重視した合理主義の建築であり、エレラ様式の建築とも呼ばれる。

50 アランフェス宮

mapD

Palacio Real de Aranjuez

❷16世紀／18 世紀（修復）
❸Aranjuez, Madrid

フェリペ2世の命令で建設されたルネサンス様式の宮殿建築。中庭をコの字型で囲んだ左右対称の厳格なファサードで構成されている。正面入口の階段は、フェリペ5世の時代にイタリア人建築家の設計で建てられた。赤いビロードで覆われた「玉座の間」にはロココ様式の家具が置かれ、庭園と宮殿の調和のとれた名建築として知られている。

51 マドリード王宮

mapD

Palacio Real de Madrid

❶F. Juvara, G.B. Sacchetti　❷1738-64
❸Calle de Bailen, Madrid

フェリペ2世の命で、ヴェルサイユを超える宮殿として建設された王宮。ユヴァーラの計画案に基づいて、サッケッティが完成。ベルニーニのルーヴル宮案を範としながら、大中庭を囲む方形プランによるアルカサルの伝統的形式を採用。イオニア式とドリス式の大オーダーの列柱と石灰石の破風と彫像で構成された長大なファサードが特徴的。

52 サン・フェルナンド救済院（市立美術館） mapD

Hospicio de San Fernando（Museo Municipal）

❶Pedro de Ribera ❷1722
❸Calle Fuencarral, Madrid

フェリペ5世の命で建てられた医療施設の入口で、スペイン・バロックの代表作の一つ。チュリゲラ兄弟が祭壇で用いた様式が建物の正面に適用されたもので、古典主義を逸脱した魔術的な枠組みの中に深く掘り込まれた彫刻装飾が特徴的だ。バロック的手法を大胆に用いる一方で、ロココの軽快なモチーフを細部装飾で導入している。

53 アトチャ駅 mapD

Estación de Atocha

❶Rafael Moneo ❷1992
❸Glorieta de Carlos V, Madrid

鉄架構の旧駅舎を熱帯植物の温室空間として転用し、それに付随して大規模な駅舎を新設した。円筒形のエントランス・ホールを核として、駅舎は方形グリッド、駐車場はヴォールトの金属屋根が連続した構成。人々の憩いの場となる旧駅舎と都市の複合的機能を備えた新駅舎の共存が、緩急の時間の流れを創り出している。

54 マドリード・マヨール広場 mapD

Plaza Mayor

❶Juan Go'mez de Mora ❷1572-1720
❸Plaza Mayor,Madrid

17世紀初頭ハプスブルク朝の主任建築家による94×122mの中央広場。四方を取り囲む4階建ての建築は、バロック様式の前身。その後の大火災による修復で、屋根の連続や外壁の色彩が統一された。都市の囲われた中庭は歴史を見守り続け、今でもこの外部空間を求めて人々が集う。サラマンカのマヨール広場に受け継がれた重要度は高い。

55 芸術院会館 mapD

Edificio del Circulo de Bellas Artes ❶A.P.Ranuls ❷1926 ❸Calle Alcará 42, Madrid

芸術と文化の振興をはかる諸団体の本部として、マドリードの都市の枢軸であるアルカラ通りに建っている。外観はミネルバの彫像や古典的形態の塔が、都市のランドスケープとなり、内部は近代建築を意識させるような、様々な機能と多様な大きさの空間、床レベルの違いを持つデザインが平、断面図に巧みに調整されている。

56 サルスエラ競技場 mapD

El Hipódromo de la Zarzuela ❶C.Arniches他 ❷1936 ❸Madrid

スペインを代表する構造技術者E.トロハが構造設計した競技場。観客席を覆う鉄筋コンクリートのシェル構造の庇が特徴。大きく張り出した庇の先端は厚さわずか5㎝の極限設計。構造設計が建物の美しさを決定づけている。イタリアのネルヴィ、ブラジルのニーマイヤーとともに、構造技術者トロハの名を世界的にした建物。

57 トーレス・ブランカス（白い塔） mapD

Torres Blancas ❶F.J.S.de Oiza ❷1968 ❸Calle Corazón de Maria, Madrid

スペイン近代建築の重鎮S.デ.オイサの代表作の一つ。打ち放し鉄筋コンクリートの塔が垂直に伸びていることから命名された。F.L.ライトの「草原の家」に影響を受け、垂直方向における庭園付き集合住宅を実現。平面を円形と矩形の複合的な組み合わせにして塔状化することで、都市の強烈なシンボルとなっている。

58 トレド大聖堂

mapD

Catedral de Toledo

❶Narciso Tome ❷1227-15世紀/1721-32（トラスパレンテ） ❸Arco de Palacio, Toledo

13世紀にフランス・ゴシック大聖堂を範として建設され、その後時代と共に増改築が繰り返された。最古の部分は大時計門だが、有名なのは祭壇背後のゴシック・フランボワイヤン様式の装飾衝立。また、トランスパレンテと呼ばれる主祭壇裏につくられた祭壇は、トーメの代表作で、光の演出を考えたバロックの特徴を強烈に表現した傑作。

59 ヴァレンシア大聖堂

mapD

Catedral de Valencia

❶K. Rudolf（1階部分）, F. Vergara, I. Vergara（2階以上）
❷1703起工 ❸Plaza de la Virgen, Valencia

正面をバロック様式で改築した司教座聖堂。間口の狭い敷地にファサードを湾曲させ、聖堂前に包み込むような独特な空間を生み出した。曲面を強調した円柱の巧みな使い方や祭壇の背後を飾る装飾的衝立を想起させる繊細なレリーフなど、スペイン・バロックの特徴が示されている。2階以上の壁面装飾にはロココ趣味が表れている。

60 クエンカの街並み

mapD

Ciudad Antigua de Cuenca

❷14世紀
❸Cuenca

カスティーリャ地方の高原と東部海岸を繋ぐクエンカ山地に位置し、石灰岩の浸食が生みだした街並み。フカル川とウエカル川の間の起伏ある岩の絶壁に建物が張り出すように並ぶ景観は、「魔法にかけられた町」と称されるに相応しい。とくに断崖にぶら下がっているように建つ14世紀の家々のウエカル川対岸からの眺望は幻想的。

61 カンデラリオの街並み

mapD

Candelario

❸Candelario（Salamancaの南約70km）

街並み保存地区に指定されているポルトガルの国境に近い町。教会のある広場が町の入口。広場から石畳の坂道に沿って、2階建て、3階建ての石造りの家が、重なるように続く。最上階が木造、または木造のバルコニーが張り出しているのが特徴。入口には2枚の扉があり、下半分だけの扉のデザインが面白い。町角にはロバの水飲み場もある。

62 カセレスの街並み

mapD

Cáceres Viejo

❷15-16世紀
❸Cáceres

中世の市壁に囲まれた旧都で、約300m×約200mの狭い市壁内に主要なものだけで30以上の記念建造物が詰まっている。チュリゲラー族の作った「星の門」を通り抜けて市壁内を歩くとゴシック様式の教会堂、修道院等の宗教建築だけではなく、塔を備えた貴族の館や広場が点在し、まるで中世の時代に戻ったような気がしてくる。

63 メリダのローマ劇場

mapD

Teatro Romano de Mérida

❷BC24
❸Mérida

スペインでローマ時代の貴重な遺跡群が最も多く保存されている町メリダの古代劇場。皇帝アウグストゥスの娘婿アグリッパの命で建設され、6000人収容可能の半円形階段席と列柱と彫刻で飾られた舞台、そして合唱隊またはエキストラ用のオーケストラ・ボックスや貴賓席までも用意されていたという。現在でも古典演劇が上演されている。

64 国立古代ローマ博物館

mapD

Museo Nacional de Arte Romano

❶Rafael Moneo　❷1986
❸Jose Ramon Mérida s/n, Mérida

遺跡群の隣にある博物館。コンクリートを充填したレンガの積層壁が、敷地全体に平行配置されている。内部展示ギャラリーはその壁を穿った密実なアーチ空間。トップライトからの光が連続性を際立たせる。サイドには鉄製ブリッジが渡され、様々な角度から考古学資料を鑑賞できる。地階は未だ眠る古代都市の保存・展示空間である。

65 メリダ橋（ルシタニア橋）

mapD

Puente de Mérida (Puente Lusitania)

❶Santiago Calatrava　❷1991
❸Rio Guadiana, Mérida

全長465m、鋼製アーチと鉄筋コンクリート製の桁による複合橋。両側に車道、中央に歩道を配置。歩道を歩くとアーチから延びる吊り材が視界の中を流れるように通過し、橋を渡ることの楽しさが味わえる。カラトラヴァが設計した橋はライトアップが美しいのも特徴の一つ。上流に架かる紀元前25年に造られたローマ橋との比較も面白い。

66 コルドバの大モスク（メスキータ）

mapD

Mezquita-Catedral de Córdoba

❷784-786
❸Cardenal Herrero, Córdoba

8世紀の後ウマイヤ朝初代による創建以来、3度の拡張工事のほか、度重なる改修を受けた結果、西方イスラム圏で最大規模となったモスク。2段の赤白交互のアーチが大理石の林立する円柱の上に架かる内部空間が最大の特徴。南側最奥部分の壁面や天井面にみられるモザイク装飾はビザンチン期の職人によるもので、極めて印象的。

67 メディナ・アッザフラー

mapD

Medina Azahara

❷936-76／1875（一部復元）
❸Córdoba（Córdobaの北西8㎞）

後期ウマイヤ朝の最盛期に、アブダル・ラフマーン３世の命により建設された王城址。３段ほどのテラス状の段丘に累々と遺構がひろがる廃虚となっているが、大きなプールを含んだ庭園や君主が謁見で使用した広間などが一部復元され、当時の贅沢で豪華な建築技法を垣間みることができる。

68 カラオーラ

mapD

Torre de la Calahorra

❷後ウマイヤ朝（創建）/12-13世紀（改修）
❸Av. de la Confederación, Córdoba

グアダルキビール川に架かるローマ時代からの橋の南詰に立つ要砦。イスラム期に創建された当時は、２つの塔状建築を１つのアーチで繋いだものであったとされる。14世紀エンリケ２世の命により、そのアーチは塞がれ、拡張されたほか、その後も改修を受けている。屋上からメスキータや旧市街を眺めることができる。

69 シナゴーグ
mapD

Sinagoga/Synagogue

❷1314
❸C.Judios, Córdoba

14世紀初頭に建てられたユダヤ教会。狭い路地から門をくぐると、絨毯のように小石が敷き詰められたパティオ、光を押さえた前室、吹抜けの方形礼拝堂と続く。小さくシンプルな構成だが濃密な空間。礼拝堂壁には細やかなムデハル様式の漆喰装飾が施され、高窓からこぼれる朝の光が美しい。スペインのユダヤ教会は他にトレドを残すのみ。

70 サンタ・フスタ駅
mapD

Estación de Santa Justa

❶Cruz & Ortiz ❷1991
❸Avenue de Kansas City, Sevilla

92年セヴィーリャ万博プロジェクトの一つ。地元出身建築家2人組による高速列車AVEの停車駅。屋根は正面長手方向に大きく弧を描き、車寄せの庇が突出している。待合室からプラットホームへと下る緩やかなエスカレーターの連続は壮観。傾斜したリブ付き天井、前方に続く真っ直ぐな線路などが、上部から落ちる光と見事に融和している。

71 アラミリョ橋
mapD

Puente del Alamillo

❶Santiago Calatrava ❷1992
❸Rio Guadalquivir, Sevilla

高さ142mの傾斜した塔を持つ非対称形の斜張橋。当初は2つで一対の橋になる計画だったが、1つだけ実現。水平面との重量バランスをとるために塔は傾斜している。中央にある歩道を歩くと、吊り材が徐々に空を覆っていく様が面白い。カラトラヴァの出身地ヴァレンシアには橋、地下鉄駅、複合文化施設などがあり、こちらも見逃せない。

72 サンタ・マリア・ラ・ブランカ教会堂
mapD

Iglesia de Santa María la Blanca

❶P. & M. de Borja ❷1659
❸Sevilla

14世紀に既存のユダヤ教会を改造したキリスト教の教会堂で、17世紀にスペイン・バロック様式で室内を大幅に改修したことで一躍有名になった。教会堂内部のドーム壁面には、巻貝や巻物の装飾が隙間なく埋め尽くされ、夢幻の世界に誘い込まれる。天井を支えるピンク色の大理石の輝きが、この幻想的な空間をさらに際だたせている。

73 セヴィーリャ市庁舎
mapD

Casa de Ayuntamiento de Sevilla

❶Diego de Riano ❷1525-64
❸Sevilla

イタリア・ルネサンスの市庁舎を手本に設計された建築。水平ラインを強調したコーニスと付け柱で枠づけされた、格式と威厳のあるファサードを表現する一方で、主要なファサードには後期ゴシックのプラテレスコ的過飾性が残り、中世の影と民族性を感じさせる。星形ヴォールトに覆われた玄関の天井にも、装飾的要素が色濃く残っている。

74 セヴィーリャ大聖堂

mapD

Catedral de Sevilla

❷1401-1520
❸Plaza de Triunfo, Sevilla

モスクを取り壊した敷地に建設されたスペイン最大の司教座聖堂。教会堂建築としては特異な、幅76m、奥行き116mの長方形プランを採用しているのは、前身の建物の遺構を利用して建てられたため。壮大なスケールの大建築でありながら、装飾を極度に抑制して光の効果を演出する構想もイスラム文化との融合によってなされた結果である。

75 ヒラルダの塔

mapD

La Giralda

❷1156-98
❸Plaza del Triunfo, Sevilla

現在は大聖堂に付属した高さ97 mあまりの鐘塔であるが、地上から50 mほどはムワッヒド朝創建の大モスクに付属して12世紀後半に建設されたもの。馬蹄形アーチの窓が開くレンガ造の壁面にみられる多弁形アーチや、互いに交差する幾何学文様は、中世アンダルシアを代表する建築装飾技法である。塔には階段ではなくスロープで上る。

76 セヴィーリャのアルカサル

mapD

Real Alcázar

❷10世紀（創建）/1364（再建）
❸Plaza del Triunfo, Sevilla

10世紀の群小諸王時代に創建されたが、現存する最古の部分は12世紀ムワッヒド朝時代に属し、その後1364年キリスト王ペドロ1世によって再建された。しかし、宮殿の中核部分は同時代のグラナダのナスル朝から派遣された職人によって建設され、本質的にイスラム王朝の宮殿様式を継承している。

77 アルハンブラ宮殿

mapD

Alhambra

❷13-14世紀 ❸Granada

イベリア半島最後のイスラム王朝ナスル朝の居城。13世紀前半に創建されたが、ミルトルと獅子の2つの中庭を中心に構成されている宮殿の中核部分は、おもに14世紀に建設された。水路を配して4分割された中庭はコーランの天国を象徴するという。室内はタイル・モザイク、木彫や漆喰彫刻などによる細かく精緻な装飾が壁面や天井面を覆いつくしている。

78 ヘネラリーフェ離宮

mapD

Generalife

❷14世紀初頭
❸Granada

アルハンブラ宮殿北東の丘にあるナスル朝の離宮。中核をなすアセキア（水路）のパティオは全長50mにおよぶ細長い庭園で、その中心軸に噴水を備えた水路を配し、両側に草花が植えられている。その一辺に建っているパビリオン内部に施された美しい漆喰装飾は、中世アンダルシア・マグリブの建築伝統による。

79 カルロス５世宮

mapD

Palacio de Carlos V

❶Pedro Machuca ❷16世紀
❸Granada

アルハンブラ宮殿中央部にあるカルロス5世の宮殿。イタリア・ルネサンス様式の直接的な影響を受けた建築。直径30mの円形中庭に面してドリス式、イオニア式のオーダーを重ねる厳格なファサード構成は、ブラマンテの建築を彷彿させる。スペインの民族性が残るプラテレスコ様式から脱皮した本格的古典主義建築の到来を示している。

80 グラナダ大聖堂

mapD

Catedral de Granada

❶Deigo de Siloe/Alonso Cano（西正面） ❷1528-59/1667-1703（西正面） ❸Calle de la Carcel, Granada

イスラム教徒からグラナダを取り戻したのを記念して建設された司教座聖堂で、プラテレスコ様式を代表する建築。内陣は集中式の円堂とバシリカ式の長堂を結合したような独特なプラン。円堂の壁面は２層のオーダーを積層させ、１層目は聖母マリアの生涯をテーマとするカーノの壁画、２層目は16世紀のステンドグラスで飾られている。

81 アルバイシンの街並み

mapD

Albaicín

❸Granada

ダロ川右岸の丘に位置するこの地区は、ムーア人が住んでいた街並みがよく残っている。起伏のある迷路のような道を進んで行くと開口部の少ない白漆喰の家々や贅沢な庭を囲む長い塀が並び、カスバを思い出させる。教会、修道院、モスクなどの宗教建築も多種多様。中でもサン・ニコラス教会から望むアルハンブラ宮殿の全景は、最高の眺め。

82 カルトゥジオ会修道院聖具室

mapD

Sacristia de Monasterio de Cartuja

❶Francisco Hurtado 他
❷1727-64
❸Granada

スペイン・バロック建築の終焉を示す傑作。白のスタッコで覆われた壁面とヴォールト天井は隙間なく柔らかい曲線を用いた装飾で溢れ、円天井の壁画と様々な色大理石が発する多彩色の部分と強烈な対比をなす。装飾の詳細部分にはすでにロココ様式の兆しが表れている。

83 グァディクスの洞窟住居群

mapD

Guadix

❸Guadix（Granadaの東60㎞）

町はずれの赤茶けた小高い丘に、白い煙突がニョキニョキと立っている様は圧巻。その下がジプシーの洞窟住居。家族で１カ月ほど土を掻き出すと4m四方ほどの部屋ができる。いわば引き算の住居。漆喰で塗り固められたヴォールト天井の内部は、洞窟の貧しいイメージはない。白く塗り固められた入口回りと煙突だけが、住居の外観。

84 コスタ・デル・ソルの街並み

mapD

Costa del Sol

❸Costa del Sol

アンダルシア地方の世界的に知られるリゾート地。光溢れる海岸線を見下ろす山の中腹に伝統的な街並みが所々に点在している。ムーア人が起源の白漆喰の家々が立ち並ぶカサレス、コスタ・デル・ソルの中心地マルベーリャの旧市街、絵画的景観で有名なミハスなど、美しい海岸線を眺めつつ、イスラム都市の複雑怪奇な雰囲気を味わえる。

上・メスキータ、ミフラーブ直前の天井：正八角形の各頂点に小円柱を立て、そこからアーチが互いに交差しながら架け渡されている
下・コルドバの歴史的旧市街：対岸の正面がメスキータ、左はアルカサル

テーマのある旅 ⑩

アンダルシアのイスラム建築を訪ねる

山田幸正（東京都立大学名誉教授）

スペインという国の文化が、ほかの西ヨーロッパ諸国とちがった、まったく独特な味わいを醸し出している最大の歴史的要因は、西暦711年イスラム軍に征服され、以降、15世紀末期までイスラム文化を受容・発展させてきたことにある。スペイン南部のアンダルシア地方に伝わる文化はこうしたイスラム期に醸成されたものに深く根ざしている。初期イスラム時代、世界で最も華やかな都市のひとつであったコルドバ、中世の時代、モロッコのベルベル王朝の本拠地となったセヴィーリャ、そして中世末期、イベリア半島最後のイスラム王朝の都グラナダ。これらアンダルシア三都をめぐって、スペインのイスラム文化を体感してみよう。

●コルドバの街並みとメスキータ

中東シリアのダマスクスに首都をおいたウマイヤ朝は、750年、100年足らずで滅んだが、一族のアブド・アッラフマーン１世はアッバース朝の追手を逃れて、はるかイベリア半島に渡り、756年、独立国家樹立を宣言した。これが後ウマイヤ朝である。この王朝の首都となったのが、古代からの強い連続性を有するコルドバであった。10世紀当時、ビザンティン帝国のコンスタンティノポリスやアッバース朝のバグダードと比肩する大都市として栄え、華麗なるイスラム文化を産み出した。

785年、グアダルキビール川の北岸にこの首都の宗教的中心としての会衆モスクが初代君主によって創建された。一般に**メスキータ**と呼ばれるこの石造の大建築は、高い壁で矩形に囲われ、その北側を中庭とし、南側に屋根で覆われた礼拝室が設けられている。現在、礼拝室の部分が中庭の２倍ほどの面積を占め、ほかでは体験できないような内部空間が広がっている。しかし創建当初、礼拝室の間口は現在よりも遥かに小さかった。その後、３度にわたり拡張され、文字通り、後ウマイヤ朝歴代諸王による貢献の結果、現在みる東西約135メートル・南北約175

▲メスキータ礼拝室外観：切妻屋根の真ん中にカテドラルが突き出している

▼▶メスキータ：礼拝室内部は赤・白交互のアーチが２段にかかる(左)、最奥の壁にあるミフラーブはメッカの方角を示す(右)、彩色された文様などで美しく分割されたサン・エステバン門の壁面(下)

メートルに達したのである。このような会衆モスクの拡張はコルドバが最盛期人口50万といわれるまでに発展した過程に呼応するものであったが、創建当初に考案された建築的な構成と意匠、つまり、レンガと石を交互に配したアーチを２段にして礼拝室の奥行方向に架け渡すことを、200年以上営々と受け継いでいったことは驚嘆に値しよう。ひとつの到達すべき建築的イメージが時代を越えて共有されていたのであり、まさにそれがここに実現されている。現在、中央部分の一部をキリスト教会堂が占め、旧態とはかなり異なってしまったが、古代建築から転用された大理石の円柱が無数に林立し、２段のアーケードが連続する、まさに無限定で、幽玄なる空間が創り出されている。

礼拝室の最奥に設けられた八角形のミフラーブ（礼拝の方向を示す壁龕）とその前方の空間がこの建築のクライマックスである。馬蹄形アーチが中央に開き、それを矩形に縁取ったミフラーブは、金地のモザイクで豊かに装飾されている。その前方中央の天井をみると、正方形の区画内に内接する正八角形をなす８頂点からアーチがそれぞれ互いに交差して架け渡され、その表面も金色に美しく輝いている。ここにみるモザイク装飾は、はるばるコンスタンティノポリスから送られたビザンツの工人によって制作されたものであり、王朝の故地であるシリアの建築が強く意識されている。

メスキータの高い外壁はところどころ突出している。それらは室内に連続的にかかる２段のアーケードとその上を覆う切妻屋根からの横力を支えるための擁壁であるが、直感的には城砦のような用心深さや堅牢さを感じさせる。一方で、現在は入口が北側の一カ所だけであるが、本来はいくつもの門があったことがわかる。この建築が城砦ではなく、多くの人々が一度に集まる施設だからである。それらの門は決して無表情なものではなく、とくにサン・エステバン門など西側の2つの門は後ウマイヤ朝建築の装飾技術の高さをよく示している。

メスキータ西側の街路を南に進むと、ローマ時代の橋がかかっている。その右手にはイスラム期の水車が残っている。当時のイスラムの高い潅漑技術がこの地に移植されたことをうかがわせる。この橋の南詰にイスラム期の要砦**カラオーラ**が立つ。当初は一つのアーチで繋いだ2つの塔からなっていたが、14世紀の大改修や後世の手が加わり、現在は歴史博物館になっている。屋上からはグアダルキビール川越しにメスキータを眺めることができる。切妻屋根が連続する礼拝室の中から、ゴシック風の教会堂の外観が出ている様子は、いかにも唐突であり、異様である。

メスキータの背景には旧市街の街並みが広がる。とくにメスキータの北西側にはユダヤ人地区がある。かつてコルドバなどアンダルシアの多くの都市では、ユダヤ人はマイノリティーとして特定の地区を形成して住んでいた。この界隈の路地を歩くと、家々の壁や窓格子には花々の植木鉢が掛けられ、入口越しに心地良さそうなパティオがうかがえる。中庭式の住宅が密集するという意味では、北アフリカなどにみられるイスラム都市とおそらく同じ源をもつであろうが、その明るさと華や

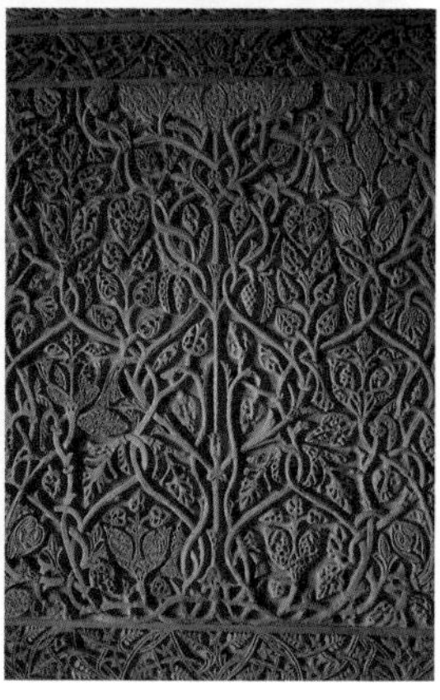

▲▶メディナ・アッザフラー：後ウマイヤ朝の王城址（上）、アブド・アッラフマーン3世の謁見広間（下左）、謁見広間の壁面漆喰彫刻（右）

▼カラオーラ：イスラム期の要砦、現在は歴史博物館として活用

▼コルドバの歴史的旧市街：ユダヤ人地区

かさは南スペイン独特のものである。

コルドバ西方郊外8キロほどに、後ウマイヤ朝がその最盛期に建設した**メディナ・アッザフラー**と呼ばれる遺跡が残る。丘の斜面に沿って約1キロ四方を二重の石造壁で囲んだ中に、王宮や家臣団の住居をはじめ、モスク、行政・軍事の施設などが建設された王城であった。考古学的調査や修復はいまだごく一部に過ぎず、全容が解明されているわけではないが、廃虚の中に散在する遺物から当時の建築の豪華さを十分にうかがい知ることができる。中ほどの段丘、池を中心とした庭園の前に建つ謁見広間の紅白の馬蹄形アーチや腰壁の彫刻装飾など、この建築がメスキータと並ぶ後ウマイヤ朝時代の代表作であることを物語っている。

▲ヒラルダの塔：高さ96ｍの鐘塔

▲黄金の塔：12角形平面の要砦

●セヴィーリャの街並みと塔

後ウマイヤ朝が滅んだ11世紀以降、グアダルキビール川下流のセヴィーリャが水利水運に恵まれた内陸港として、政治的、経済的、文化的地位を取り戻した。とくに12世紀後半には北アフリカに興ったベルベル王朝ムワッヒド朝のイベリア半島における拠点となった。その時代の繁栄を物語るモニュメントとして、セヴィーリャ大聖堂に立つ**ヒラルダの塔**やグアダルキビール河畔に建つ**黄金の塔**などがある。

現在ゴシック様式の大聖堂がある場所には、12世紀創建の大モスクがあった。北側の中庭に面する一部のレンガ造の壁体とそれに架かる先の尖った馬蹄形アーチに、かつての大モスクを偲ぶことができる。また現在、聖堂の鐘塔であるヒラルダの塔も、もとは大モスクに付属した塔であった。下から約50メートルまでが当初の部分で、1辺16メートルほどの正方形平面の内部には斜路が内蔵され、頂部から人々に礼拝が呼びかけられた。四面それぞれに開いた窓は多弁の馬蹄形アーチで、その両脇の壁には円柱の付け柱から延びた多弁形アーチが互いに交差するような幾何学的な文様が描きだされている。モロッコにある2つの同時代の塔、マラケシュのクトゥービア・モスクの塔とラバトのハサン・モスクの塔と比較してみるのも面白いだろう。

▼アルハンブラ宮殿：上から順に、アルバイシン地区からの眺め、ミルトルのパティオと正面がコマレスの塔、コマレスの塔の内部（大使の間）、獅子のパティオ

●グラナダの街並みと宮殿

13世紀、キリスト教徒によるレコンキスタが急速に進展するなか、イベリア半島最後のイスラム王朝として建国したナスル朝は、対外的には巧みな均衡政策で存続をはかり、一方、宮廷内では権謀術数が渦巻き、ついには大航海時代の幕開けの年1492年に滅んだ。

▼アルハンブラ宮殿：獅子のパティオの円柱上部（上）、二姉妹の間（下）は獅子のパティオにおける主室。小曲面を幾層にも重ねる、ムカルナスと呼ばれる技法による天井

グラナダ市街東方の丘の上に築かれたナスル朝の王城が、かの有名な**アルハンブラ宮殿**である。

現存する宮殿はおもにユースフ１世およびムハンマド５世の時代、つまり14世紀に建造されたもので、2つの中庭を中心として構成されている。中世に遡ることができる宮殿の遺構がこれほど完全な形で遺されていることは、イスラム世界の世俗建築を考える上で極めて貴重である。王宮の重要な機能として二種の謁見、一つは外国使節や公式行事などのための公的謁見、もう一つが王族や家臣とのより内向きの私的謁見である。それらに対応して中庭を核とした空間がそれぞれ割り当てられ、前者の中庭空間がいわゆるミルトルのパティオと呼ばれている部分で、後者が獅子のパティオである。このことは外向きの空間としてのセラムリクと、内向きの空間としてのハラムリクという2つの中庭空間をもつアラブ圏の伝統的な邸宅建築に通じている。

南北に長いミルトルのパティオは、細長い池とその両側にある植込みで中庭のほとんどを占めている。北側には分厚い躯体に囲まれた正方形の「大使の間」がある。腰壁は多彩のタイル・モザイク、その上の壁は細かな漆喰彫刻とし、幾何学紋や植物紋、流麗なアラビア語碑文などによって壁面はあます所なく埋め尽くされている。その上方にある彩色された木製帯状装飾に

刻まれた碑文から、この部屋に玉座が置かれたことがわかる。木造の曲面天井には８ないし16点星の星形が交差しながら七層をなし、コーランの聖句に言う七天界を表している。

なかでも著名な獅子のパティオは、4つの部屋が周囲を囲み、東西辺には噴水を覆うパビリオンが突出している。その中央に置かれた12頭の獅子像の水盤から十字形に水路が中庭を横断して、それぞれの室内で涼やかな水音を響かせている。こうした水の流れによる巧みな演出で、ここをコーランに謳われた天国になぞらえようとした。実はこの中庭は床に座る人のためにデザインされているといわれる。今はなにも植えられていない殺風景な中庭であるが、水路の通る部分を除いて、１メートルほど低く掘り込まれ、そこに花や繁みがちょうど床面に座った人から見えるように植えられていたらしい。

細長い大理石の円柱は１本で立つものばかりでなく、２～４本と柱の束ね方を交互に変化させ、全体構成に動的な効果を与えている。その上のアーチや垂れ壁は漆喰の透かし彫りにされ、光を透過するようにできている。このように本来構造的にしっかりしているべきものがまるで雲のような実体のないものとなっている。主室である南側の「二姉妹の間」や北側の「アベンセラーヘスの間」など諸室にかかる天井も、無数の小曲面を積み重ねた意匠で物質的な性質を感じさせず、無限定で捉えどころのないものとなっている。

13世紀にやってきたイスラム教徒たちは、**アルバイシン地区**に最初の城砦を築いた。当時の遺構はほとんど現存しないが、美しい中庭をもつ小住宅が斜面に沿って立ち並び、狭い街路の続く街並みは、イスラム都市の名残をとどめている。この地区からはダーロ川越しにアルハンブラ宮殿の全景を眺めることができる。丘の上に赤っぽい壁でできた王宮の建物群が、白い雪を冠したシェラネバダの山並みを背景に浮かび上がっている光景をぜひ堪能していただきたい。

▶アルバイシン地区：各地から逃れてきたイスラム教徒が最初に住み着いた地区とされる

サラマンカのサン・エステバン聖堂：祭壇衝立

テーマのある旅 ⑪

スペインのバロック建築を訪ねる

岡村多佳夫（美術評論家）

スペインの都市には必ずといっていいほどプラサ・マヨールと呼ばれる広場がある。もちろん、首都マドリードにもある。バルやレストランもあり、現在でも多くの人で賑わうこの場所では、画家ゴヤの時代、すなわち18世紀後半から19世紀にかけては闘牛が行われたり、魔女裁判が行われたりもしていた。現在のマドリードの**プラサ・マヨール**は17世紀前半にできたもので、バロック建築が現れる直前の様式を表しているといわれてきた。

それからほぼ100年後、サラマンカでプラサ・マヨールの建設がはじまった。設計者はアルベルト・チュリゲラである。当時カスティーリャ地方の首都、サラマンカでもっとも知られた建築家3兄弟の末弟であった。長男はホセ・ベニート、次男はホアキンというが、この長男こそがスペインのバロック建築の特徴について語られるときに使われるチュリゲラ様式の生みの親である。とはいえ、彼が設計した建物は1709年にマドリード近郊のヌエボ・バスタンと呼ばれた場所の邸宅、付属聖堂、労働者用住宅、使用人の家屋、ガラス製造のための炉と仕事場と、マドリードのアルカラ通りにここで製造されたガラスの貯蔵所と依頼主親子の住むための住宅にしかすぎない。ちなみに後者には現在王立サン・フェルナンド美術アカデミーが入っている。しかも、それらは決してバロック的特徴を備えているものではない。

いずれにせよ、亡くなったときの死亡記事で「スペインのミケランジェ

▶ サラマンカのプラサ・マヨール

ロ」と書かれ、「建築家で彫刻家」と記されたホセ・ベニート・デ・チュリゲラ（1665～1725）の建物は数少なく、彼の特徴を表すものはすべて祭壇衝立に表れている。それではチュリゲラ様式を通して、スペインのバロック建築を訪ねてみよう。

●カスティーリャ地方のバロック

チュリゲラ様式の最初の作品が、**セゴヴィア大聖堂**内陣エル・サグラリオ礼拝堂の祭壇衝立である。ここに見られる、ねじれた螺旋状の円柱をスペインではソロモン柱と呼び、典型的なバロック装飾の一つであるが、それを広めたのがこのホセ・ベニート・デ・チュリゲラであった。後に彼の作品には逆四角錘形の下が細くなった根細の角柱が現れるが、それもまたスペインのバロック建築装飾の特徴となる。その角柱は後にメキシコのバロックの主要なモチーフとなるものである。

このような祭壇衝立でもっとも知られたのがサラマンカの**サン・エステバン聖堂**である。1693年に建設が始められ、高さ30メートルほどにも及ぶ聖堂には6本のソロモン柱が使われ、そこにもまた彼の特徴である多くの枝葉の装飾がつけられている。この作品によって彼は後に「サラマンカの邪教の教主」と呼ばれたりもした。

首都マドリードには彼の最後の祭壇衝立がある。18世紀もすでに20年たって建てられたもので、**ラス・カラトラバス聖堂**の主祭壇の部分だが、そこにはもうソロモン柱も、根細の角柱も見られない。

このチュリゲラの装飾様式を過剰に展開したのがペドロ・デ・リベラであり、彼の代表的な表現は、1722年に完成したマドリードの**旧サン・フェルナンド救済院**※の正面で見ることができる。また、ナルシソ・トメによる**トレ**

▲旧サン・フェルナンド救済院※

▲トレド大聖堂：祭壇トランスパレンテ

※　現市立美術館

ド大聖堂主祭壇の真裏に作られた新しい祭壇トランスパレンテ（1721-32）はマドリードを中心とするカスティーリャ地方における最後のバロック作品ということができるだろう。いずれにせよ、バロック時代のこの地方では新たなる建物が計画され、建設されるのではなく、改装が中心であり、建築家はそのような仕事と祭壇などを主に行っていたのである。

ついでながら、次男のホアキンによるもので注目に値するものが、**アヴィラ大聖堂**にあるサン・セグンド礼拝堂の祭壇である。その装飾性はまさに兄の様式を踏襲している。

●アンダルシア地方のバロック

一方、南部アンダルシア地方はマドリードなどとある部分近いところもあるが、独自の展開をみせた。いくつかの建物の正面にソロモン柱が使われたりしているが、チュリゲラたちの表現よりは控えめである。祭壇衝立にしてもカスティーリャ地方の木造によるものだけでなく、大理石などの石や化粧漆喰、さらにはタイルなどが使われ、それらが作品に味わいを与えている。

また、プラテレスコ（銀細工的）様式という16世紀に多く見られる繊細な装飾と、イスラム建築の影響からか、幾何学パターンが現れ、リズミカルな印象を与えている。それは、例えば、ヘレス・デ・ラ・フロンテーラにある**カルトゥジオ会修道院**の正面ファサード（1667）にもみてとることができる。そして、そのもっとも典型的な例が、セヴィーリャの**サン・テルモ宮殿**正面ファサード（1724-34）であろう。3層になった正面の円柱は各層によって装飾パターンを変えている。聖人が配されていない1階部分は緻密な装飾で円柱や入口上部を埋め、それが2階のバルコニー部分へと受け継がれつつ、人体が置かれた円柱は衣服の襞の流れと呼応する動きをし、最上部のサン・テルモの周辺は幾何学的パターンによってこの聖人に向かう視線を妨害しないように考えられているのである。

ところで、新大陸への港町セヴィーリャは17世紀後半になって以前のような活気は見られなくなってくるが、それでもいくつかの建物が建設された。そのなかで**サンタ・マリア・ラ・ブランカ聖堂**（教会堂）の円蓋内部の装飾（1659）はスペインの伝統である、空間恐怖とも呼べる、余白を残さ

▲アヴィラ大聖堂：サン・セグンド礼拝堂祭壇

ずに空間を装飾で埋め尽くす手法によって見る者に夢幻の感覚を与えてくれる。また、**サンタ・カリダ信徒会**付属聖堂の祭壇衝立（1670-72）は、中央にキリストの埋葬の場面が激しい身振りをともなった群像、そして背景の浮き彫りによるゴルゴダの丘、さらには取り囲むソロモン柱が使われた装飾柱などによって、そこで表現された主題への感情移入をうながしている。

ここには当時この地でもっとも人気のあった画家の一人ムリーリョの「慈善」に関する壁画が架けられているだけでなく、渋澤龍彦がどうしても見たいとわざわざ足を運んだバルデス・レアル作の『この世の栄光の終わり』と『瞬く間に』という絵がある。この祭壇はこれらの絵とともに「生きているということ」と「死ぬということ」、そして他人に対してどのように向かいあうかを十分に考えさせる。セヴィーリャには他にも装飾性に満ちた祭壇や祭壇衝立がそれなりにあり、聖堂があれば覗いて見るのもいいだろう。

▲ヘレス・デ・ラ・フロンテーラのカルトゥジオ会修道院

また、このような見事な装飾性はアンダルシア地方のそれぞれの都市で見ることができる。例えば、グラナダの**カルトゥジオ会修道院聖堂聖具室**（18世紀前半）がそのうちの一つであろう。1492年までイスラムのグラナダ王国があったこの地には世界でもっとも美しいイスラムの非宗教建築と呼ばれるアルハンブラ宮殿があり、アラブ的装飾が施された美しい建物が多いが、この修道院は秘められた激しさを備えた清楚な装飾性によってそれらに匹敵する。さらに、マラガの**ビルヘン・デ・ラ・ヴィクトリア聖堂**付属礼拝堂（1694）は先に述べたセヴィーリャのサンタ・マリア・ラ・ブランカ聖堂と同様に、壁面全体を埋め尽くす装飾によって見るものの目を奪う。

スペインのバロック時代は既に経済的にのっぴきならない状態にあり、建物の建設は数少ないが、祭壇衝立などの内部装飾には見事なものが多い。

最後にポルトガルについても若干触れておくと、そこには後期ゴシックのマヌエル様式による装飾性の強い表現があり、その嗜好が18世紀に甦ってくるのである。とはいえ、ここでも新たに建設されるのではなく、多くが改装である。その代表的な例が、ポルトの**サン・フランシスコ聖堂**や**サンタ・クララ聖堂**である。

▲グラナダのカルトゥジオ会修道院聖堂聖具室

サグラダ・ファミリア「誕生のファサード」

テーマのある旅 ⑫

バルセロナにガウディの建築を訪ねる

入江正之（建築家・早稲田大学名誉教授）

ガウディの都市、バルセロナ。この街を表現するのにふさわしいフレーズをご紹介したい。「聖堂から開かれる都市、なんと美しいことであろう！ 聖堂の軸よ！ 真実と美を担って！」19世紀末、カタルーニャの美術評論家であり、詩人であったJ.ピジュアンがサグラダ・ファミリアの完成像を念頭において放った言葉である。地中海からバルセロナを船で訪れた時に発せられるであろう都市のイメージをとらえた言葉であり、都市の印象は最初に目に入ったものによって定まるという都市の理想像を含む、奥行きのあるポエムのような鋭い言葉である。

●バルセロナの都市構成

とはいえ現在、日本から行く場合は、飛行機でヨーロッパの主要空港を経由して、ゲーテが「魔の山」と称したムンサラット山の上空から地中海を旋回して、バルセロナの国際空港に降り立つ、というのが一般的であろう。そこから鉄道でバルセロナの中心駅の一つサンツへ、またはバスでカタルーニャ広場へ向かう。両地点とも市の交通の要衝であり、ガウディの建築を訪ねる基点である。

ガウディの建築を訪ねる前に、背景としてのバルセロナの都市構成に触れておこう。バルセロナは地中海側からクイサローラの丘陵に向かって、古代ローマの植民都市から中世までの旧市街、19世紀後半からのアシャンプラ（拡張地区を意味する）、そして20世紀から現在に至る周辺地域と、大きく3つの地区に分けられる。旧市街はゴシック地区とも呼ばれ、カタルーニャ州政府庁舎、バルセロナ市役所などの行政の中心施設や、古代都市バルキノの遺跡や中世の聖堂や町家がひしめきあう高密度の石造建築が集積した地区である。中世の街区がそのまま残っているさまは、イタリアのヴェネツィアにも匹敵するともいわれている。近年、再開発が随所で行われ切り崩されているのは残念である。

この旧市街を取り巻くアシャンプラは、都市計画家I.セルダーによって19世紀半ば以降、計画的に整備された。その背景には19世紀以降のインディアノスたちによる富の蓄積と投資があり、バルセロナの近代化が推進されていった。インディアノスとは主にカタルーニャ州出身で、カリブ海の国々でコーヒー、タバコ、皮革等々の

＊バルセロナ中心部の地図はP138のmapEを参照

独占的な交易によって莫大な利益を得た人々のことをさす。諸産業、金融界に君臨するとともに国政にも参画する。その代表的な一家系がグエイ家であった。ガウディもグエイと関わることで作品を生み出して行くのである。このアシャンプラは113.3m四方のグリッドで区画され、幅20mと50mの道路が通っている。ガウディの主要作品も、この地区とその周辺に位置している。それではバルセロナの都市構成に沿って、ガウディの建築を訪ねることにしよう。

●新たな視点からガウディ作品を見よう

ガウディは奇抜なアイデアや特異な想像力から彼の建築を生み出したと思っている人も多いだろう。果たしてガウディ自身、建築をどのように捉えていたのだろうか。ひとつはガウディ青年時の唯一の建築論と言える覚書「日記装飾論」に見える。若い建築家として、ギリシャやゴシックの建築に施されたレリーフ彫刻を研究する中で、制作者たちが対象をどのように捉え、どのように表現したのか、という認識論を展開する。私たちは対象を捉えるとき、対象の思い出としてそれらを直観的に詩的なものとして捉え、快いものであればそれをさらに美しいものに作り上げる、とガウディは言う。さらに、「形態の美しさは、私たちが眺めている形態に正しく反映している観念の詩である」と、付け加えるのである。つまりガウディの身の回りは、「観念の詩」である自然の諸形象によって取囲まれていた。それらは何だったのだろう。それを解き明かしてくれるのは、ガウディの死後、サグラダ・ファミリアの石膏彫刻室のリーダーを30年勤めたJ.クッソーの考察であり、もうひとつの見解である。スペイン内戦で壊された資料の復元とそれに基づく聖堂の各部の石膏像の制作を指導したクッソーは、ガウディの建築制作とともに植物研究が並置して行われていたことを伝えている。初期においては装飾的要素に限られていたものが、植物、樹木の生成の原理的研究へと継続していったのである。ガウディのなかに「観念の詩」として息衝き続けることになろう、その生成の原理はガウディのなかで線織面(放物面、双曲面、螺旋面等の幾何学的二次、三次曲面である)の発見となって建築の形成へと及んで実現されていった。構造と形態の総合でもある。近代の単純幾何立体に慣れた目には、ガウディ的な建築の様相は特異なものに見られようが、私たちの身の回りにある自然の諸形象(植物や動物等の生物界、大地や天空の世界も含めて)から発見し、捕まえてきた生命あるフォルムといえる。さあ、自然に親しむようにガウディの建築世界をバルセロの街々に訪ねていこう。

●旧市街からアシャンプラへ

旧市街を2つに分けるランブラス通りから、ヌゥー・ダ・ラ・ランブラ通りに入ったところに**グエイ邸**がある。ガウディの初期の代表作であり、彼の生涯

▲グエイ邸：主階ホールの放物面光天井（左）と主階前室ギャラリー（右）

のパトロンであった実業家アウゼビ・グエイの自邸である。インディアノスの初代J.グエイの継承者であり、国王の廷臣でもあり、文化芸術の保護育成に努めた(フィレンツェのメディチに対するバルセロナのグエイと言われる)。正面の放物線アーチの2つの入口がまず目を引くだろう。内部に入り、厩舎だった地階のカタルーニャ・ヴォールト(迫高の低い薄肉レンガの曲面天井)に支持された、暗さを湛えた神秘的な空間からいくつかの階段を経て主階へ入る。主階の大広間では、上方に架け渡された放物面ドームの軽快な構造と、ドームに穿たれたいくつもの小さな円形の孔から星のような光が降り注ぎ、その光を介して屋上に至る。そこは煙突と換気筒群のタイルによる色彩世界が開かれる。この垂直方向のシークエンスが作り出す空間の変容を、ぜひ感じ取ってほしい。

ランブラスからカタルーニャ広場を経て、東側に向かって織物業者の街、カスパ通りに出ると、そこにはカタルーニャ・バロック風のファサードの特徴的な切妻をもつ**カザ・カルヴェット**が立っている。切石積みの端正な壁面と開口、5層構成の建物はあまりにも周辺の街並みになじんでいるために、見過ごしてしまうかもしれない。玄関頂部の歓待を意味する糸杉や施主の頭文字のCをあしらった自然主義的な装飾に始まり、入口や階段ホールからエレベーター廻りの精緻な細部へと受け継がれる濃密な表現は、ガウディならではのものだ。アシャンプラの中心を貫くパセッチ・ダ・ラ・グラシア通りには、ガウディの主要作品**カザ・バッリョ**と**カザ・ミラ**が

▲カザ・カルヴェット：階段とEVホール

▲カザ・バッリョ：主階の木製階段（左）と主階広間の天井（右）

ある。このあたりは「不調和の街区」と呼ばれ、カタルーニャ・ムダルニズマ(折衷主義的モダニズム)の建築家、ドメネクとプッチがそれぞれ設計したカザ・リェオー・ムレラとカザ・アマッリエーが並んで立っている。その中でもカザ・バッリョのファサードはひときわ壮麗である。内部に入ると、玄関から光庭を包む、白から青へのグラデーションが施された彩釉タイルの表情が目を惹く。また主階へと至る植物のように生長する木製階段から、そして天井と壁がうねるように延びて、広間へ入ると螺旋状に光源へと急速に渦巻いていく幻想的で動的な空間を体感してほしい。

カザ・ミラはそこから数街区上がったところにある。ガウディの構想力が最も発揮された建築といえる。外観は波が繰り返しうち寄せる粗々しい岩床のようでもあり、鍛鉄のバルコニーの手摺りは海草を思わせる。夜ともなれば中庭に漁り火のようなランタンが灯り、バルセロナという街が海に近いことを、いっそう深く印象づけてくれる。カタルーニャの哲人、F.プジョルスが「カザ・ミラは生の海の中から、ファサードや壁すれすれのところで、この生の海のときめきを引き出している」と述べたように、カザ・ミラの量塊は壁に接触するほど間近に見ると、この作品に込められたガウディの生命あるものへの深淵なヴィジョンを感じることができるだろう。屋根裏のカテナリー・アーチ(両端を固定して吊り下げた鎖が作り出すアーチ)の空間、屋上プロムナードの異貌の造形群も圧巻である。夕暮れ、カザ・ミラの波打つ壁を陰が覆い始めると、その濃いシルエットが浮かび上がり、アシャンプラの街区の石造の量塊は幻想的な造形へと変貌する。ここにこそ、ガウディのデザインの特質がうかがわれよう。通常、多くの建築家たちは街区の所与の土地の道路側に面する外壁面のデザインにとどまるのに対して、ガウディは角地であることを巧みに利用した。街区のヴォリューム自身を巨大な波打つ量塊としてデザインすることで、地中海から旧街区を経て丘陵へと至る周辺環境にひとつの建築を対応させたのである。

カザ・ミラの前のマリョルカ通りを東へ進み、マリナ通りと直交するところに、ガウディの生涯を賭けた**サグラダ・ファミリア**(聖家族贖罪聖堂)の建設途上の姿が見えてくる。1882年の起工から身廊の内部空間を、そして中央の主鐘塔の完成へ向けて現在も工事が進められている。ガウディの構想では聖堂の外観は、交差部上のキリストを象徴する高さ170mの放物面体のドームによって支配され、四福音書家に捧げられた130mの4本のドームがそれを取り巻き、その背後に中央ドームのキリストを抱くように140mの聖母マリアに捧げられたドームが立つというものだった。さらに聖堂には、東側に神の御子の誕生を祝って自然界の打ち震える歓びを表現する「誕生のファサード」、右側には「受難のファサード」が配され、キリストの受難を表現する冷たく肉の削げ落ちた悲痛なファサードとして構想された。ただし彫刻家スビリャックはガウディの制作方法と相違する仕方で、個性的な表現によって彫刻群をデザインした。一方で南側主正面は「栄光のファサード」と称され、天上の生命への讃歌となるはずのものでガウディのオリジナル石膏模型が残されている。各々のファサードはその上に4本の放物面体の鐘塔を冠して、使徒に捧げられている。18個の放物面体のドームと鐘塔、4つの双曲面体を基本とするドームは、この聖堂のミサ、秘蹟、祈りそして教会暦など、キリスト教の「典礼」に対する意図をかたどっている。ガウディは聖堂を宗教的表徴として構想するとともに、神に捧げるモニュメントとして考えていたのである。

●アシャンプラから郊外へ

バルセロナの古くからの街、グラシア地区のカロリナス通りに**カザ・ヴィセ**

◀▲カザ・ミラ1階足下部分（左）、中庭夜景(中)と屋上のペントハウス、換気筒と煙突群（上）

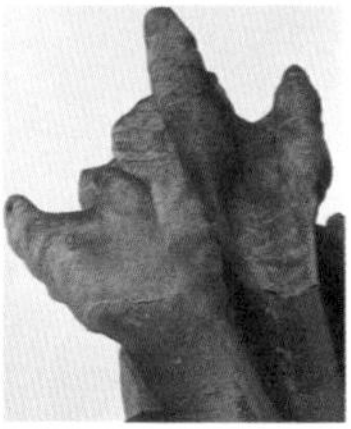

◀▲サグラダ・ファミリア：ガウディ最後のスケッチ（左）、身廊内部（上）
◀麦の穂の細部

ンスがある。ガウディの最初の建築作品で、色彩豊かな施釉タイルとレンガや粗い石のテクスチャーの対比が美しいムデハル様式(12~16世紀頃にかけてスペインで生まれたイスラム系の美術様式)風の建物である。近くのガンドゥシェー通りには、**テレジア学院**もある。中世の城のような印象の外観と、主階内部の光庭に面した放物線アーチが連続する回廊空間の劇的な変化は驚嘆に値する。韻律をともなう光の諧調は、女子修道院学校にふさわしい澄明な空間を体感することができるだろう。

バルセロナの街並みが切れる丘陵部には、**ベリェスガール邸(ベリェスグアルド)**と**グエイ公園**がある。ベリェスガール邸はボナノバ広場から北に上がったベリェスガール通りにある。ゴシック風の外観は、既存の中世の遺構を再生させる考えに基づいたもので、さらに地元産の石で外部を仕上げることで、大地とのつながりをもたせている。内部はレンガの伝統的工法を駆使した空間を逆に漆喰で白く仕上げるという、その対比的な材料や工法の考え方は目を瞠るものがあり、そのあたりを注目していただきたい。

グエイ公園はオロット通りに面したムンターニャ・パラダ(禿げ山)に展開している。もともとグエイは、この一帯に60戸の住宅地を計画していたが未完に終わり、公園だけが実現されて市の公園として今日に至っている。公園の入口から自然そのものの遊歩道を巡り歩き、高架橋や擁壁、パビリオンの地元産の石のテクスチャーと、ドリス式オーダーの列柱に支えられたギリシャ劇場の色彩豊かな波打つ陶片のベンチ、パビリオンのうねる屋根や尖塔の施釉タイルによる軽快で光り輝くテクスチャーとの対比に目を止めてほしい。ガウディは自然と建築の大地的なつながり、そして相反するように、つながりを断って天空に架け渡そうとするかのような表現、つまり自然と建築の融合と対比をテーマに、この起伏のある大地を縦横無尽にデザインしつくしたのだ。ガウディのそうした生き生きとしたヴィジョンが、訪れた人たちの心を揺さぶるに違いない。

バルセロナの北東部、パドラルベス修道院の近くには、鍛鉄の竜の門で知られる**グエイ別邸**がある。竜の門は厩舎・調教場と門番小屋を結んでいる。エスペリデスの園を守る竜の神話に着想を得た詩的な作品を、庭園を散策しながら味わうことができる。この作品がグエイとの最初の出会いの作品とするなら、**クルニア・グエイ地下聖堂**は2人の最後のコラボレーションといえるだろう。スペイン広場の地下駅から電車で20分ほどのサンタ・クルマ・ダ・サルベリョにある。グエイの紡績工場と労働者住宅地を計画する中で、宗教施設として構想された。しかしながら上部の教会は建設されずに「地下聖堂」のみが未完のまま残されたのである。建物は小高い丘の松林の中にあり、緩やかに起伏する周辺の風景に溶け込んでいる。内部には自然を感じさせる4本の玄武岩の粗石柱が立ち、弓形アーチによって結ばれている。闇を含んだ空間は、花びらの形をした枠の中に、黄、青、緑、バラ色のステンドグラスが嵌め込まれ、それが強い点光源となって輝いている。ステンドグラスによって濾過された色光は、中央祭壇部の祈りの空間を柔らか

▲カザ・ヴィセンス：最上階の外壁

▲テレジア学院：主階回廊

く包み込んでいる。しばらくこの空間に座っていると、構造と形態が合致するガウディの建築ヴィジョンが自然に伝わってくるに違いない。ガウディの建築は見ても楽しいが、静かに時間をかけて体感することで、より深く心の中に入ってくる。そういう建築を創造したのが20世紀の異才、アントニ・ガウディなのだ。その意味では、近年、現代の建築家が地下聖堂の上に床を設け、地下聖堂内も常に人工照明によって隅々まで明るくされていることは、当時の雰囲気が薄れてしまっているように見える。

▲ベリェスガール邸（ベリェスグアルド）：玄関ホールの窓

▲グエイ公園：入口大階段（上）と施釉タイルの波打つベンチ

▼クルニア・グエイ地下聖堂：柱廊の玄関部分（左）と内部（右）

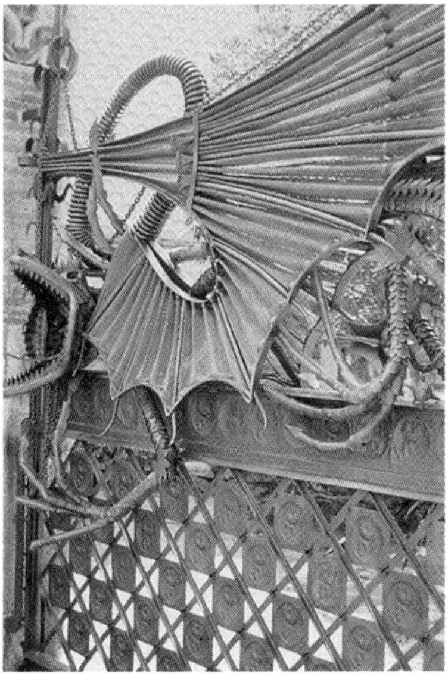

▲グエイ別邸：竜の門

アントニ・ガウディ・イ・コルネット
Antoni Gaudii Cornet（1852-1926）
カタルーニャの主要都市レウスに生まれる。バルセロナ県立建築高等技術学校（ETSAB）で建築を学び、1878年、建築家の資格を得る。生涯のパトロンとなる実業家アウゼビ・グエイと出会い、住宅、教会、公園など、バルセロナを舞台に数々の名作を生んだ。その創作方法は図面上のスケッチだけではなく、建物を施工する職人たちを指導しながら、現場で何度も変更を加えて、驚嘆すべき造形へと仕上げていった。1883年からは代表作「サグラダ・ファミリア贖罪聖堂」にかかわり、40年以上にわたり建築家としての生涯の多くを捧げた。未完のまま亡くなったが、その建設はガウディの構想に基づいて現在も続いている。

ボルン市場外観。1876 年に竣工し、2013 年に文化センターとして再生された

テーマのある旅 ⑬

2000年以降のスペインの現代建築を訪ねて

山村 健（YSLA Architects・東京工芸大学准教授）

2000年以降という世紀の境目は、スペインの現代建築を俯瞰するには少々都合が悪い。なぜならば、スペインの建設業界は1992年のバルセロナ・オリンピックとセヴィージャ国際博覧会、そしてマドリードの欧州文化都市の指定をきっかけに好景気に沸いたものの、2008年のリーマン・ショックの影響を直に受け、景気は急降下し、建設工事は軒並みストップしてしまったからだ。それまでスペインは公共建築の建設によって成長していたが、建設業界には就職氷河期が襲来し、大学卒業したての優秀な若き建築家たちは、みな隣国へ散っていった。しかし、そのような社会状況にも関わらず、改めて見てみればここ15年ほどの間にも現代を代表する建築が各地に誕生していることに気付かされる。「ビルバオ・エフェクト」と呼ばれた建築による都市再生がカタチを変えて地方で勃興したのだ。本コラムでは、カタルーニャ地方を中心とした東部、バスク地方とそこに隣接する北部、イスラム建築の伝統を有するアンダルシア地方を含む南部、そして首都マドリードの中央部の注目すべき建築について紹介する。

●東部地方：バルセロナ近代建築の再生

バルセロナ市内は、中世の時代から続く旧市街と、19世紀に制定されたサルダー・プランにもとづく新市街から構成されるが、その新市街も建設から1世紀半が経過し、歴史的街区として位置づけられてきている。そのため、保存・再生や改修のプロジェクトが多く見られる。最も ユニークな建築は、**ボルン市場**だろう。ガウディが学生時代に修業した建築家の一人であるジョゼップ・マリア・フンサレー・イ・メストレス（以下、フンサレー）が設計したボルン市場は、1876年に竣

▲ボルン市場内観

▲ジョゼップ・ジナスが設計したグラシア地区図書館

▲トレドのラ・グランハ・エスカレーター

工した近代を象徴する中央卸売市場だったが、21世紀に図書館の用途変更のため解体工事を着工したのち、地下から古代ローマ遺跡が発掘された。そのため、鋳鉄の構造体をその古代ローマ遺跡を保護するシェルターとして生かすために残し、図書館ではなく文化センターとして再生された。また、フランス・パリに建設された同様の卸売市場レ・アール中央市場が1971年に解体された背景から、近代建築の保存という意味も含まれており、古代と近代、さらに現代の3つの時空が重層した建築となっている。ボルン市場以外にも、フンサレーはシウダデラ公園の滝のための貯水槽を設計したが、現在はポンペウ・ファブラ大学図書館として転用されており、巨大な閲覧空間は必見である。

このほかにも、ジョゼップ・ジナスが設計した2つの図書館、**グラシア地区図書館**や**ジャウマ・フステー図書館**など、図書館を起爆剤とした公共空間や地域活性化の事例が数多くある。

バルセロナ市植物園をデザインしたカルロス・ファラテール率いるOABによるベイドルムの海岸通りは、エリアス・トーレスらによるトレドの**ラ・グランハ・エスカレーター**や、エンリック・ミラージェスが設計した旧市街の色彩鮮やかなうねるヴォールト屋根が特徴的なサンタ・カテリーナ市場の改修と新設の系譜にも位置づけられる。カラフルに彩られた遊歩道はガウディがグエイ公園で手掛けたうねるベンチのように、街と海をゆるやかに接続している。

バルセロナ22@地区は、かつて工業用地として廃れていた場所に民間企業、大学、研究、住宅、公園などが共存する新しいコンパクトシティモデルとして、2000年より再開発が進められた。その基点となるは、バルセロナを縦断するディアゴナル大通りの拡張である。その始点に位置するグロリア広場に、都市の新たなランドマークとして、ジャン・ヌーヴェルは高さ144mの**アグバール・タワー**を設計した。ガウディが晩年に多用した楕円平面の放物回転体で、ファサードはバルセロナの航空写真をピクセル状に抽象化して考えられた青(海)と赤(大地)のガラス・パネルで覆われている。ガウディやバルセロナを現代的に翻訳した作品である。

その向かいには、**エンカンツ市場**がある。フェルミン・ヴァスケスらが主宰するb720が設計した市場だが、週末には骨董市が開催されることで有名だ。天井のミラーパネルの反射によって、市場全体を下から俯瞰することができる非日常的な風景が魅力的である。

◀ドミニク・ペローによるホテルME

このグロリア広場を基点して、ディアゴナル大通りは地中海に向かって伸びている。その途中にはフランス国立国会図書館を手掛けたドミニク・ペローによる**ホテルME**がある。バルセロナの高さ規制を逆手に取った、モノリスが浮遊する建築だ。さらに進むと、大通りの終点にはヘルツォーク・アンド・ド・ムーロンによる**フォーラム・ビル**にたどりつく。2004年に世界文化フォーラムにあわせて設計された作品で、一辺180mの三角形が、大通りの終点と海岸沿いを併走する道とをつないでいる。

▲ジャン・ヌーヴェルが設計したアグバール・タワー

▲エンカンツ市場。天井がミラーパネルになっている

▲ヘルツォーク・アンド・ド・ムーロンによるフォーラム・ビル

▲デイビッド・チッパーフィールドによる司法都市

また、オスピタレート・デ・リョブレガート地区は、バルセロナを横断する大通りグラン・ビアの再開発により急成長している。1929年のバルセロナ万博時にモンジュイックの丘の麓に建てられた見本市の建物が、現代の技術や規模には対応困難であるとし、また街の治安改善なども含め大きな都市開発を展開した。その結果、世界的規模の見本市を本会場へ誘致し、バルセロナは国際的マーケットへと参画する都市へと変身した。ミラノの見本市会場に継ぐ面積を誇るバルセロナ見本市グランヴィア会場は、伊東豊雄が会場の骨格となるセントラル・アクシスを設計し、既存の展示室を結合し、さらに2棟のパヴィリオンを設計して新たな会場が完成した。そこに併設された117mのツイン・タワーのトーレス・ポルタ・フィラも、伊東の設計によるものだ。赤いホテル棟と白いオフィス棟で構成され、ホテル棟は流動的で、オフィス棟は直線的なシルエットに不定型な赤いコアが埋め込まれ、両者は互いに補完する関係になっている。そして、さらなる来場者の増加のため、ジャン・ヌーヴェルがルネッサンス・バルセロナ・フィラ・ホテルを設計した。立体的に積層された植栽空間が特徴的で、オフ・ホワイトのコンクリートの表情にはカタルーニャの伝統工法の一つであるスグラフィット（漆喰を掻き落として模様を施す工法）が用いられ、伝統と現代が統合された建築的表現となっている。また、このそばにはデイビッド・チッパーフィールドが設計した**司法都市**がある。バルセロナ市とリョブレガット市の法務機能を集約し、峻厳なヴォリュームと異なる色彩の8つの建築群から構成されている建物だ。

このように俯瞰してみると、現代バルセロナはディアゴナル大通りとグラン・ビアを中心に現代建築が立ち並んでいる。19世紀に制定されたサルダープランを下敷きとして、その上にコンパクトシティや国際都市へと成長させようとする、現代のバルセロナの施策が重ねられていることに気付

▲サンティアゴ・カラトラバによるソフィア王妃芸術宮殿

くだろう。ここで紹介したもの以外にも、バレンシアではサンティアゴ・カラトラバが2005年に**ソフィア王妃芸術宮殿**を完成させ、芸術家科学都市は完成を迎えるなど、スペイン東部地方は現代建築によって新しい風景を次々と生み出している。

●北部地方：北部海岸沿いを巡る旅

スペイン北部は、1997年に竣工したビルバオ・グッゲンハイム美術館の誕生によって多くの人々が注目し、訪れるようになった。1999年には、ラファエル・モネオがサン・セバスティアンにクルサール国際会議場・公会堂を設計し、次に紹介する3つの現代建築が建設されたことで、スペイン北部を舞台に現代建築を巡礼する楽しみが誕生した。

まず、サンタンデールのレンゾ・ピアノ設計の**ボティン・センター**がある。アート・文化・教育を統合するプログラムを内包し、さらに旧市街と歴史あるペレダ庭園とサンタンデール湾とをつなぐことを目的とした施設である。ヴォリュームを2階に浮遊させながら、中央に都市軸空間を貫通させることで、都市・公園・海が一体化された巧妙なデザインが施されている。さらに、ファサードを被覆するセラミック・タイルはスペイン北部の強烈な陽射しを柔らかく反射し、多様な表情を表出してくれる。

2つ目は、アストゥリアス州のアビレスに建設された**ニーマイヤー・センター**である。ブラジルが生んだ巨匠オスカー・ニーマイヤー(1907-2012)が設計し、生前最後に竣工した建築だ。美術、音楽、演劇など多様な芸術活動を許容し、市民に開かれた複合文化センターである。5つの棟から構成され、それぞれ異なるニーマイヤー独特の曲面空間を体験できる。

3つ目は、ピーター・アイゼンマンによるガリシア文化都市である。巡礼都市サンティアゴ・コンポステーラの対岸の丘に位置する。旧市街の都市構造に立体グリッドを重層させ、さらにそれをコンピュテーショナル・デザインで幾何学的に統合して生み出された、複雑な造形が特徴的だ。

●南部地方の個性的な建築を巡る旅

南部地方には個性的な建築がいくつ

▲レンゾ・ピアノによるボティン・センター

▲ニーマイヤー・センター

▲セヴィージャのメトロポール・パラソル

かある。例えばカルタヘナには、セルガスカーノが設計したエル・べがある。またグラナダには、アルベルト・カンポ・バエザによるグラナダ貯蓄銀行がある。これは一辺3mの立方体を1つの単位空間として全体と統合しているが、中央には古代ローマの住居形式にあるアトリウムを再解釈した、光のヴォイド空間が内包されている。そしてセヴィージャには、「マッシュルーム」と称される**メトロポール・パラソル**がある。ドイツ人建築家ユーゲン・マイヤーによる地上28m、10,000㎡の木造建築だ。教会に代わる都市の展望台となり、町の新たなランドマークとなっている。またスペイン領テネリフェ島にあるフェルナンド・メニスのホーリー・レディーマ教会は、要素を極限まで減らしたブルータルな建築だが、十字架のスリットから差し込まれた光は、空間に静寂した時間をもたらす。

●内陸部:有名建築家を巡る旅

首都マドリードには、世界的な著名建築家による個性豊かな作品が多数見られる。ロジャース・スターク・ハーバー・アンド・パートナーズとスペインの設計事務所エストゥディオ・ラメラによる「魔法の絨毯の屋根」とも呼ばれるバラハス空港新ターミナルや、ドミニク・ペローによる「マジック・ボックス」と呼ばれる開閉式の屋根をもつテニス・コート、ヘルツォーク・アンド・ド・ムーロンが既存の発電所の外皮としてのレンガ構造を残し、浮遊させ、文化センターへと変容させたカイシャ・フォーラム・マドリードなど、枚挙にいとまがない。また、ピカソの「ゲルニカ」を所蔵する**ソフィア王妃芸術センター**は、ジャン・ヌーヴェルによって増築された。アトーチャー駅から人を引き込む広場は新たな都市の憩いの場として活用され、斜めに穿たれたトップライトから降り注ぐ光が広場を包み込んでいる。さらに、フランス・パリのルーヴルと並んでヨーロッパを代表する美術館・プラド美術館は、現代スペイン建築界を牽引してきたラファエル・モネオによって増築されている。

　レオンには、ルイス・モレノ・マンシージャとエミリオ・トゥニョンの2人組が設計したカスティージャ・イ・レオン現代美術館がある。モジュール

▲カザ・ヴィセンス内部

◀ジャン・ヌーヴェル設計による
ソフィア王妃芸術センター

化されたコンクリートのジグザグ壁と500本のプレハブ梁で構成され、展示室、企画室、多目的ホール、実習用のアトリエ、図書室が配されている。外壁の鮮やかな色ガラスが、都市に新たな表情を与えている。

また、スペインではワインと建築の関係も深い。フランク・O・ゲーリーは、有名なワイン蔵であるマルケス・デ・リスカル(Marqués de Riscal)に併設するホテルを設計している。1858年にリカルド・ベルソッファが建設された石造と対比をなすように、浮遊したチタンが軽やかに浮遊しており、ビルバオ・グッゲンハイムと並ぶゲーリーの代表作である。

●カタルーニャの建築家たち

2002年は、ガウディ・イヤーとしてバルセロナが輝いた年である。1852年に誕生したガウディの生誕150年を祝い、多くの人々がガウディ建築を訪れ始めた。その熱は冷めることなく、2002年以後もいくつかの建築がリノベーションを経て再オープンしている。まず、第一に**カザ・ヴィセンス**がある。ガウディの最初の住宅作品として重要な位置づけられる建築だ。以前はタイル会社に勤めるヴィセンス氏と紹介されていたが、近年ヴィセンス氏は株の仲介人であることが明らかになった。そのヴィセンス氏が夏の家として依頼したのが、カザ・ヴィセンスであった。改修されて2017年より内部を鑑賞することができる。内部空間は総合芸術と呼ぶに相応しく、絵画や装飾などで埋め尽くされている。ガウディが東洋美術から影響を受けたとされる蔀戸のある半外部のギャラリー空間も復活している。

マタロ労働組合社の工場は2008年に再生された。見るべきは1.5m程度の木板を3枚重ねにし、中央の木板を両側の木板とずらしながら重ね、ボルトで緊結することで構築した放物線を描く構造体である。線分で有機的な形態を構想する晩年のガウディ建

◀ガウディによるベリェスグアルド外観（左）と屋根裏（右）

築の萌芽がここに見られる。

ガウディ中期の住宅作品のフィゲーラス邸こと**ベリェスグアルド**は長い間、一般公開されていなかったが、2014年から一般公開された。吹き抜けの階段室の三次元のステンドガラスや、屋根裏のさまざまなレンガ構造の実験などが見所だ。

そして、ドラゴンの門として有名なグエル別邸は、以前は王立ガウディ講座の研究室として世界中のガウディ研究資料の集積地であったが、バセゴダ教授の他界に伴い、研究室はバルセロナ建築大学へ移管した。現在も公開されているものの、状態が芳しくないため、近年改修工事が開始されている。

ガウディと同じバルセロナ出身の建築家として、誰もがその独創的なフォルムと写真コラージュに魅せられて将来を期待していたエンリック・ミラージェス(1955-2000)が若くして他界し、建築界に衝撃を与えた。ミラージェスは女性建築家カルメ・ピノスと組みキャリアをスタートさせ、1991年からはベネデッタ・タリアブーエとともに活動した。タリアブーエはミラージェス他界後もEMBTとして活動を継続しているが、彼女らが設計した、浮遊したガラスのヴォリュームが交

▲ガロッチャ火山帯自然公園の入口

▲ベル＝リョク・ワイナリー

▲ラス・コルツ・レストラン内部

▲ラス・コルツ・パヴィリオンの客室

錯するガス・ナトゥラールビルは、「Torre Mare Nostrum」(「我らが海の塔」の意)の愛称を得て親しまれている。

その後、彗星のように出現したのが、RCRアルキテクタスである。2017年にプリツカー賞を受賞した。スペインではラファエル・モネルに続く受賞である。オロット出身のラファレウ・アランダ、カルマ・ピジェム、ラモン・ヴィラルタによるトリオである。「すでにそこに存在しているものから着想し、そこから生まれた建築によってその場所にさらなる活力を与える」とは彼らの言葉だが、日本文化からの影響も多分に受け、水墨画のようなスケッチにそれが顕著である。**ガロッチャ火山帯自然公園の入口**、トゥッソル・バジル水浴パヴィリオン、同陸上競技場、ピエドラ・トスカ公園などは、コールテン鋼が大地から鋭く屹立した切れ味の鋭い造形が特徴だ。ジローナに設計した**ベル=リョク・ワイナリー**は地中に埋設されており、コールテン鋼の隙間から地下に降り注ぐ光の空間が印象的だ。また、キャベツを主役として自給自足をコンセプトにした**ラス・コルツ・レストラン**およびその宿泊施設**ラス・コルツ・パヴィリオン**は、都市のなかのオアシスをイメージしながら、日本的な座敷と温泉が再解釈された宿泊施設となっている。ほかにも、バルセロナ市内に**ヨーロッパ広場のオフィス**や、サン・アントニ・ジョアン・オリベール図書館を設計しており、新市街と中庭をつなぐことで、中庭が公園として再生された都市的な建築がある。近年は、フランスなどカタルーニャを超えて世界を舞台に活躍する建築家トリオとして注目が集まっている。

▲ヨーロッパ広場のオフィス

PORTUGAL
ポルトガル

Barca Dalva

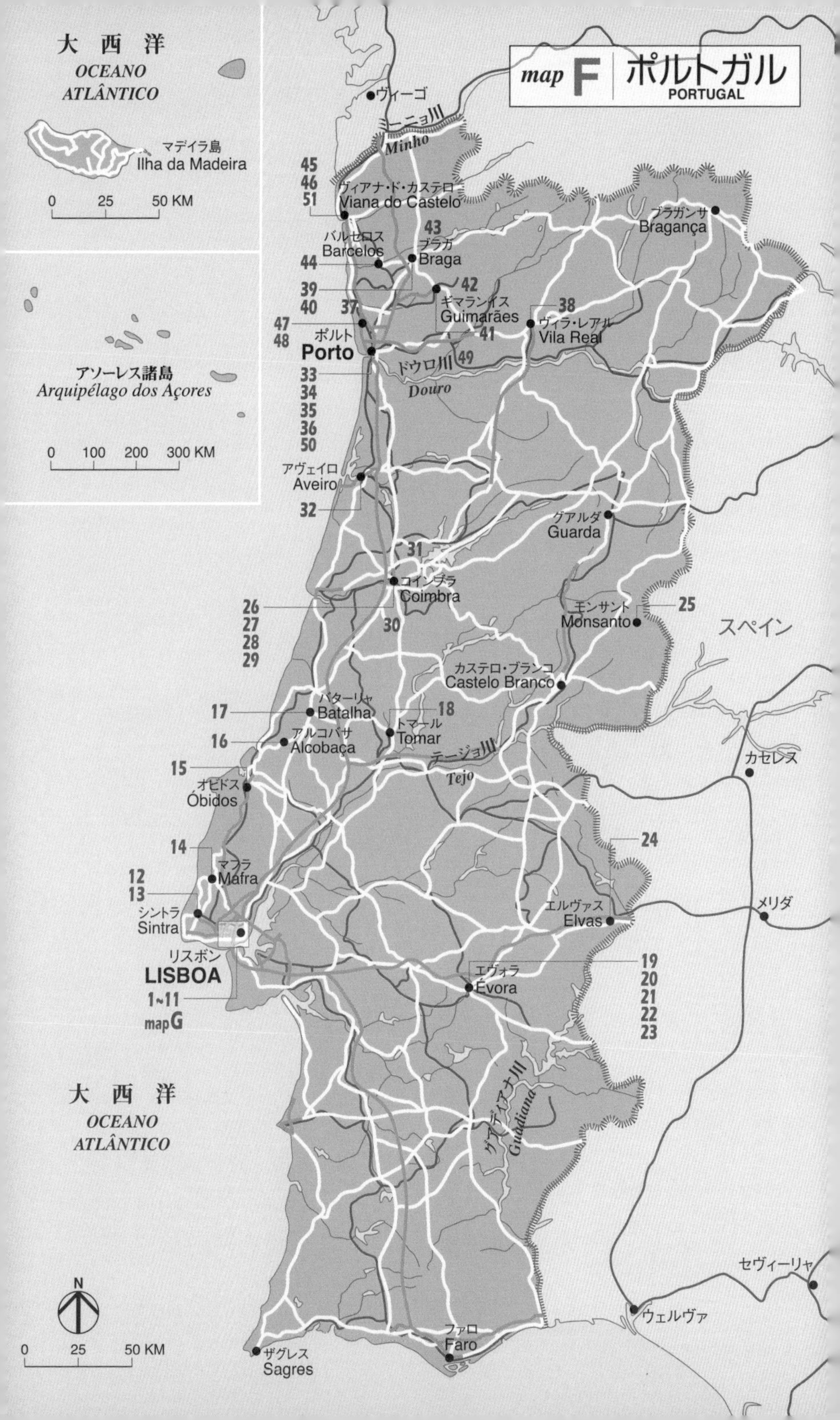

map F ポルトガル
PORTUGAL
大西洋
OCEANO ATLÂNTICO
マデイラ島
Ilha da Madeira
0 25 50 KM
アソーレス諸島
Arquipélago dos Açores
0 100 200 300 KM
ヴィーゴ
ミーニョ川
Minho
45
46
51
ヴィアナ・ド・カステロ
Viana do Castelo
ブラガンサ
Bragança
43
バルセロス
Barcelos
ブラガ
Braga
44
42
39
40
37
ギマランイス
Guimarães
38
ヴィラ・レアル
Vila Real
47
48
ポルト
Porto
41
49
ドウロ川
Douro
33
34
35
36
50
アヴェイロ
Aveiro
32
グアルダ
Guarda
31
コインブラ
Coimbra
26
27
28
29
30
モンサント
Monsanto
25
スペイン
カステロ・ブランコ
Castelo Branco
バターリャ
Batalha
17
18
トマール
Tomar
16
アルコバサ
Alcobaça
テージョ川
Tejo
15
オビドス
Óbidos
カセレス
24
14
マフラ
Mafra
12
13
シントラ
Sintra
エルヴァス
Elvas
メリダ
リスボン
LISBOA
1~11
mapG
19
20
21
22
23
エヴォラ
Évora
大西洋
OCEANO ATLÂNTICO
グアディアナ川
Guadiana
N
0 25 50 KM
セヴィーリャ
ウェルヴァ
ファロ
Faro
ザグレス
Sagres

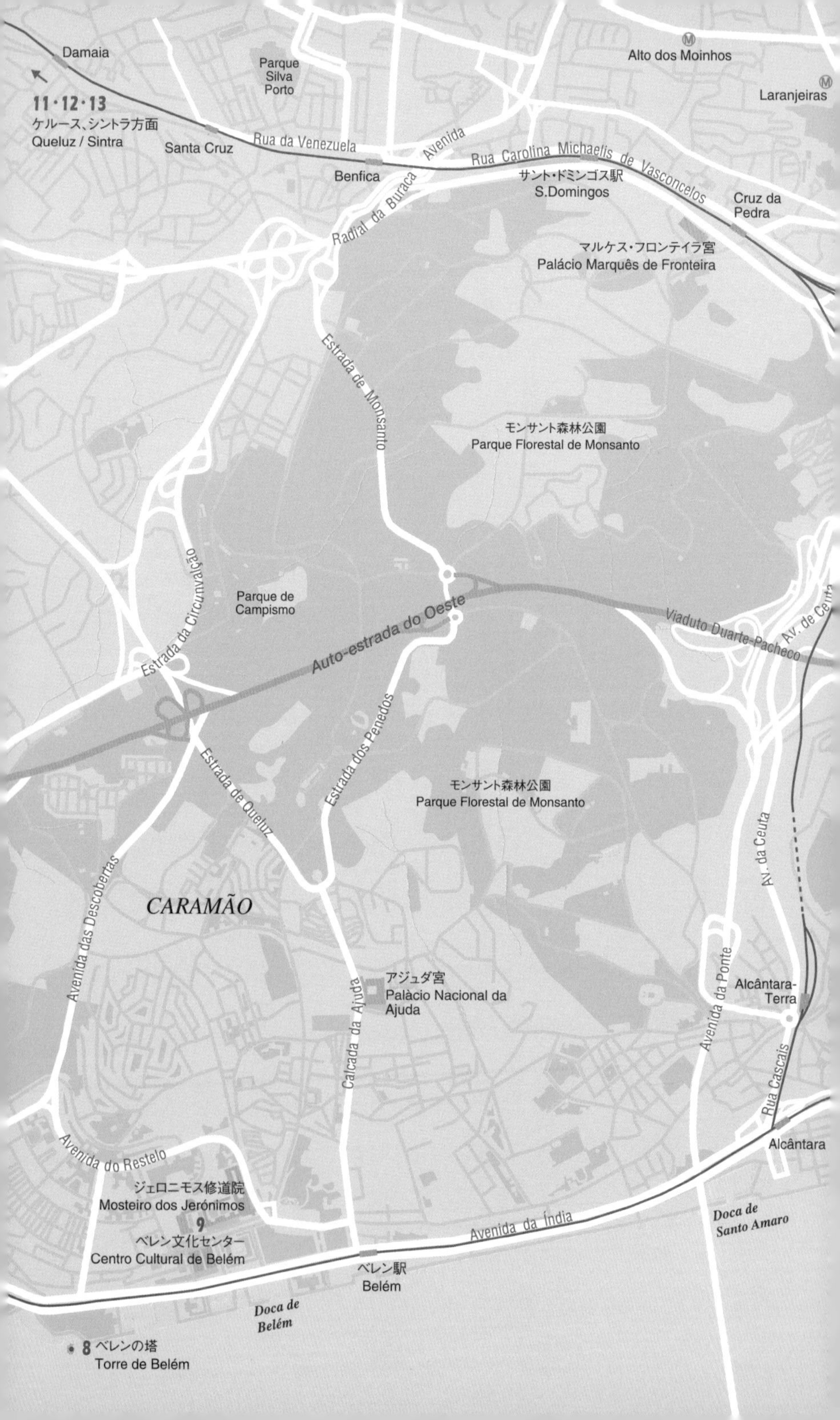
Damaia
11・12・13
ケルース、シントラ方面
Queluz / Sintra
Parque
Silva
Porto
Santa Cruz
Rua da Venezuela
Benfica
Avenida
Radial da Buraca
Alto dos Moinhos
Laranjeiras
Rua Carolina Michaëlis de Vasconcelos
サント・ドミンゴス駅
S.Domingos
Cruz da
Pedra
マルケス・フロンテイラ宮
Palácio Marquês de Fronteira
Estrada de Monsanto
モンサント森林公園
Parque Florestal de Monsanto
Estrada da Circunvalação
Parque de
Campismo
Auto-estrada do Oeste
Viaduto Duarte-Pacheco
Av. de Ceuta
Estrada de Queluz
Estrada dos Penedos
モンサント森林公園
Parque Florestal de Monsanto
Avenida das Descobertas
CARAMÃO
Av. da Ceuta
Calcada da Ajuda
アジュダ宮
Palàcio Nacional da
Ajuda
Avenida da Ponte
Alcântara-
Terra
Rua Cascais
Alcântara
Avenida do Restelo
ジェロニモス修道院
Mosteiro dos Jerónimos
9
ベレン文化センター
Centro Cultural de Belém
Avenida da Índia
Doca de
Santo Amaro
ベレン駅
Belém
Doca de
Belém
8 ベレンの塔
Torre de Belém

大学都市
Cidade Universitária
Av. Estados Unidos da América
Rome
Av. de Rome
Av. das Forças Armadas
Entre Campos
エントレ・カンポス駅
Entre Campos
アレイロ駅
Areeiro
Av. dos Combatentes
Sete Rios
闘牛場
Praça de Touros
レゴ駅
Rego
Av. João XXI
Av. Cinco de Outubro
Av. da Republica
Campo pequeno
Areeiro
Olaias
Sete Rios
Laranjeiras
Av. de Berna
Av. Manuel de Maia
Av. José Malhoa
Palhavã
グルベンキアン美術館
Museu Gulbenkian
ARCO CEGO
Alameda
S.Sebastião
Saldanha
Av. Calouste Gulbenkian
Campolide
Rua Morais Soares
Arroios
Picoas
Parque
Av. Fontes Pereira de Melo
SÃO SEBASTIÃO
ESTEFÂNIA
エドアルド7世公園
Parque Eduardo VII
R. Joaquim Bonifacio
Anjos
Av. Engenheiro Duarte-Pacheco
Rotunda
Avenida da Liberdade
Av. Almirante Reis
Intendente
R. Alexandre
Rato
RATO
Av. Álvares Cabral
ロシオ広場
Praça dos Rossio
Avenida
R. da Escola Politécnica
1
Socorro
10
サンタ・アポローニア駅
Santa Apolónia
Restauradores
Rossio
ロシオ駅
Estação do Rossio
7 サン・ジョルジェ城
Castelo de São Jorge
2
Rua do Aurea
BAIRROALTO
Baixa-Chiado
BAIXA
ALFAMA
Av. Infante Dom Henrique
5
Avenida Infante Santo
3
CHIADO
リスボン総主教大聖堂
6 Sé Patriarcal de Lisboa
Santos
Av.d.Ribeira d. Naus
Terreiro do Paço
カイス・ド・ソドレ駅
Cais do Sodré
4 コメルシオ広場
Praça do Comércio
Vinte e Quatro de Julho
Doca de Alcântara
N
0 300 600 1200 M
テージョ川
Rio Tejo
map G
リスボン
LISBOA

1 ロシオ広場（ドン・ペドロ４世広場） *mapG*

Praça dos Rossio (Praça Dom Pedro IV)

❶Marques de Pombal ❷18世紀
❸Baixa, Lisboa

現在の広場は1755年の大震災以後の再建だが、敷地は1255年のリスボン遷都当時から町の要所であった。かつての異端宗教裁判所の跡は、1846年にドナ・マリア2世となった。パリのコンコルド広場と同形の2つの噴水や初代ブラジル国王となったドン・ペドロ4世像などがあり、ポルトガルの歴史をそのまま反映している。

2 サンタ・ジュスタ・リフト *mapG*

Elevador de Santa Justa

❶Gustave Eiffel ❷1901
❸Baixa, Lisboa

坂の多いリスボンの街中にある高さ約30mのエレベーター。G.エッフェルは、エッフェル塔以前にポルトガルの鉄道敷設に尽力していた。リスボンやポルトの駅舎や鉄路、橋梁建設に深く関与している。このエレベーターやポルトのマリア・ピア橋もエッフェルやその弟子によるもので、この功績がパリへの試金石となったといわれている。

3 バイシャ地区の街並み *mapG*

Baixa

❷18世紀
❸Baixa, Lisboa

リスボンの大地震復興に際し、時の国王ジョゼ1世は外務・国防大臣であったポンバル侯爵を任命した。近代型社会への転換を果たした侯爵の手腕は、1758年にエウジニオ・ドス・サントスを起用した再建計画に現れている。都市インフラ整備とフランス様式を手本にした建築規格化による整った街並みはポンバル様式と呼ばれている。

4 コメルシオ広場

mapG

Praça do Comércio

❶Eugénio dos Santos　❷1755-18世紀末
❸Baixa, Lisboa

今でも宮廷広場テレイロ・ド・パソと呼ばれるように、大震災以前は国王貴族の館が集まる場所であった。地震後、多くの商業者（コメルシオ）の資金で再建された後は、官公庁施設に囲われている。貴族から政治・経済の場への移行という時代の流れが読み取れる。川と街、川沿いと新街区への接点となる交通の要で、いつも賑わっている。

5 アルファマ地区の街並み

mapG

Alfama

❸Alfama, Lisboa

テージョ川からサン・ジョルジェ城までのアルファマは、震災を免れた地域であり、古くからの街の風情を今に伝えている。アルファマ（アラブ語で「水湧く処」）の地名通り、斜面に形成され、狭く曲った街路や通りを跨ぐ建物、角の小さな広場などに、イスラムの影響を感じることができる。海の男の集まった街には、鰯を焼く煙が立ちこめる。

6 リスボン総主教大聖堂

mapG

Sé Patriarcal de Lisboa

❶Robert Bernard　❷12世紀後半
❸Alfama, Lisboa

路面電車が大きく曲がる坂道の途中に立つ教会。巡礼地サンティアゴ・デ・コンポステーラの教会堂建設を担ったサンティアゴ派の作品。一派はこの後、ルーゴ、オレンセ、トゥイ、コインブラ、リスボン、エヴォラのカテドラルを建設する。ロマネスクの重厚な作りにラテン十字、3身廊、半円礼拝堂の構成に共通した手法が見て取れる。

7 サン・ジョルジェ城

mapG

Castelo de São Jorge

❷紀元前2世紀
❸Santa Maria Maior, Lisboa

城の原型は紀元前2世紀にまで遡るが、1255年に首都の王宮となり、大改修によって街を取り囲む城壁が形成された。1531年と1755年の地震による被災から長らく放置されたが、その後、眺望のよい王宮跡の公園として整備された。要塞には中世の城の様相が残るが、門近くの王宮のほとんどは18～19世紀の改修による。1910年、国定記念物指定。

8 ベレンの塔

mapG

Torre de Belém

❶Francisco de Aluda　❷1519
❸Belem, Lisboa

マヌエル1世の命で船の出入監視のために建設された塔。当初川の中程に位置し、スペインのフェリペ王時代には水牢として使用された。モロッコ出身の建築家による、イタリア・ルネサンス様式にマグレブ地方のイスラム装飾を加味したヨーロッパ以外の様式の混在は、マヌエル様式の一端を担うものとして位置づけられている。

9 ジェロニモス修道院

mapG

Mosteiro dos Jerónimos

❶Boytac, João de Castilho　❷1517（回廊）/ 1551頃（聖堂）
❸Belem, Lisboa

ポルトガルの航海成功を記念した修道院建設には、大航海の富と成功を象徴するマヌエル様式が採用された。特に回廊部分の装飾は素晴らしく、本来主要構造を担う他の様式にとりつく装飾でしかありえないマヌエリーノを空間化することに成功した唯一の例である。また教会の内部はかなり完成度の高いゴシック様式に仕上げられている。

10 パルケ・ダス・ナソンイス地区

mapG

Parque das Nações

❶Álvaro Siza他　❷1998
❸Lisboa（地下鉄Oriente駅下車）

リスボン国際博覧会（1998）跡地を中心に開発され、2012年にフレギジーア行政区となった。A.シザのパヴィリオン、S.カラトラヴァのオリエンテ駅、P.シャーメイフのリスボン水族館、ヴァスコ・ダ・ガマSMや住宅棟の聖ラファエル塔と聖ガブリエル塔など、ポルトガルの代表的な現代建築を一堂に見ることができる。

11 ケルース王宮

mapG

Palácio de Queluz

❶Mateus Vincente de Oliveria　❷1747-1807
❸Queluz

ブラガンサ王家の夏の離宮として建設された。ヴェルサイユ宮殿を模したポルトガルの最初期のロココ様式。バロックからの移行期の作風には所々イスラム風の装飾も見られる。前庭がフランス式で段下がイタリア式という折衷庭園には、着工した夫ドン・ペドロとその死後建設を受け継いだ妻ドナ・マリア1世の趣向の違いが表れている。

12 シントラの王宮

mapF

Palácio Real de Sintra

❷14世紀-
❸Sintra（Sintra駅下車徒歩15分）

14世紀末以来、歴代王家によって夏の離宮として使われ、各時代ごとの増改築により、建築様式もさまざま。初期のイスラムの名残や海外進出の成功を反映した中国風の装飾も見られる。中でも目を引くのは台所の巨大な2本の煙突である。イスラム色の強い絵タイル・アズレージョは、ポルトガルに最初期に輸入されたセヴィーリャ製。

13 ペナ城

mapF

Palácio da Pena

❷19世紀中頃
❸Sintra（Sintra駅下車）

シントラ山系の頂にあった16世紀の修道院を取り込んで建設された山城。中世の城郭の形式でありながら、装飾様式としてムーア様式、ゴシック様式を基にしたマヌエル様式､ルネサンス様式､バロック様式など、これまでにポルトガルが経験してきた様式すべてを折衷させている。ポルトガルではネオ・マヌエリーノ様式とも呼ばれている。

14 マフラ国立宮殿・修道院

mapF

Palácio Nacional de Mafra

❶Johann Friedwig Ludwig ❷1730
❸Mafra（リスボンから車で40分）

ポルトガルで最も豪華なバロック建築の一つに数えられる宮殿。巨大なファサードの背後にフランシスコ会修道院を配し、礼拝堂と図書館を備える。ブラジルで得た富を背景に、フランス、フランドル、イタリアから集められた数々の芸術品が展示されている。2019年、世界遺産登録。

15 オビドスの街並み

mapF

Óbidos

❷12-13世紀

❸Óbidos

この小さな城郭都市は、当初はムーア人によって築かれたものであった。1143年にアフォンソ・エンリケスに奪取され、1282年からは王妃の直轄地となる。中世の趣がそのまま保存された静かな美しさが魅力である。山上をそのまま利用し、尾根沿いに2本の道を築いているので、ゆっくりと周回しながら周りの風景を見ることができる。

16 アルコバッサ修道院

mapF

Mosteiro de Santa Maria de Alcobaça

❷1178-1254　❸Alcobaça

ベルナルドの宗教改革を基に、初めて質素を旨とする清純による誠意を表した建物の構成をイベリア半島にもたらしたフランスのシトー会修道院。正面部はいくども改修され、門扉とバラ窓以外は18世紀のバロックスタイルとなっている。装飾を廃した白眉の身廊部分は、薄明かりの中、ひときわ光り輝く祭壇部への視線の流れを誘っている。

17 勝利の聖母マリア修道院

mapF

Mosteiro de Santa Maria da Vitoria

❶Alfonso Domingues, Huguet, Boytac他

❷1416頃（聖堂）/ 1434（回廊）　❸Batalha

1388年からマヌエル1世の治世下まで工事が行われ、ゴシックスタイルにマヌエル様式の要素が付加された。回廊アーチ部のトレーサリー（透かし彫り部分）のマヌエリーノとゴシックの取り合いの妙は素晴らしい。この建物以降のマヌエリーノも、基本的にゴシック系のデザインを踏襲していくことが理解できる。別名バターリャ修道院。

18 トマールのキリスト騎士団修道院

mapF

Convento de Cristo e Castelo Templário

❶Diogo de Arruda, Diogo de Trralva
❷1160-17世紀　❸Tomar

ディオゴ・デ・アルーダによる本堂北側の窓飾りには、他のマヌエル様式との差異が見られる。より詳細な細部表現をとりながら一つ一つのプロポーションを操作し、物語性までも表現している。トラルバの回廊は、エル・エスコリアルに先立つイタリア・ルネサンス最初期の導入例と考えられる。1983年テンプル騎士団の城と共に世界遺産登録。

19 エヴォラ歴史地区

mapF

Évora

❸Évora

ポルトガル南東部アレンテージョ地方にある町。ローマ帝国時代からアレンテージョ地方の中心地として栄え、各時代の建築様式が混在する。世界遺産登録範囲にはエヴォラ大聖堂、サン・フランシスコ教会、マヌエル王宮、エヴォラ大学、ローマ神殿、カダヴァル公爵邸、ロイオス教会、ヴァスコ・ダ・ガマ邸宅が含まれる。1986年世界遺産登録。

20 エヴォラ大聖堂

mapF

Sé de Évora

❷1184年着工。以降18世紀まで幾度も増築
❸Largo do Marquês de Marialva, Évora

1280年に拡張工事が始まり、ゴシックの回廊とマヌエル様式のエスポラォン礼拝堂、バロックの主礼拝堂が建設された。1986年世界遺産登録。

21 グラッサ教会

mapF

Igreja de Nossa Senhora da Graça

❶Miguel Arruda, Nicolau de Chanterene
❷1511　❸Évora

ジョアン3世の命によって建立されたアゥグスティン修道会教会。正面部のペディメント（三角切妻）を崩したスタイルは、ヴィチェンツァのサン・ピエトロ・ディ・カステッロが最初とされるが、ポルトガルでもいち早く導入され、後のイエズス会教会に広く採用される。セルリオの「建築書」の影響とポルトガル流の発展形が表れた最初の作品。

22 エヴォラのローマ神殿

mapF

Templo Romano de Évora

❷1世紀
❸Évora

イベリア半島で最も保存状態の良いローマ時代の遺構。完全な状態の花崗岩の基部の他、階段、14本のコリント式列柱が残り、北側ファサード部の6本は台輪とフリーズが付いた完全な状態を見ることができる。長らく「ディアナ神殿」と呼ばれたが、17世紀の伝説であることが判明して改称された。1986年、世界遺産登録。

23 アルメンドレスの環状列石

mapF

Cromeleque dos Almendres

❷BC6000-3000
❸Évora近郊

95個の一枚岩からなる先史時代の環状列石（クロムレック）。ヨーロッパでもっとも重要な巨石記念碑の一つとして、2015年に国定記念物（Monumento Nacional）に指定された。初期新石器時代の終わり（BC5000）、新石器時代中期（BC4000）、新石器時代後期（BC2000）の3段階でつくられたとされる。

24 アモレイラ水道橋

mapF

Aqueduto da Amoreira

❶Francisco Aluda　❷1498-1622
❸Elvas

国境の城郭都市防衛のために築かれた水道橋。リスボンのベレンの塔と同じ建築家の設計による。全長7.5㎞、高さ31m。イベリア半島最長の水路はエルヴァスの城壁に繋がり、今なお現役である。ポルトガル近代に建造された水道橋は、この他にリスボンのアウグス・リヴレスがあり、こちらは1731年竣工である。

25 モンサント村

mapF

Monsanto

❸Monsanto

アレンテージョ地方のオリーブとコルク樫の景色は、北上していくうちに急変する。険しい岩山と湿潤な緑に覆われた山間部は、イベリア半島でも特異な風土である。厳しい自然条件のため小さな集落が多い。中でも地場の素材を生かして、岩と岩の間に家をつくり定住したモンサント村は、こうした集落の中でも代表的な存在といえる。

26 コインブラ大学王立図書館
mapF

Biblioteca de Universidade de Coimbra

❶Johann Friedrich Ludwig, Gaspar Ferreira ❷1716-28
❸Coimbra

ブラジル産の堅木に彫刻を施し、金泥塗で覆ったターリャ・ドゥラーダと呼ばれる装飾方法は、ブラジルの金による大航海の成功を表す装飾様式。12万冊の蔵書は、3部屋に分けられ、それぞれにイタリア・バロック様式の影響を受けた天井画が描かれている。蔵書を含め、現在でもそのまま現役の図書館として利用されている。

27 旧カテドラル
mapF

Sé Catedral

❶Robert, Bernard（正面部João de Ruão） ❷1162
❸Coimbra

フランスのブルゴーニュから巡礼の道をたどってイベリア半島に伝わったロマネスクは、ガリシアのサンティアゴ・デ・コンポステーラで独自の展開を見せ、サンティアゴ派を築く。コインブラのカテドラルはこのサンティアゴ派の建築家と石工の手による。ポルトガル王国成立前の建設であり、要塞のような外観である。

28 新カテドラル
mapF

Sé Nova

❷1598
❸Coimbra

イエズス会のコレジオ付属教会として建立された。基本的な形式は、ローマのジェズ教会を基にする典型的なイエズス会様式であるが、ファサードの解釈などには、平坦に多層化する独特なポルトガル様式が見られる。内部の祭壇周りは、ジェロニモ・ルイスによる見事なターリャ・ドゥラーダが施されている。

29 サンタ・クルス修道院・マンガの泉
mapF

Mosteiro de S. Cruz, fonte do Claustro da Manga

❶João de Ruao ❷16世紀
❸Coimbra

初代国王アフォンソ・エンリケスによって1132年に建立された修道院内につくられた礼拝堂。正方形の泉を対角線状に区分するように渡り廊下を架け、四方に小礼拝堂を設えている。後年、スペインのエスコリアル宮にも同様な形式が採用され、イタリア・ルネサンスの最初期の導入と考えられる。泉の周りは市民の憩いの場になっている。

30 コニンブリガの遺跡
mapF

Ruínas de Conimbriga

❷1世紀
❸Conimbriga（Coimbra南15㎞）

ケルト族集落の跡に築かれたローマ帝国の植民都市の遺跡。BC2～3世紀にかけて行われたローマのイベリア半島への進出は、35カ所に及んだといわれ、この遺跡は当時の都市形態をよく伝えている。修復されたパティオのタイル床や、個室で構成される都市を囲んだ市壁が部分的に復元されており、当時の住居形式を見ることができる。

31 ブサコ・ホテル
mapF

Hotel Palace do Buçaco

❶Luigi Manini ❷1888
❸Buçaco

カルメリッタ派修道院の施設の横に王室の狩猟用の離宮として建設された。建築家はイタリア人だが、豪華なネオ・マヌエリーノで仕上げられている。敷地内には他にも修道院の教会があり、コルクの木の皮をそのまま仕上げ材として張り付けた質感は他を圧倒する。ポルトガルの隠れた自然派デザインの流れである。

32 アヴェイロ大学図書館
mapF

Biblioteca de Universidade de Aveiro

❶Álvaro Siza ❷1995
❸Aveiro

シザの作風は、この図書館に集約されるように、幾何学的形態を用い、それぞれの関係を捻れ・圧縮してコラージュする手法と評される。土地との関連によってこれらの手法を使い、そこに自然を表現しようとしている。個々の建築のシンボル性を否定したアヴェイロ大学の全体計画の中で、本領を発揮できるシザの作風を見ることができる。

33 ポルト歴史地区
mapF

Porto

❸Porto

大西洋に注ぐドウロ川河口の丘陵地に築かれた都市の姿は、最もポルトガルらしい風景といえる。アニメ映画「魔女の宅急便」のキキが選んだ街の原風景はここにある。商都、学都の顔をもつポルトは、後期バロックの洗練された宗教建築と、ネオ・クラシズムの近代化に壮観で大胆なアズレージョが彩りを添える美しい都市である。

34 クレリゴス教会と塔
mapF

Igreja e Torre dos Clérigos

❶Nicolau Nasoni ❷1763
❸R. de São Filipe de Nery, Porto

クレリゴス同胞団の教会と鐘塔、宿泊施設からなる複合建築。６階建ての塔は75.6mにおよぶ。設計はイタリア人芸術家ニコラウ・ナゾーニによるもので、楕円形と長方形を組み合わせた身廊と連なる細長い平面にバロック式ファサードをまとい、17世紀のローマ古典主義の影響が色濃い。

35 カルモ教会
mapF

Igreja do Carmo

❶José Figueiredo Seixas ❷1768
❸R. de São Filipe de Nery, Porto

ポルトにはサン・ベント駅や大聖堂など、アズレージョ（装飾タイル）をまとった名建築が多い。中でもカルモ教会の正面右横の壁は、1912年に追加されたもので、国内最大級の作品として知られる。ファサードや礼拝堂の装飾には、金泥木彫で飾られた主祭壇や天井画など、バロックからロココにかけての見事な作品で飾られている。

36 ポルト大学建築学部棟

mapF

Faculdade de Arquitectura da Universidade do Porto

❶Álvaro Siza ❷1992
❸Porto

この大学で教鞭もとっているシザの設計。開口部が少なく、端正な白いコンクリートのデザインが特徴。他の学部と独立した建築学部専門の校舎だ。四角い箱が連続した配置と適所に設けられた小さな開口が、ドウロ川沿いの丘陵地帯の風景を切り取りながらキャンパスと呼応する巧みな構成となっている。

37 カサ・ダ・ムジカ

mapF

Casa de Música

❶Rem Koolhaas ❷2005
❸Porto（Avenida da Boavista）

ポルトのビジネス街に建つ、約1300人収容の音楽堂。2001年ヨーロッパ文化都市の事業計画の一環として市が手がけた。象徴性、経済性、市場性、公共性、環境といった要求に対し、最新の構造・設備テクノロジーを統合する複雑なプログラムをいかにポルトという郷愁の街の文脈の中に位置づけるかという問いに見事に応えた名作。

38 マテウス邸

mapF

Casa de Mateus

❶Nicolau Nazoni ❷18世紀
❸Vila Real（Vila Real郊外）

ポルトガル北部で独自の展開を遂げたバロック様式は、ピクチャレスク・バロックとも呼ばれる。画家のN.ナツォーニにより、南イタリアから導入されたルネサンス様式を受け継ぎ、局所に過激な花崗岩彫刻装飾を施す方法は、中南部のバロックとは大きく異なる。マテウス・ロゼワインのラベルに描かれたマテウス邸はナツォーニの代表作。

39 ボン・ジェズス・ド・モンテ聖域

mapF

Bom Jesus

❶Carlos Amalante ❷1811（教会）
❸Braga

教会はネオ・クラシック様式によるが、見所は外部の116mを上がるバロック風の巡礼階段である。下部は「五感の階段（Escadaria dos Cico Sentidos）」、上部は「三徳の階段（Escadaria das Virtudas）」と呼ばれ、踊場の泉は下から視覚、聴覚、嗅覚、味覚、触覚とされ、上部は信仰、希望、博愛を表す。巡礼者は膝をついて上がるという。

40 ライオ小宮

mapF

Palácio do Raio (Casa do Mexicano)

❶André Soares ❷1754
❸Braga

ナゾーニによるイタリア・バロック様式の発展型は、特にポルトガル北部を中心に広がり、独自の展開を見せた。「メキシコ人の家」で知られる商家ライオ小宮は、18世紀のロココ期の作品で、ファサードにこのナゾーニの影響が強く表れている。ただし、外壁のアズレージョは19世紀の初頭に付けられたものである。

41 ブラガンサ公爵館

mapF

Paço dos Duques

❶Nuno Alvares Pereira ❷1401
❸Guimarães

バルセロスの伯爵で初代大公であったアフォンソによって建てられた。設計はポルトガル人建築家ヌーノ・アルヴァレス・ペレイラ。ポルトガルにおけるロマネスクからゴシックへの移行期の作品であり、内部の木造（カシとクリ）で組まれたゴシック様式の小屋組天井の完成度は高く、ヨーロッパでも貴重な建築である。

42 石の家

mapF

Casa do Penedo ❶Vítor Rodrigues ❷1974
❸Rua Rally de Portugal n. 1610 Várzea Cova,Fafe
(ファフェからカベセイラス・デ・バストに向かって約10km)

周囲に何もない大草原の丘陵地にひっそりと佇む、４個の大岩の間を繋いだ夏用の避暑小屋。隣町のギマランイス在住の建築家が自力でつくった魅惑の小品である。周囲には岩のプール、試作品なども散在する。類似する建築形式は、スペイン国境の山岳地に散見するが、その影響か。ポルトガル建築では必見の作品である。

43 ポウザーダ・サンタ・マリア・ド・ボウロ

mapF

Pousada de Santa Maria do Bouro
❶ Eduardo Souto de Moura（改修） ❷12世紀／1997（改修） ❸Amares（Bragaの北東約15km）

アマレスの山中に12世紀に建てられたシトー会の修道院と教会。一時期荒廃していたが、修道院をポウザーダという国営ホテルとして利用するため石や金属、ガラス、木などを用いて改修された。既存の禁欲的な建築と、繊細で透明感ある現代建築家のデザインが見事に調和して、重厚で洗練された空間として生まれ変わっている。食事、宿泊可。

44 ボン・ジェズス・ダ・クルス教会

mapF

Bom Jesus da Cruz
❶João Antunes ❷1705
❸Barcelos

今ではポルトガルのシンボルとなっている雄鶏伝説で知られるバルセロスは、かつて初代ブラガンサ公の居住地であった。また18世紀以降は、北部のバロック様式建築の試作の場となった。集中式のイエズス会教会様式のこの建物は、ドームを中心に円形に近い平面構成となり、後に独自に発展する円形平面形式への契機となる。

45 レプブリカ広場

mapF

Praça da República (Casa da Misericordia)
❶João Lopes ❷1520-16世紀末
❸Viana do Castelo

ポルトガル最北の小さな港町であったヴィアナ・ド・カステロは、遠洋漁業とブラジルからの金で栄えた、まさに大航海時代の繁栄がそのまま刻まれた小さな都市である。ここにはルネサンスからバロックへの逸品が集まった。中心のレプブリカ広場には、世界中の植民地に広まるヴェランダとアーケード付きオフィスの原型が遺されている。

46 マリェイロス・レイモインス礼拝堂

mapF

Capela da Casa dos Malheiros-Reimões
❶R.Norman Shaw, E.W.Godwin 他 ❷18世紀中頃
❸Viana do Castelo Rua Gago Coutinho

スペインとの国境に近い、北部の街ヴィアナ・ド・カステロの街なかの個人邸宅に建てられた礼拝堂。この地方の個人用礼拝堂は、通常邸宅の裏手にひっそりと建てるものであるが、ここでは街路の正面に建て、街並みに溶け込んだ教会となっている。ナツォーニ・スタイルのものとしては晩期であり、スタイルの完成を見ることができる。

47 カーサ・デ・シャ・ダ・ボア・ノヴァ　map F

Casa de Chá Boa Nova

❶Álvaro Siza　❷1963
❸Av. Liberdade 1681, 4450-718 Leça da Palmeira

大西洋に臨む崖地につくられたレストラン。ポルトガルを代表する建築家であるアルヴァロ・シザの最初期の作品である。かつてはレストランとカフェに分かれていたが、現在では全体がミシュランの星付きレストランとして使われている。風景を切り取るための様々な形の窓が取り付けられている。

48 レサのスイミングプール　map F

Piscina de Mares

❶Álvaro Siza　❷1966
❸Av. Liberdade, 4450-716 Leça da Palmeira

敷地にある自然の岩をコンクリートの壁でつないでつくられた海水プール。子ども用プールと大人用プールがあり、カフェやビーチも併設されている。高低差のある前面道路とプールの間に数枚の壁を立て、ジグザグの動線とすることによって、レベル調整をしている。近年改修が行われた。

49 マルコ・デ・カナヴェーゼスの教会　map F

Igreja de Santa Maria

❶Álvaro Siza　❷1996
❸Av. Gago Coutinho, 4630-206 Marco de Canaveses

アルヴァロ・シザの代表的な教会建築。ミサの形式の歴史的な変化に対応するために、教会内の様々な要素を組み替え、新しい教会の在り方を提案している。木、石、タイル、水、漆喰などの自然素材がふんだんに使用され、多様な方法で光を採り入れた凛とした内部空間が広がる。

50 セラールヴィシュ現代美術館　map F

Fundação de Serralves

❶Álvaro Siza　❷1999
❸R. Dom João de Castro 210, 4150-417 Porto

ポルト市内にあるアルヴァロ・シザ設計の現代美術館。美術館建築ではタブーとされる自然光をふんだんに採り入れ、大きさやプロポーションの異なる展示室において、アーティストと空間のコラボレーションを試みた建築である。敷地内にあるマルケシュ・シルヴァによる旧館から様々なデザインの発想を得ている。広い庭園もぜひ訪れてほしい。

51 ヴィアナ・デ・カステロ市立図書館　map F

Biblioteca Municipal de Viana do Castelo

❶Álvaro Siza　❷2008
❸Alameda 5 de Outubro, 4900-515 Viana do Castelo

ポルトから北へ車で約1時間の距離にある町、ヴィアナ・ド・カステロにある図書館。図書館全体が地上からもち上げられ、4本の柱で支持されている。隣接して、シザの師匠のフェルナンド・タヴォラの文化センターや、シザの弟子であり友人であるエドゥアルド・ソウト・デ・モウラの体育館もある。

テーマのある旅 ⑭

ポルトガルの巨匠アルヴァロ・シザの建築を訪ねる

伊藤 廉（Ren Ito Arq 伊藤廉建築設計事務所代表）

アルヴァロ・シザは、1933年生まれで、90歳になった今も活躍を続ける建築界の巨匠である。彼は、行き詰まりを見せていたモダニズム建築に地域性を融合させ新たな方向を示したばかりではなく、その卓越した空間設計で訪れる者を常に魅了してきた。今回は、その中でも1990年代以降につくられた彼の作品の中から、訪問可能なものを中心に紹介したい。

●セラールヴィシュ現代美術館

シザ事務所のあるポルトガル第二の都市、ポルト市。この市内にある**セラールヴィシュ現代美術館**は、シザの美術館建築を代表する建物である。各展示室には窓があり、美術館建築ではタブーとされる自然光が各展示室に降り注ぐ。建物の平面はH字形になっているので、各展示室が外部と接する窓をもつことができ、それぞれの窓から見える風景に変化をもたせている。各展示室は、大きさ、プロポーション、天井高さなどがそれぞれ異なり、空間に合わせた展示が行われている。常設展示がなく、数か月ごとに展示内容が異なるため、新たな美術品と建築空間のコラボレーションを見るために、何度も訪れてみたくなる。また、この美術館はかつてのカルロス・アルベルト・カブラル伯爵邸の敷地内にあり、広い敷地は美術館の庭園として、旧伯爵邸は美術館の旧館として使われている。近年、シザの弟子であるカルロス・カスタネイラ設計のツリートップウォークなどもオープンし、現代美術に興味がない人や子どもも楽しめる場所となっている。

建築の見どころは、まずかつての伯爵邸であった旧館と呼応したデザインだろう。この建物は20世紀前半に活躍した建築家、マルケス・シルヴァにより設計された建物で、シザはこの建物のデザインを尊重し、また多くのインスピレーションを得ている。伯爵

▲セラールヴィシュ現代美術館入口

▲セラールヴィシュ現代美術館外観

▲セラールヴィシュ現代美術館旧館（旧伯爵邸）

邸は、1階部分を公の場、2階部分を私的な空間とし、通りから大きな鉄の扉をくぐり、玄関を通ると、大きな2層吹き抜け空間へと続く空間配置となっているが、これはシザ設計の新館でも踏襲されている。また、ガラスのトップライトや、1階と2階で異なる床の素材、階段の手摺り、そしてこの美術館のために設計されたスタンドライトに至るまで、シザはマルケス・シルヴァのデザインを現代的にアレンジして受け継いでいる。

そして、シザ建築に多く見られる天井へのこだわりにも注目したい。「空間の中で建築家がコントロールできるのは天井だけ」と氏が常々語っているように、時として、使い手による家具や装飾によって建築家の意図とは違う形で飾られる床や壁とは違い、天井はほぼオリジナルのデザインが使われ続けれる。この美術館でも、「メーザ・インヴェルティーダ（逆さのテーブル）」と呼ばれる美術品に直接光が当たらないように工夫されたトップライトや、天井の高低差による圧迫感・開放感の操作、器具を天井に付けない煙感知器や、穴が無いスポンジ状の吸音材、グリルを付けないスリット状の空調の吹出し口など、徹底した天井へのこだわりを見ることができる。

このほかにも、この美術館のために設計されたセラールヴィシュチェアー、セラールヴィシュランプといった家具やランプ、徹底した石の目地のこだわりなど、見所が満載の建物となっている。

●マルコ・デ・カナヴェーゼスの教会（サンタ・マリア教会）

「マルコの教会」と呼ばれることも多いこの教会は、マルコ・デ・カナヴェーゼスというポルトから車で1時間弱の街にある。シザの手によるいくつかの宗教施設の中でも特に代表的な作品だ。敷地は緩やかな傾斜地で、ここに教会、小教区センター、神父のための住宅が建てられている。上階が教会、下階が葬儀などに使われる礼拝所で、通常は上階から建物に入る。まず、この建物で注目すべきは、教会、小教区センター、神父の住宅の関係性だ。高低差があり、敷地の脇には交通量の多い国道が通っているため、3つの建物の中心となる広場は、国道から一段高い位置につくられたプラットフォームの上にある。建物はこの「アドロ」と呼ばれる広場を囲むように配置され、教会の2つの塔と大扉がこの広場に面している。どこかそっけない印象を受けるのは、大扉に付けられるはずの真鍮の板がいまだに取り付けられていないためだ。

塔の下もしくは建物横の入口から教会に入ると、明るい光に満ちた空間が広がる。ここには北側に設けられた3つのハイサイドライト、祭壇の後ろの2つの縦長の窓、2つの塔の足下にある窓、そして南側の水平窓から光が差し込む。水平窓脇にある、この教会のためにデザインされた椅子に座ってみよう。この椅子は、膝をついて祈ることができるようにデザインされている。横長の水平窓からは、敷地の下を通る国道や乱雑な街並みといった風景は外され、遠くの山並みを臨むことができる。普通、教会には窓がないものだが、少年時代のシザは毎週通う教会の窓のない空間が苦痛で仕方がなかったという。そこで、この教会の設計にあたっては、この16mのワイドスパンの窓を実現させるため、窓の上に隠れた大きなトラスを設けている。

正面の祭壇に目を移してみよう。この祭壇は一般的な教会のように十字架が正面に置かれてない。十字架は祭壇に向かって左にあり、正面には2つの開口がある。かつて司祭は、祭壇の十字架に向かってミサを執り行っていたが、時代の変化とともに司祭は信者のほうを向いてミサを行うようになっていった。このため、シザは十字架を司祭の背後ではなく、横に配置したのだ。さらには、その十字架も横の部材が縦の部材よりも細く、かなり上の部分に取り付けられている。これはこの十字架が、キリストが磔にされた十字架ではなく、人々の原罪を背負って磔になったキリストそのものを象徴しているため、身体に当たる縦部材は太く、腕に当たる横部材は細く高

▲マルコ・デ・カナヴェーゼスの教会外観

▲マルコ・デ・カナヴェーゼスの教会内観

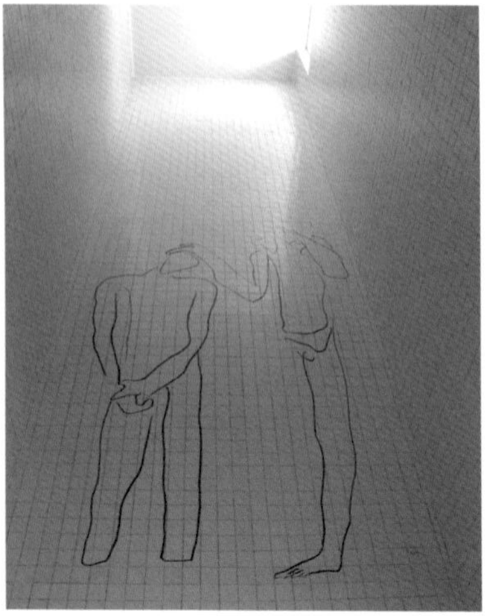
▲マルコ・デ・カナヴェーゼスの教会の洗礼所のタイル画

い位置に付けられているのだ。

人の少ない日にこの教会を訪ねると、水の音が小さく鳴り響いているのが聞こえる。塔の下にある洗礼所から聞こえる水の音だ。ここには彫塑的な洗礼用の瓶があり、中心からこんこんと水が湧き出て床に滴り落ちている。壁は一面、ポルトガルの伝統的な14cm角のタイルで覆われ、洗礼所に入るためにくぐった壁の上には、洗礼者ヨハネがキリストの洗礼を行っている姿が描かれた大きなタイル画がある。ほとんど装飾のない現代的なこの空間の唯一の装飾といえるもので、タイル画もシザによるものだ。

このほかにも、教会の四隅に置かれた十字架状のタイルや、よく見ると一カ所だけ十字架状になっている基壇部の石の目地など、小さなディテールにまでシザの情熱を端々に感じることができる名作である。

●ポルト大学建築学部

ポルト市を流れるドウロ川沿いの斜面に建てられた建築学部専用のキャンパス。高台に建つポルト大聖堂付きの住宅と、ル・コルビュジエのラ・トゥーレット修道院に発想の端を得たデザインは、13年間の設計・建設期間を経て、北側に一続きの屏風状の共用部棟、南側に4つの塔状の各学年用のクラスルーム棟が建つ現在の形へと変化した。敷地の東側には、メインの建物に先行してつくられたU字形平面のカルロス・ラモスパビリオンがあり、こちらは1年生の製図室として使われている。

シザ自らの出身校ということもあり、様々な実験的な試みがなされ、見所が多い建物である。来訪者の目を

▲ポルト大学建築学部外観

▲ポルト大学建築学部の製図室

まず引くのは、表情豊かな塔状建物のクラスルーム棟の南面である。シザがポストモダニズムの影響を受けていた時代の建物で、よく見ると顔の形になっている。それぞれの塔で窓の形や大きさが異なるが、これは学年が変わるごとに見える風景を変えることを意図したらしい。クラスルーム棟の北側には中庭があり、その中庭を挟んで反対側には共用部棟がある。こちらは、管理部門、食堂、講義室、図書館、展示室などがある場所で、管理部門の横、もしくは食堂の横に入口がある。内部に入ると、様々な形の階段やスロープで上下階がつながっており、一体感を感じる建物になっている。建物の奥へと進んでいくと、上下する壁により2つに分けられる大講義室、半円形の展示室などがあり、最奥には大きなトップライトの付いた図書室がある。この図書室はシザの敬愛するアルヴァ・アアルトのアカデミア書店から発想を得ているといわれ、乳白色の三角錐から図書館の内部に柔らかい光が差し込んでいる。

▲左は改修されたシアード地区の建物。断熱のために二重窓に改修されている。右は再開発でつくられたシアード地区の階段

▲ポルト大学建築学部図書室

●シアード地区

長いキャリアの中で、シザは都市計画をいくつか手がけている。その代表例の一つが、**リスボン・シアード地区の再開発計画**だ。リスボンの中心地・バイシャ地区の西端にあるシアード地区で1988年に起きた大火災からの復興のための再開発で、シザは当初マスタープランのみを手がけるはずだったが、次第に地下鉄シアード駅や、いくつかの建物、広場空間の設計を依頼された結果、多様なスケールで展開したシザの思想を垣間見ることができる場所となった。

ここでは、18世紀につくられた建物を修復し、またその後の乱雑な改修からもとの姿に戻す、リノベ再開発が行われた。一方で内部には耐震補強が施され、現代の生活に適合するような生活環境の整備が行われた。例えば、窓をよく見ると、古いデザインの木製サッシの内側にもう一つサッシを付けることで断熱性能を高めている。

また、この場所はバイシャ地区と呼ばれる碁盤目状に整備された下町と、バイロ・アルトと呼ばれる高台にある街の境目にあたり、碁盤目状の通りが崩れ、裏道のような通りもできていた。そこで、新たな歩行者用の階段をつくったり、裏庭を公共の空間として開放したりすることで回遊性を高め、歩いて楽しめる場所へと変化した。

特に見所が多いのは、**地下鉄バイシャ・シアード駅**だろう。この駅は、低い位置にある下町のバイシャ側と高い位置にあるバイロ・アルト側の2つに出口があり、円筒状の空間には一面タイルが張られている。これをスポットライトで照らして間接照明とし、さらに石や鉄でつくられた豊かなディテールを加えることで、荘厳な雰囲気を創り出している。バイロ・アルト側の出口は、歩行者専用のショッピングストリートであるカルモ通りの突き当りとなり、多くの人で賑わっている。ここは幅広の石と鉄の手摺りで装飾され、座ったり寄りかかったりしながら待ち合わせできる場所となっている。

▲シアード地区

●**ポルトガル・パヴィリオン**

1998年、ポルトガルの首都リスボンでリスボン国際博覧会が開かれた。ポルトガルを代表する冒険家ヴァスコ・ダ・ガマのインド航路発見500周年を記念して開催されたもので、ここでシザは、メインの展示とセレモニーを行う**ポルトガル・パヴィリオン**を設計した。

万博会場はリスボンの中心地から

▲地下鉄バイシャ・シアード駅

▲テージョ川越しに見るポルトガル・パヴィリオン外観

▲ポルトガル・パヴィリオン。帆を広げたような形の庇が風景を切り取る

北東のテージョ川沿いにあり、万博の開催に合わせて、空港まで通じる地下鉄、テージョ川にかかるヨーロッパで2番目に長いヴァスコ・ダ・ガマ橋、サンティアゴ・カラトラヴァによるオリエント駅と付属するショッピングセンター、ピーター・シャーメイエフによる水族館、カリーリョ・ダ・グラサの博物館などがつくられた。

祝祭のための象徴的で力強く合理的な建物、という万博主催者からの要求に対し、シザはちょうど帆船の帆が広げられたような庇を考え、その下に祭典のための空間をつくった。この庇は、オリエント駅側から見ると、川幅の広いテージョ川に臨む風景を切り取り、絶景に開かれた窓のような役割を果たしている。厚さ20cmのコンクリートでつくられた庇を支えるのが、両脇にあるマッシブなフレームで、こちらは石とポルトガル産の色鮮やかなタイルで仕上げられている。その横にある、かつて展示スペースに使われていた内部は現在、リスボン大学の施設として使うために改修が行われている。

▲ポルトガル・パヴィリオンディテール。庇端部(上)、庇を支えるフレーム(下)

アルヴァロ・シザ

Álvaro Joaquim de Melo Siza Vieira (1933-)
ポルトガル、マトジーニョス生まれ。1955年ポルト芸術大学卒業。1955-58年、フェルナンド・タヴォラに師事した後、ハーバード大学、ペンシルベニア大学、ローザンヌ大学、ポルト大学などで教鞭を執る。主な受賞歴に、アルヴァ・アアルト賞(1988)、ミース・ファン・デル・ローエ賞(1988)、プリツカー賞(1992)、ウルフ賞(2001)、RIBA金賞(2009)、ヴェネツィアビエンナーレ金獅子賞(2012)などがある。

上・4個の石を繋いで建てた石の家
下・オビドスの白い街並み

テーマのある旅 ⑮

ポルトガルの家と街並みを訪ねる

西山マルセーロ（竹中大工道具館）

ポルトガルの旅程では、たいていリスボンかポルトを起点として周遊するルートが多い。そのため、この2大都市とその間ないしはその近郊の周遊に終始し、結果として多くの人は海岸線の町だけを見ることになる。あるいは、アレンテージョ地方に数日を費やすのであろうか。そして、ポルトガルも地中海文化圏の延長にあることを理解する。しかし、それは半面正しいが、残念ながらポルトガルの多様性に気づくことはない。大陸の最西端に位置するこの国は、同時に文化の吹きだまりであった。さまざまな街並みに見られる異文化の混入過程と土着の風習に触れることができた時、本当のポルトガルの魅力に出会うことが可能となるのである。

●丘の上に築かれた街

ユーラシア大陸の最西端に位置し、南北に細長い小国のポルトガルを巡ると、小さいながらも各地それぞれの特徴に触れることができる。しかし、どの町にも一様に共通するのは、何にせよ足が痛くなることである。とにかくどこも坂が多い。地中海には多くの丘陵都市があるが、これほどの経験をすることは稀であろう。イベリア半島のメセタ（イベリア半島の半分以上を占める結晶質の原生岩の地盤で構成される台地の呼称）から下降するなだらかな国土を俯瞰すれば、他にも平坦な土地はいくらでも選択できたはずである。わざわざ、何でまた。そして、曲がりくねった街道をゆっくりと歩んでいくうちに、近代の効率優先社会とはほど遠い異次元の価値観に触れることができるのである。

ちなみに、かつての植民地であるマカオとブラジルの各都市の旧市街も同じである。ポルトガルの足跡は、記録に残されているだけでアジア各地に約120余りあった。この記録は、17世紀に出版されたアントニオ・ボカーロの『東方インドの街と地域に築かれた要塞図の本』に記録されている。これを見ると、どの植民地でも同じようにで

▲ローマ植民地時代、平地につくられたコニンブリガ遺跡

▼オビドス：城壁に囲まれた白い街並み

▼エヴォラ：城壁内の迷路のような街路

きる限り丘陵地に砦を築こうとしていた傾向が見て取れる。

一方、イスラム都市の影響を色濃く残すアンダルシア地方でも、マホメットの宗規による約2メートル幅の狭い迷路のような街路の旧市街が多いが、丘陵地よりはむしろ平坦地が多い。また海外都市の建設には、『インディアヌス大法典』による正確な方形とグリッド平面が基本とされていた。同じく海外進出を果たしたイギリスとオランダ、後のフランス、ドイツなどの旧植民地を見ていくと、ポルトガルだけが例外的な植民地建設を行っていたことが明白となる。

こうしたポルトガル人独特の趣向は

▲リスボン：アルファマ地区の街並み

最初からではないようである。先史時代のドルメンやケルト族の村落からローマ植民地となった**コニンブリガ**、頭に「Al」の付くイスラムを起源とする都市など、たいていは平坦地にある。地方史を見ていくと、山城を好んだ西ゴート族からの起源が考えられる。とすれば、フランス、スペインの古都との類似性には納得ができるのである。

坂をそのまま舞台にして、壇上にそびえる経堂や傍らの小さな広場、ときに建物を潜り抜けて中庭と広場が一体となり、町全体が日常生活の場となる。南イタリアにも共通する人間味溢れる空間が、ひな壇状にいく重にも積み重ねられた絵画的な構成。一度は世界を制覇した国が求めた価値観とは何だったのであろう。この国では、国民性が街並みに反映されている。そんなところに共感を覚える人が多いのかもしれない。では、靴紐を締め直し、各地を訪れてみよう。

●白い家と白い街

ポルトガルを訪れた経験のある人なら、穏やかな丘陵地に並ぶ赤い屋根を載せた砂糖菓子のような白い家が、どこまでも続いている様を思い浮かべることであろう。この風景は地中海を渡って伝わったイスラム教徒の住居形式に端を発するものであり、特に南沿岸部のアルガルベ地方にはまったく同じといっていい形式の白い陸屋根（平らな屋根）住居が林立している。ギリシアから続く地中海沿いの都市に共通する街並みは、そのままポルトガルの沿岸地方へと繋がっている。この白を基調とする壁面に色彩を配した枠取りが中南部と沿岸地方の特徴である。リスボンから海岸線を南下し、ラーゴス、アルブフェイラとアルガルベを経て内陸の**エヴォラ**周辺を回ると、同じ白い住宅とその街並みが少しずつ変化しているのに気づく。もしもモロッコの北部までいくことが可能ならば、この文

▲ポルト：ドウロ川沿いの街並み

化の起源をたどることができる。

どの家にも共通した形式がある。平屋か総2階の箱形に、大理石で縁を飾った縦長か正方形の開口部を開け、寄棟か、まれに切妻の屋根に半円形の赤瓦（一般にスペイン瓦と称される）を載せている。そして、住戸が連続する場合は必ず軒をそろえて街並みを重視する。こうして丘陵地の蛇行路に沿う家々の織りなす景色が美しい雛壇状の絵画を構成するのである。これに各地の建築事情が反映され、街並みに彩りが添えられる。海岸線の白い町は、北上するに従って少しずつ色合いを加え、また少しずつ石の割合が増えてくる。例えばリスボンの**アルファマ**と**ポルトのドウロ川沿い**の風景は、対照的な両地域の違いを表している。

●石の家と木の家

次に東北のスペインとの国境線を山岳地方から北部にかけて見ていくと、こうした白い風景は豹変する。表層に石を露出した街並みが多くなる。特に山岳都市や郊外の戸建て住居には花崗岩を主体とした石造りの家が多く、茅葺きや平石を敷き詰めた石葺きなどが用いられる地域もある。

特筆すべきは、巨大な岩の狭間に住居を築いて集落とする街であろう。ポルトガル東部のメセタの切れ目にあたるエストレラ山脈の集落、**モンサント**。「最もポルトガルらしい街並みコンテスト」で受賞したこともある村だ。こうした石造の民家は、国境を越えたスペインのガリシア地方のルーゴやレオンにも類例が見られ、それはそのままフランス、イタリアの内陸部を通して地中海のもう一つの住居形式を担っている。しかし、イベリア半島のそれは他に比べても土着の要素が強い形態で、特にポルトガルの巨石を取り込む形態は他に類を見ない。

この石の集落は、ポルトガル山岳都市にさまざまな形で散在している。カステロ・ブランコからグアルダまでは、交通手段も限られているために滅多に観光客も訪れない地域である。そのため、世界的にも珍しい景色であり

▲▶モンサント：岩の間につくった家の外観（左）、内部（右）

ながら、ほとんど知られることもなくひっそりとした佇まいを見せている。ガイドブックに載らない集落にこそ、本来のポルトガルらしさが隠されているのである。余談だが、『北の国から』の倉本聰が五郎の石の家を考える時、参考にと訪れたのがポルトガルであった。

しかし、同じ積石造でも、地方によってずいぶんと工法が異なる。ミーニョ地方の小農家の住宅を見ると、積石造であるために内部は小さな部屋に区分され、小さな開口部を設けている。多くの場合、台所とおそらく多目的な作業のために空けてある部屋が外部空間とセットに配置され、個室とサーラと呼ばれるリビングが対になる。暖炉は一般に料理用で、暖房用の暖炉は一部の裕福な家に限定されている。２階建ての場合にこうした傾向は顕著に現れる。やがて大型化してベランダとなるアルペンドレと呼ばれる屋外作業場も、多くは台所に隣接している。一方、アレンテージョ地方の郊外を見ると、周囲を壁で囲んだ広い農場が目につく。砂岩を積み上げ、漆喰で固めた白い造りの農家は、用途ごとに数棟の屋敷で構成されている。

また、数は少ないが木造も北部の都市に多く見られ、郊外には高床式の家畜小屋と穀物倉庫を積み上げた木造農家も存在する。スペインのドゥエロ川（ポルトガルに入るとドウロ川）沿岸から伝わったのか、トラス・オス・モンテスのヴィラ・レアルからブラガンサまでの地域には、同じハーフティンバー（柱・梁などの骨組みを外に現した形式）がポルトガル風に変容した住宅が見られる。

●アズレージョとターリャ・ドゥラーダ

街を歩いていると、建物を包む絵タイルが目につく。この装飾絵タイルは、元来アラビア原産で、単色のもの、幾何学模様のものなど、古くからさまざまな用途に使われていた。ポルトガルには、15世紀の終わりにセヴィーリャから輸入され、シントラの王宮やコインブラの旧司教座大聖堂に使われた。16世紀後半になると、フランドル・マ

▲ギマランイス北部の町にみられる木造の街並み

▲ブラガンサ：木造の街並み

ニエリスムの影響を受け、教会や貴族の館に幾何学模様や動植物の模様を描いたものが現れる。リスボンのサン・ロケ教会、セトゥーバルのジェズス教会に当時の作品が見られる。

ポルトガルでアズレージョが独自の方法で使われ始めるのは、17世紀後半に大量生産が可能になってからで、中国の陶器に影響を受けて白地に青の単色となる。ベンフィカのフロンテイラ侯邸が好例である。やがて18世紀には宗教画と装飾幾何学模様を組み合わせる方法へと展開し、作家が登場する。代表的な作品に、ガブリエル・デル・バルコらのヴィアナ・ド・カステロのミゼリコルディア教会、ポルト大聖堂などがある。やがては、赤、黄、緑などの色彩も加えられロカイユ様式と呼ばれるようになる。バルセロスのヴィラル・デ・フラデス修道院は一見の価値がある。アズレージョの年代を追って旅すると、イスラムからキリスト教への時代の流れと、その中に見出したポルトガルらしい暖かい作風への変遷を知ることができる。

▲リスボン：アズレージョの街並み

建物の外部には見られないが、バロックからロココ期の重要な装飾がターリャ・ドゥラーダである。金泥木彫と訳されるように、ブラジルで産出された金で堅木彫刻を覆った豪勢な彫刻である。初期の作品は、北部の田園風景をモチーフに葡萄の蔓や房、天使や小鳥など牧歌的なイメージであったが、18世紀になると貝殻・椰子・渦巻き・花飾りなども取り入れる。ジョアン5世風と呼ばれ、大航海時代を反映している。この極度に派手な装飾手法は、マヌエル様式からバロックへの展開の中で絢爛豪華な時代を反映している。リスボンのサン・ロケ教会とサン・ミゲル教会、ポルトのサンタ・クララ教会とサン・フランシスコ教会に見られる天井まで埋め尽くされた装飾は必見である。

●異文化の混入とバロックの開花

植民地政策において中心的な役割を果たしたイエズス会は、マヌエル様式を取り入れた簡素で機能的な空間と集約された装飾の形式をつくり、反体制派はイタリア・ルネサンス様式にフランドル風をアレンジした。簡単にいえば、スペインとの権力争いの構図が各地に刻まれている。次にブラジルの富が北部と南部に新しい潮流をもたらした。北部では南イタリアのニコラウ・

ナゾーニが絵画的なまでの強い装飾性の作風を広げ、南部ではマフラ修道院を皮切りにルードヴィッヒがドイツ風をアレンジして持ち込んだ。これにリスボン近郊で、フランスのヴェルサイユ宮に影響されたロココ様式が加わり、仏・西・伊・独の影響圏が確定する。

このように、唯一の国家様式とされるマヌエル様式もたんなる装飾手法にすぎず、他も二級品扱いを受けるポルトガルの建築と街並みであるが、それではなぜこれほどまで人々の心を掴むことができるのであろうか。その一つの答えは、航海の成功と富を背景に移入されたさまざまな様式の再編過程ともとれるバロック時代に、ポルトガル人のまさに真の国民性ともとれる寛容さと裏腹の、したたかさにある。民の系譜と貴族の権力闘争。ヨーロッパのどの国にも共通する視点であるが、ポルトガルの違いはその享受の過程に見られる国民性にある。人々との出会いの中に町の生い立ちを見ることが、この国の大きな魅力であろう。

▲サン・フランシスコ教会のターリャ・ドゥラーダの装飾

▲ミゼリコルディア教会のロカイユ様式の内部

▲トマールのキリスト修道院、参事会場のマヌエル様式の窓

早わかり フランス建築史

フランスは地理的に西欧世界の中心に位置し、その建築文化は、周辺の国々との交流によってはぐくまれ、西欧世界全体の縮図を見るかのように各地に刻み込まれている。例えば、大西洋と地中海に面する地方では、海のルートを経た様々な民族と伝統の建築技術が頻繁に出入りし、周辺の国境に接する地方では、互いに共通する材料特性と趣向を共有し、国の境界を越えた建築類型を見出すことができる。その一方で、イギリスからイタリアへ、スペインからドイツやフランドルへの交通の中心であり、ゴシック建築やヴェルサイユの建築文化が他のヨーロッパ諸国に発信したように、フランスで誕生した新しい建築様式が一気に伝播するのにも好都合な地理的条件を持っていたのである。

次にフランス建築の特質として「合理精神の表現」が挙げられる。古代建築がギリシア・ローマから受け継いだ合理精神にのっとって移植されて以来、中世、近世、近現代までのフランス建築は、常に理性的で抑制された美を追求してきた。しかし、それだからといって冷徹で装飾性のない建築だけを生み出してきたわけではなく、繊細優美な彫刻やレリーフで飾られた教会堂や宮殿、街並みを多く輩出し、全世界にその芸術性を広めたことは確かなのである。

ここでは、以上のようなフランス建築の特質が、周辺の国々からの異文化を受容し、あるいはそれを自らの文化に同化させながら、どのように形成されていったのかを見ていこうと思う。

●先史時代・古代

フランスはその恵まれた土地と気候条件によって、人類の美術発祥地の一つとして知られる。とりわけラスコーの壁画を中心とする洞窟芸術は先史時代の芸術活動が活発に行われていたことを示している。また、新石器時代の巨石文化を代表するメンヒルやドルメン等は、カルナックをはじめブルターニュ地方に多く残され、変種に富むフランス芸術の一端がすでにあったことがわかる。

ローマのガリア征服後には、フランスに高度な石造技術が伝えられると、プロヴァンス地方を初めとする植民都市にローマ式の都市と記念建造物が建設される。市壁で囲まれ、南北軸のカルドと東西軸のデクマヌスという大通りが交差し、それを基本として格子状の道路パターンが形成される植民都市の典型の中で、フォルムという広場を中心に神殿、劇場、円形闘技場、浴場等が配置される。アルル、ニーム、オランジュ等に残る古代ローマの建築遺構はその代表であり、イタリアではもはや見られない貴重な古代遺構も多数ある。

●初期中世からロマネスクへ

キリスト教の普及にともない、教会堂建築がフランスにも多く建てられ、メロヴィング朝（6-8世紀）、カロリング朝（9世紀）の建築遺構がわずかながら残っている。それらは主に地下聖堂や洗礼堂であり、ローマの建築技術や装飾を継承したものだった。フランスが建築的に大きな飛躍を遂げるのは、ロマネスク時代を迎えてからであ

オランジュの古代劇場

サント・フォワ教会堂

サン・マルタン・デュ・カニグー修道院

る。紀元千年までの建築傾向は、北部地方の木造ゲルマン文化と南フランス地方の石造ラテン文化で二分されていたのに対して、サンティアゴ・デ・コンポステーラ巡礼路の発達と都市の繁栄にともなった人的、文化的交流がロマネスク建築に技術的、芸術的改革を促した。その結果、南フランスの石造ヴォールト天井で覆われた堅固な構造と北フランスの上昇感溢れる高い塔と天井への空間指向が合体したロマネスク建築が生まれたのである。また、ロマネスク建築の魅力は、建築の枠組みを逸脱することなく表現された彫刻や壁画の美を同時に鑑賞できることにある。扉口上部のタンパン、柱頭、入口左右の側柱等は彫像や動植物の装飾で溢れんばかりに埋め尽くされながら、しっかりと建築の枠の中で建築の構造を視覚的に強調しているのである。次のゴシック彫刻以降、失われてしまうロマネスク彫刻の「枠の法則」がそこでは守られているのである。

●ゴシックからルネサンスへ

ゴシック建築の一般的特徴として、天井が高く、上昇感の強い室内構成と壁面一杯に開けられたステンドグラスの窓から入る神秘的な光を挙げることができるが、これらの特徴はゴシックの工匠たちがロマネスクやイスラムの建築ですでに用いられていた建築技術の成果を踏まえ、合理精神の下で総合させた結果である。フランスのゴシック建築は、一般に初期ゴシック、古典ゴシック、後期（フランボワイヤン）の3期に分けられる。ゴシック建築の発生に大きな

ロマネスク教会堂の各部名称

[平面図]

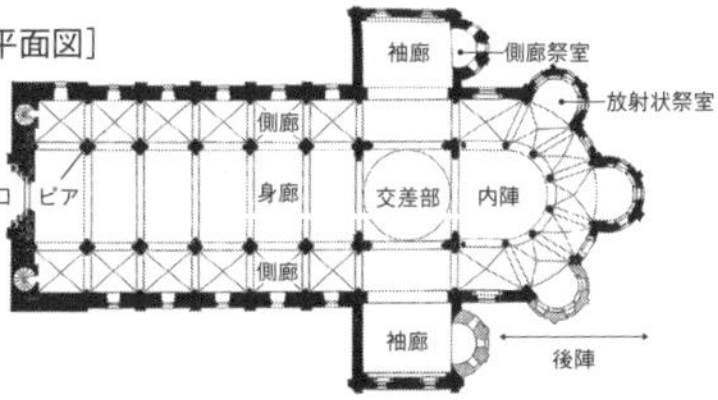

[横断面図]

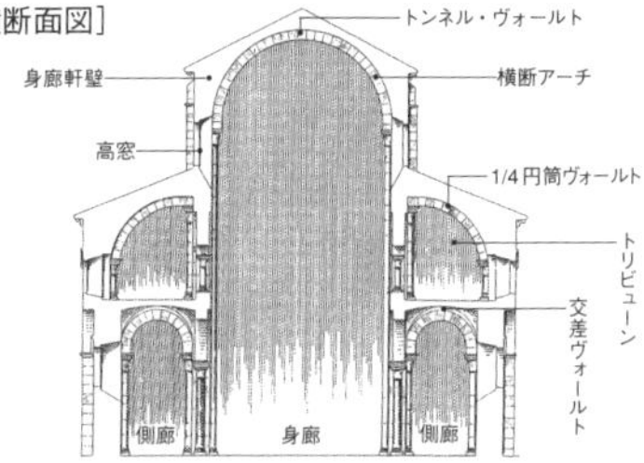

ゴシック大聖堂の各部名称

[平面図]

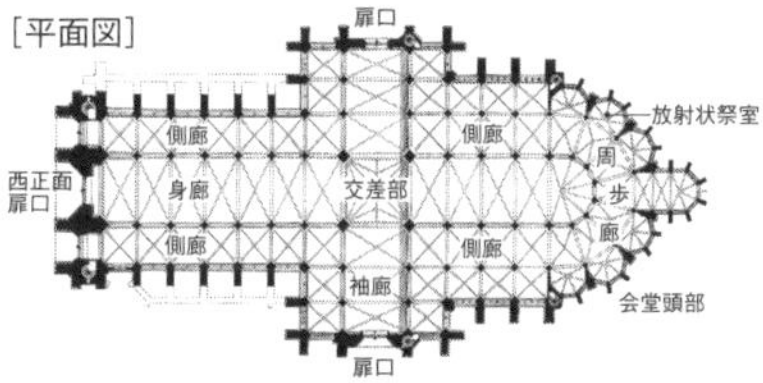

[断面透視図]

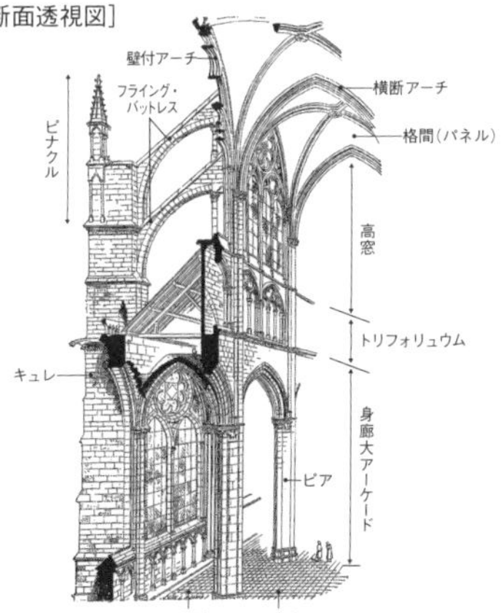

サン・ドニ大聖堂

アミアン大聖堂

シャルトル大聖堂

役割を果たしたとされる**サン・ドニ大聖堂**内陣とその献堂式に参列してすぐさま建設を開始した**サンリス、ノワイヨン、ラン等のノートル・ダム大聖堂**は初期に含まれる。そこでは、依然としてロマネスク時代からの平面プランと側廊2階のトリビューンが残っており、ゴシック建築の豪快な構造がまだ完成していないことがわかる。13世紀前半頃からフライング・バットレスを巧みに使用し、トリビューンを排除した古典ゴシックが出現する。**シャルトル、ランス、アミアンの大聖堂**がその代表例である。14世紀後半頃から、装飾を主体とするイギリスのゴシック建築から影響を受けたフランボワイヤン式と呼ばれる後期ゴシックの建築が登場する。ヴォールトのリブが複雑化し、古典期のゴシック建築で見られた構造と意匠の呼応関係はもはやなくなり、リブや反曲点のある曲線で飾られたトレサリーの窓構成などが構造体すべてを覆い隠してしまう。ここにおいて、高さとステンドグラスの大空間を追求してきたフランスのゴシック建築の歴史は、終焉を告げるのである。

15世紀末から16世紀初頭にかけてフランス軍がイタリアに侵入し、初めてルネサンス芸術を実地に見聞する機会を得たフランスの王や貴族たちは、ただちにこの新しい生活様式と芸術を輸入しようとした。ルネサンス建築がフランスへもたらされたきっかけは、そこにあった。それゆえ初期のルネサンス建築では、フランソワ1世がイタリアから芸術家を呼び寄せて自らの所有する中世の城や宮殿を増改築した例が大多数を占める。**ブロワ城**のフランソワ1世の翼屋と大階段を皮切りにロワール川流域のいわゆるシャトーと**フォンテンブロー城**のフランソワ1世のギャラリーがその代表例であり、中世の防備用域で用いられていた建築要素を依然として残しながら、イタリアの古典様式を模倣しているのが特徴である。

16世紀半ば頃から、イタリアに留学したフランス人建築家によって、フランス・ルネサンス建築完成の時代に入る。イタリア・ルネサンス建築の古典オーダーを踏襲しながら、フランスならではの優美な装飾性を強調した**ルーヴル宮中庭西南隅**のファサードを設計したピエール・レスコーや中世フランスで築かれた組積造の技術とイタリア古典主義の作法を折衷させ、**アネ城**の傑作を生みだしたフィリヴェール・ドロルムがこの時代を代表する建築家といえる。

●バロックからロココへ

アンリ4世の治世下でようやく政治的にも、経済的にも安定した時代を迎えたフランスにおいて、新興のブルジョワ階級が台頭してくる。一般的にフランスのバロック建築は、ローマにおけるカトリックの反宗教改革と並べられてルイ王朝の絶対王政を表現するために採用されたように理解されることが多いが、最初にこの新しい様式を認めたのは、権威と格式を誇示するのを目的とした王室ではなく、イタリアの新しい芸術の素晴らしさを見極める見識を備えていたブルジョワ階級だった。それゆえフランスのバロック建築は、パリ近郊の貴族の

ブロワ城

ルーヴル宮中庭西南隅

ヴェルサイユ宮殿

城や宮殿において萌芽し、イタリアのバロック建築のような変則的で曲線的なオーダーを用いることなく、抑制のきいたバロックとして発展するのである。

フランス・バロック建築に偉大な刻印を残した建築家として、サロモン・ド・ブロス、フランソワ・マンサールとルイ・ル・ヴォーを挙げることができる。とりわけ、ル・ヴォーは**ヴォー・ル・ヴィコント城**の設計で、室内装飾家のシャルル・ル・ブランと造園家アンドレ・ル・ノートルと初めて手を組み、**ヴェルサイユ宮殿**を予告する最高傑作をつくりあげた。

ルイ14世の死後、ヴェルサイユ宮殿での形式主義的生活に反発していた貴族たちは、パリでサロン中心の生活を楽しむようになり、ロココ芸術が生まれる。古典的モチーフを極力抑制した簡素で平坦な外観とは裏腹に、優雅で女性的な曲線で飾られ、機能的で心地よい家具類が使用されたロココ建築は、貴婦人たちの社交場として一世を風靡した。しかし、18世紀後半になると、ロココの退廃的な流行への反動として、新古典主義様式の建築が台頭してくる。ポンペイの発掘による古代研究の進歩と百科全書派の知的探求が人々を理性の時代へと導いていく。そして、建築を幾何学的形態で表現しようとしたルドゥーのような幻視的建築家が登場したのは、新古典主義建築に含まれる合理性が根底にあったからであり、その合理主義こそが歴史様式から脱皮しようとしていた近代建築を誕生させる源泉となったのである。

●19世紀から現代へ

フランス大革命と産業革命によって、建築界は鉄とガラスによる民衆のための建築で支配される時代へ向かう。セーヌ県知事オスマンが指揮したパリ改造計画は、国際都市パリに相応しい街並みを誕生させ、ギマールらのアール・ヌヴォー建築が世紀末のパリを飾ったのは、近代都市パリの誕生を告げる重要な出来事だった。そして、フランスを彩ってきた様々な歴史様式に別れを告げる近代建築の幕開けが訪れたのである。理性を重んじるフランスの精神は、華麗で装飾的な伝統美を保持しながらも、つねに革新的な合理主義に根ざした建築を目指してきた。鉄筋コンクリート造のパイオニアであるオーギュスト・ペレから近代建築の巨匠ル・コルビュジエまで、鉄筋コンクリートという新しい素材を活かした彼らの傑作が世界を轟かし、我が国にまで大きな影響を及ぼすに至った。

20世紀後半には、ミッテラン政権下に実施されたグラン・プロジェやユーラリール開発計画で、時代を代表する建築家たちがフランスを舞台に競い合い、その中から世界をリードする建築家が多数輩出された。このような最先端の技術とデザインを世界に先立って生み出させたフランスは、その一方で古代から近代までに蓄積された歴史と文化を尊重することを疎かにしなかった。そして、その輝かしい過去を博物館の中に封じ込めるのではなく、現代社会にいきいきと蘇らせていることをわれわれも学ばなければならないだろう。（羽生修二）

アルケ・スナンの王立製塩所

カステル・ベランジェ

ラ・トゥーレット修道院

早わかり スペイン建築史

スペイン建築は、東西南北の接点であるイベリア半島に位置する地理的条件、そしてキリスト教文化とイスラム教文化が対比あるいは融合する宗教的背景を反映して、独自の様式を展開させてきた。そこでは、時として周辺国からの影響によって禁欲的で理路整然とした建築思想が主流を占めることもあったが、常に土着的で表現主義的な傾向を拭い去ることはなかった。ここでは、スペイン建築の流れを概観し、その特質がどのように形成されていったのかをたどってみよう。

●先史時代〜ローマの属州時代

スペインの建築文化において知られている最古の例は、旧石器時代のアルタミラを代表とする壁画で飾られた洞窟空間であろう。単に写実的な絵画としての価値だけではなく、住居あるいは儀式の空間として先人たちが創り上げた最初の建築だといえるからである。しかし、いわゆる建築遺産としては、ローマの植民地時代に建設された神殿、劇場、闘技場、水道橋等のローマ建築が建築史の最初のページを飾るに相応しい。メリダの劇場と円形闘技場、セゴヴィアの水道橋等は、ローマ帝国の優れた建築・土木技術によって建設され、今日でも堂々と建ち続けている。次の初期キリスト教建築の時代に入ると、キリスト教化された西ゴート人がローマとビザンティンの教訓を活かしながら、馬蹄形アーチと幾何学的装飾モチーフを用いたバシリカ式教会堂を建てはじめる。それらはイスラム教の支配下ではとんどが破壊され、現存する例は数少ない。

●イスラム支配の時代

711年から1492年までスペインを支配したイスラムの支配者は、偶像崇拝を徹底的に禁じたイスラム教の教義に従った独特の美術を誕生させ、コルドバ、セヴィーリャ、アルハンブラで抽象的、幾何学的な装飾と光の空間をつくりだした。それらは、キリスト教建築と融合し、スペイン独自のモサラベ、ムデハル建築を生みだすことになる。モサラベ建築は、イスラム教圏に残留したキリスト教徒であるモサラベが迫害を逃れて北部に建設したキリスト教建築であり、それに対して、ムデハル建築はキリスト教支配地域に住むイスラム教徒が、その建築技術を駆使してキリスト教に奉仕してできた様式である。こうしたキリスト教とイスラム教の建築的融合がスペイン建築の基層を決定づけることになる。

●プレ・ロマネスクからロマネスクへ

中世において、スペイン建築は、ヨーロッパの他の国々と同じように、ロマネスクとゴシックのキリスト教建築を完成させたことで、一大発展期を迎える。しかし、ロマネスク建築が誕生する前に組積造技術において先駆的役割を果たしたアストゥリアス建築の存在も忘れることができない。ロマネスク建築は、カタルーニャ地方のロンバルディア系と**サンティアゴ・デ・コンポステーラ**巡礼路に沿ったフランス系があり、南下するにしたがってスペイン的特性を表すロマネスク建築へと変容していく。カタルーニャでは、旧サン・ピエトロ大聖堂と同じ5廊式の**リポール修道院聖堂**など多数の教会堂が建設された。一方カステ

メリダのローマ劇場

アルハンブラ宮殿

サンティアゴ・デ・コンポステーラ

ィーリャでは、フランスの影響を受け、巡礼路沿いの**ハーカ**、**レオン**などの要所に大規模な教会堂が生まれ、最終地であるサンティアゴの大聖堂はフランスの巡礼路教会堂形式を採用していることからも、フランスとの絆が強かったことを証明している。

●ゴシックからルネサンスへ

ゴシック様式は、イスラムに対する失地回復戦争(レコンキスタ)の進展とともに南下し、**ブルゴス**、**レオン**、**トレド**という当時の主要都市にフランス式のゴシック大聖堂を次々に誕生させた。しかし、15〜16世紀にかけて建設された**セヴィーリャ**、**セゴヴィアの大聖堂**では、垂直性を強調したフランスとは異なる水平性の強いスペイン・ゴシックとなる。また、後期ゴシックからルネサンスへの移行期に、イサベル女王の名に由来する、過剰装飾を特徴とするイサベル様式が生まれ、ヴァリャドリードの**サン・グレゴリオ学院**を代表とする傑作が建てられた。

ハプスブルク王家の支配を受けた時代は、流行様式であるルネサンス建築がスペインにも輸入され、イタリア様式が普及する。初期のルネサンス建築は、ゴシックの構造に古典様式のモチーフを張り付けたようなプラテレスコと呼ばれる様式で建てられた。それは、銀細工(プラテリア)を思わせる繊細な装飾が施されたからであり、**サラマンカ大学**や**グラナダ大聖堂**のファサードにおいて、その特徴が示されている。ルネサンス後期になると、**エル・エスコリアル修道院**の設計を担当したホアン・デ・エレーラが示したイタリア・ルネサンスの厳格で格式のあるエレーラ様式へ向かう。

●バロックから新古典主義へ

スペインのバロック建築は、ローマを中心としたカトリック世界の反宗教改革の流れを受けてキリスト教建築の中に展開され、チュリゲラ様式と呼ばれた。祭壇彫刻師の家系であるチュリゲラ家の４人兄弟とその一派が作り出したこの様式は、建築、絵画、彫刻を融合させた幻視的な建築様式で、**トレド大聖堂**の祭壇が代表作である。18世紀にフランスのブルボン王家が支配するに至ると、アカデミー制度が導入され、新古典主義建築が主流を占める。スペイン・バロックの過飾的傾向から脱皮し、フランス的合理性を目指した**マドリード王宮**や**プラド美術館**は、この時代を代表する建築である。

●カタルーニャ・モデルニスモから現代へ

19世紀末にベルギーのブリュッセルで生まれたアール・ヌヴォーの波は、バルセロナを中心とするカタルーニャ・モデルニスモとなって結実する。その結果、ドメク・イ・モンタネールやアントニ・ガウディを代表とする個性的で構造合理主義の精神にあふれた建築家の作品がバルセロナの街並みを飾った。その後、内戦による悲劇的な停滞期があったが、建築文化への激しい情熱を抱く若き建築家たちが次々に登場し、スペインという独特の風土と伝統を背負いながらも、第二、第三のガウディを目指して斬新な実験を試みている。

(羽生修二)

サグラダ・ファミリア贖罪聖堂

サン・グレゴリオ学院

エル・エスコリアル修道院

早わかり ポルトガル建築史

●先史時代

古代の記述家の表現に「イベリア人」という名称がある。起源について諸説あるが、いずれも他地域からイベリア半島へ移住してきたとされている。現在の領域には石器時代の遺跡が多く、中でも新石器時代のドルメン(巨石墓)やクロムレック(環状列石)がアレンテージョ地方のカステロ・デ・ヴィデ近郊に多い。また南部にはフェニキア人とギリシャ人の遺跡が多く、北部と隣接するガリシアにはケルト人の円形石壁の遺跡がある。

●ローマ時代

現在の主要都市と道路網は、ローマ時代に築かれたものが骨格となっている。オリスポ(リスボン)、ポルトゥアレ(ポルト)、ブラカラ(ブラガ)、コニンブリガ(コインブラ)、エヴォラがこれにあたる。アウグストゥス帝により設立されたブラカラは、ローマ帝国の行政区となり、後年カラカラ帝により、現在のガリシアであるガレシアのローマ県の首都としての地位が与えられていた。当時の遺構は今も各地に残っている。リスボンのローマ劇場やテルマス・ドス・アウグスティス、ブラガの公衆浴場や噴水と劇場の名残、そして**エヴォラのローマ神殿**が有名だ。

●イスラム時代とレコンキスタ

現存する西ゴート朝統治時代(580-770)の建物はなく、改修された建物の一部にわずかに残っている。ブラガ近郊のサン・フルトゥオーゾ・デ・モンテリオス礼拝堂には7世紀の西ゴート族の修道院の一部が残され、ラヴェンナのガラ・プラキディア霊廟などのビザンチン建築の影響が見られる。

8世紀後半、イベリア半島は現在のガリシアにあたるアストゥリアス王国以外は後ウマイヤ朝の時代で、12世紀にポルトガル王国が成立した当時でもリスボン以南はムラービト朝に支配されていた。13世紀初頭、カスティリャ・アラゴン・ナバラの連合軍はムワッヒド朝からコルドバ・セビリャを相次いで回復した。ポルトガルが南部アルガルヴェに達する頃のイスラム勢力はグラナダ王国だけになっていた。ポルトガルは1249年にレコンキスタを完了したが、その過程の違いで南部には強くイスラムの影響が残り、日干レンガか版築(タイパ)の上に白漆喰が塗られた白壁の住宅が海岸を彩っている。リスボンでは**アルファマ地区の街並み**がその名残である。またエヴォラやシントラにも城壁や貯水池が部分的に残るが、モスクはほとんど解体された。

ポルトガルではエンリケ伯爵がフランスのロマネスク様式を導入した。レコンキスタではキリスト教への改宗と教会建設が主要な目的となった。コインブラ大聖堂の教会やリスボン総主教大聖堂とクリュニー修道院に由来するブラガ大聖堂が好例だ。

ポルトガルの初期ゴシックがはっきりと定義されない理由は、導入年代が遅く、かつロマネスク様式の教会や大聖堂の上にゴシック様式の翼廊やモチーフが装飾として足されたことによる。ポルト大聖堂、エヴォラ大聖堂、トマールのキリスト修道院がこれにあたり、1178年にフランスのシトー会修道院として建設された**アルコバッサ修道院**は、ポルトガルの最初のゴシック建築として認知されている。

エヴォラのローマ神殿

アルファマ地区の街並み

アルコバッサ修道院

●大航海で得た富と建築

大航海時代の建築は後期ゴシックからルネサンスへの移行期にあたるが、ポルトガルの国家様式ともいえるマヌエル様式とイタリアのマニエリスムが混同されやすく、年代も重なることに注意したい。

当時ポルトガルには、王室の要請に応えられる国家的な建築家が不在であったといってよい。しかし膨大な資金があったため、歴代王室はその時々の事情でヨーロッパ各地から建築家や彫刻家を招聘することができた。マヌエル1世はアフリカ・アジア航路での成功で得た利潤を建築に反映したがった。新世界で出会った未知の要素を装飾モチーフに取り込むことは、まさにその要望に応えるのにうってつけであり、王の名前から「マヌエル様式」と呼ばれるようになった。そして、スペインのプラテレスコ様式、エリザベス朝様式、イタリア様式、フランドル様式、ムデハル様式の影響も融合してさらに複雑化し、海洋権力を讃える教会、修道院、宮殿、城の彫刻や絵画、家具などのあらゆる芸術に広がっていった。

こうしてポルトガルでは、厳格なルネサンスの古典主義建築はなく、外国人建築家を招聘する中で徐々に進化していったとされる。カスティーリャ人のディオゴ・デ・トラルヴァによる**トマールのキリスト教修道院**内のノッサ・セニョーラ・ダ・コンセイサン礼拝堂(1540)とイタリア王室建築家フィリッポ・テルツィが完成したクリスト修道院の回廊、そしてリスボンのサン・ロケ教会(1587)が最初の純粋なルネッサンス様式としてのマニエリスムの建築とされる。

その後のスペインのフェリペ王が統治した時代には、基本的にマニエリスムであるが、ほとんど装飾されず単純化した"Estilo Chão"(英語では"Plain architecture"と翻訳されるが日本語訳は定まってない)と呼ばれる新しい定義がアメリカ人美術史家キュブラー博士から提示された。ポルトガル以外では定着した概念とはいいがたいが、バロックへの移行を先行したスペインとの違いを鮮明にする現象である。ポルトの**グリロス教会**(1614)、エヴォラのノッサ・セニョーラ・ドス・レメディオス修道院(1614)などがこれにあたる。

●王政復古とブラジルの金

ポルトガルのバロックは非常に特殊な展開をした。そもそも反宗教改革の建築表現であったバロックは、プロテスタントが存在しなかったポルトガルには無縁であり、海外圏のイエズス会建築が先行していた。当時の国内情勢は厳しく、初期バロックとみられる作品はわずかであったが、ブラジルの金とダイヤモンドによる莫大な収益によって、後期になって一気に開花した。

最も豪華なバロック建築とされる**マフラ国立宮殿**は、イタリアで学んだヨハン・フリードリヒ・ルートヴィヒによるもので、宮殿に大聖堂と修道院を統合した巨大なイタリアン・バロック建築である。また、ローマ以来の最高傑作と評されたアグアス・リーブル水道橋(1748)やハンガリー人芸術家のカルロス・マルダーによる記念碑的な噴水、イタリア建築家によるオペラ・デ・テージョ、ネセシダデス宮殿などヨーロッパ各地から芸術家を招聘し

トマールのキリスト騎士団修道院

グリロス教会

マフラ国立宮殿

て建築がつくられた。

バロックの傑作といわれるケルース宮のディテールにはすでにロココ様式の影響が見てとれる。ポルトガルのロココの導入はイタリア人建築家ニコラウ・ナゾーニによって北部から始まった。ブラガの**ライオ小宮**を好例とする、貝殻や葉を基調とした花崗岩と白壁によるコントラストの強いデザインがポルトガルの特徴といわれている。しかし、残念ながら、リスボンでは1755年の震災で被災した作品も多い。

●リスボン大地震と多難の時代

1755年のリスボン地震の復興と再建に貢献したポンバル侯爵の名を冠した「ポンバリンスタイル」は、実用的であっさりとしたファサードに、ロココ様式や新古典主義の要素を取り入れたスタイルが特徴だ。地震による首都復興の合理性を追求した計画は一見、新古典主義の先取りと捉えがちであるが、実は政治不安と財政上の厳しい時代背景によるところが大きい。王室のブラジル逃亡(1807)から自由主義革命(1820)、王室返還(1821)、ブラジル独立(1822)と続き、1834年まで不安定な状態が続いていた。そのため、デザインは基本的にシンプルで機能的にならざるを得なかったのである。

しかし、ポンバリンの真価は建築スタイルではなく、近代的な都市建設システムの導入にある。特に**バイシャ地区**は一旦すべての建物を撤去して再建するという徹底ぶりだ。耐震性と施工性を加味した新しい工法を採用し、屋根と床だけでなく、壁面の一部にもプレハブ製造した木材を用いた柔軟な構造とした。大量の木杭で地盤改良し、塩水にも耐える河岸都市を実現した。建物は規格化され、3階建の1階には店舗が入る。最大容積を設定して防火帯を確保し、派手な装飾は基本的には玄関と窓廻りに限定されたため、全体にシンプルな印象である。ガラス窓も規制の対象だ。コメルシオ広場を中心としてアウグスタ通り、リベルダーデ通りで結んだ直線的なレイアウトは、迷路のようなイスラム型中世都市の時代にあった施設や広場とも連結することに成功した。

●新古典主義の到来

ポルトには、リスボンと異なる学派が新古典主義を持ち込んだ。イギリスとの関係は古く建国にまで遡るが、パッラーディオ建築の導入においては英仏と西伊でスタイルが異なる。そしてリスボンでは宮廷に限定してイタリアの影響が見られ、ポルトとその周辺ではより広く英国の影響が強く感じられる。**サント・アントニオ病院**のようにローマ古典主義そのままのパッラーディオ建築もあるが、比較的シンプルな形状に異なる装飾で飾る傾向は他のリバイバルの引き金となり、ネオ・マヌエル様式とネオ・ムデハル様式へ繋がった。

後期ゴシック期のマヌエル様式は、19世紀半ば以降、ブラジルなどの植民地でもリバイバルした。天球儀、キリスト騎士団の十字架、国章などの大航海時代の象徴とともに、ロープ、エキゾチックな食物、サンゴや藻の枝など海の植物をモチーフとするポルトガル独自のスタイルとなった。そして、イベリア半島全体で再発したネオ・ムデハル様式は、ポルトガルでも19世紀後半から20世紀初頭にか

ライオ小宮

バイシャ地区の街並み

サント・アントニオ病院

けてアルガルヴェやアレンテージョ南部で流行してから、北上した。しかし、ネオ・マヌエル様式のモチーフの一部に含まれるので、気づかないことが多い。主に邸宅が多く、リスボンのカンポ・ペケーノ闘牛場(1892)やポルトのボルサ宮殿のサラ・アラベのインテリア・デザイン、デヴェサス工場倉庫など、内外装さまざまに見ることができる。

19世紀後半に出現した鉄の建築は、建設技術として革命的ではあったが、いずれも様式としては歴史主義のリバイバルといってよく、橋、鉄道駅舎、エレベーターなどのインフラや展示施設、市場、商業施設といった公共建築に限定される。リスボンの**サンタ・ジュスタのリフト**やポルトのドン・ルイス1世橋とマリア・ピア橋、フェレイラ・ボルジェス市場がある。

20世紀前半になると、フランスのアール・ヌヴォーがリスボン、ポルト、アヴェイロに限定的に到来した。フランス趣味の貴族が、ポルトガル式の住宅にステンドグラス、タイル、錬鉄の門などで飾ったネオ・ロマネスクの折衷様式ともいえる。

●新しい時代の建築

1926年の革命を通じて共和国が打倒されると、独裁政権下における首都リスボンの開発が進んだ。サラザールが率いるエスタード・ノーヴォ政権は、1930年代から公共建築にアール・デコを取り入れたモダニズムスタイルを普及させ、1940年のポルトガル万国博覧会(国際博覧会ではない)を契機に、公共建築を政権の名を冠した国家主義スタイルでつくらせ、海外県の公共建築にも広く採用させた。その代表的な建築が**ベレンの発見のモニュメント**である。しかし、このスタイルは多くの若手建築家に批判された。

そして、リスボンには近代建築国際会議CIAMが、そしてポルトには現代建築家組織ODAMが生まれ、1948年に開催された第1回建築会議により、モダニズムに傾倒する流れが確立するが、そのほとんどはル・コルビュジエとアテネ憲章に影響されたものであった。

ポルトには、フェルナンド・タヴォラとアルヴァロ・シザが卒業した**ポルト大学建築学部**があり、その出身者がポルトガル現代建築の主要な潮流を担った。タヴォラはシザの大学の師匠で、当時はモダニズムから発展したインターナショナル・スタイルの全盛期だった。伝統建築に造詣の深いタヴォラはモダニズムと伝統様式の融合を提唱した理論家であり、これを実践したのがシザである。「ポルトガルの建築家の多くはシザの息子だが、タヴォラは私たち全員の祖父だ」といわれる所以である。1960年代の代表作といわれるグルベンキアン財団本部は、ポルトで学んだルイ・ダトゥーギアとリスボン大学美術学部の出身であるペドロ・シッドとアルベルト・ペソアの設計による。ポルトガルのモダニズムはこの2つの学派によって先導された。

ポストモダンが流行すると、アメリカデザインを直接導入したアモレイラスSCが議論となった。近年では、著名な外国人建築家による優れた作品が多く出現しているが、大胆なデザインにこだわらず、高品位さを欠かさず、ポルトガルの新しい魅力に貢献している。

(西山マルセーロ)

サンタ・ジュスタのリフト

ベレンの発見のモニュメント

ポルト大学建築学部

建築·街並み索引

フランス

ア

カ

サ

ポルトガル

執筆者略歴一式

各国「テーマのある旅」掲載順 ①生年②最終学歴③現職④主な研究テーマ

羽生修二 (はにゅう しゅうじ)
①1948年②東京都立大学大学院博士課程修了③東海大学工学部建築学科名誉教授④フランス建築史、歴史的建造物保存・修復学

入江正之 (いりえ まさゆき)
①1946年②早稲田大学理工学部修士課程修了バルセロナ工科大学ガウディ講座留学③早稲田大学名誉教授④建築設計、建築論

西山マルセーロ (にしやま まるせーろ)
①1964年②東京大学大学院工学系博士課程修了③(財)竹中大工道具館④ポルトガル・スペインとその植民地に関する建築・都市史、アジア建設技術史

西田雅嗣 (にしだ まさつぐ)
①1958年②京都工芸繊維大学大学院修士課程修了③京都工芸繊維大学デザイン・建築学系教授④建築史

長塚安司 (ながつか やすし)
①1936年〜2013年②東京藝術大学美術学部芸術学科専攻科修了、パリ大学史学博士号取得④西洋中世美術史における「キリスト受難の図像」の研究

佐藤達生 (さとう たつき)
①1952年②名古屋大学大学院修士課程修了③大同大学名誉教授④ゴシック建築の成立

林 美佐 (はやし みさ)
①1963年②学習院大学大学院博士前期課程(美術史)修了③大成建設ギャルリー・タイセイ学芸員④ル・コルビュジエ研究

濱田野衣 (はまだ のい)
②パリ高等研究院(EPHE)博士DEA課程修了、慶應義塾大学大学院博士後期課程中退④19世紀フランス美術史・建築史

岩岡竜夫 (いわおか たつお)
①1960年②東京工業大学理工学研究科建築学専攻博士課程修了③東京理科大学教授・建築家④フランス現代建築・都市研究

山田幸正 (やまだ ゆきまさ)
①1954年②東京都立大学大学院工学研究科修士課程修了③東京都立大学名誉教授④イスラーム文化圏の歴史的な建築と都市

岡村多佳夫 (おかむら たかお)
①1949年②早稲田大学大学院文学研究科博士課程修了③美術評論家④西洋美術史

山村 健 (やまむら たけし)
①1984年②早稲田大学創造理工学研究科建築学専攻博士後期課程修了③YSLA Architects共同主宰、東京工芸大学准教授④建築デザイン、アントニ・ガウディ

伊藤 廉 (いとう れん)
①1974年②リスボン大学博士課程修了③Ren Ito Arq.(伊藤廉建築設計事務所)代表④アルヴァロ・シザのデザインプロセス

※ 本書は、2012年に発行した「世界の建築・街並みガイド①新装版」に加筆・修正を行ったものです。

■必見の建築・街並み［写真提供］
羽生修二　入江正之　西山マルセーロ　長塚安司　西田雅嗣　佐藤達生
林美佐　山田幸正　赤堀忍　植田実　大川三雄　小松義夫　佐藤哲也
中屋伸茂　成瀬弘　長谷川清之　松井晴子　村上太一　吉田鋼市
フランス政府観光局　ポルトガル投資・貿易振興庁　伊藤廉

■テーマのある旅　［写真提供］
西田雅嗣　長塚安司　羽生修二　佐藤達生　林美佐　山田幸正　入江正之
西山マルセーロ　小松義夫　大川三雄　田中皇彦　橋本しのぶ　松井晴子
小学館『世界美術全集』　フランス政府観光局　ポルトガル投資・貿易振興庁
大橋竜太　伊藤廉　山村健　岩岡竜夫　河本雅子

■必見の建築・街並み　［執筆協力］
長塚安司　西田雅嗣　佐藤達生　林美佐　山田幸正　池田雅史　佐藤哲也
布施木綿子　村上太一　伊藤廉

■図版出典
Dehio／Bezold;Die Kirchliche Baukust des Abendlandes,Hildesheim.1969
CONGRES
ARCHEOLOGIQUE DE FRANCE.Paris／Caen,1916 Viollet-le-Duc; Dictionnaire raisonne de l'architecture francaise du XI au XVIsiecle,Paris,1889
S.Murray;Notre - Dame,Cathedral of Amiens;the power of change in Gothic,Cambrige／New York,1996／Shutterstock.com（p189右下、190左、233中央、234右、235中央）

■地図作製　（株）ゲオグラフィア　大橋伸子
■編集協力　布施木綿子　佐藤哲也　角田俊　川口さなえ
■装丁デザイン　菅谷真理子（マルサンカク）
■装画　いなだよしえ
■DTP　TKクリエイト
■印刷　図書印刷株式会社

世界の建築・街並みガイド
フランス｜スペイン｜ポルトガル　最新版

2024年1月31日　初版第1刷発行
企画・編集　大川三雄　松井晴子　鶴田真秀子
編著　羽生修二　入江正之　西山マルセーロ
発行者　三輪浩之

発行所　株式会社エクスナレッジ
〒106-0032　東京都港区六本木7-2-26
https://www.xknowledge.co.jp/

問合せ先
編集　Tel03-3403-1381／Fax03-3403-1345／info@xknowledge.co.jp
販売　Tel03-3403-1321／Fax03-3403-1829